经 济 法

主　编　仇兆波
副主编　王　华
　　　　　张　洁　李卫刚　杨俊样　乔秋珍　李　曦

北京理工大学出版社
BEIJING INSTITUTE OF TECHNOLOGY PRESS

版权专有　侵权必究

图书在版编目（CIP）数据

经济法 / 仇兆波主编. —北京：北京理工大学出版社，2016.8（2020.1 重印）
ISBN 978-7-5682-2983-8

Ⅰ. ①经… Ⅱ. ①仇… Ⅲ. ①经济法-中国-高等学校-教材 Ⅳ. ①D922.29

中国版本图书馆 CIP 数据核字（2016）第 202805 号

出版发行 / 北京理工大学出版社有限责任公司
社　　址 / 北京市海淀区中关村南大街 5 号
邮　　编 / 100081
电　　话 / (010) 68914775（总编室）
　　　　　(010) 82562903（教材售后服务热线）
　　　　　(010) 68948351（其他图书服务热线）
网　　址 / http：//www.bitpress.com.cn
经　　销 / 全国各地新华书店
印　　刷 / 北京国马印刷厂
开　　本 / 787 毫米×1092 毫米　1/16
印　　张 / 14.5　　　　　　　　　　　　　　　　　　责任编辑 / 施胜娟
字　　数 / 344 千字　　　　　　　　　　　　　　　　文案编辑 / 施胜娟
版　　次 / 2016 年 8 月第 1 版　2020 年 1 月第 8 次印刷　责任校对 / 孟祥敬
定　　价 / 39.00 元　　　　　　　　　　　　　　　　责任印制 / 李志强

图书出现印装质量问题，请拨打售后服务热线，本社负责调换

前　言

　　市场经济不仅是竞争性经济和有序的经济，更是法治化的经济。在这种法治化经济的条件下，无论是国家管理经济活动，还是经济主体之间的经济交往，或者是商事主体的设立、变更和终止，市场准入和交易规则的制定和实施，市场交易秩序的维护与监管等，都必须有法可依、依法操作。

　　本书立足于高职高专的教学实际，以培养职业能力为核心，以就业为导向，紧紧围绕新形势下高职高专教育新型人才培养目标，秉承"知识的实用性、方法的训练性、教学的趣味性"和"理论讲透、实务足够、案例同步、实训到位"的原则，力求理论联系实际，理论与案例相衔接，全面系统且突出重点，内容具有科学性、准确性、实践性、逻辑性和稳定性，同时也努力反映司法实践中出现的新问题，反映经济法学研究中的新成果，反映最新的立法和最新的司法解释，并且在理论体系和结构上力求有所创新。

　　全书共12个项目，内容包括：经济法总论、个人独资企业法、合伙企业法、公司法、外商投资企业法、破产法、合同法、商标法和专利法、反不正当竞争法、产品质量法、消费者权益保护法、经济纠纷的解决。

　　本书由陕西财经职业技术学院仇兆波担任主编，由王华担任副主编。全书由仇兆波负责修改、总纂、定稿。各项目编写人员及分工如下：陕西财经职业技术学院仇兆波编写项目六、项目九，陕西财经职业技术学院张洁编写项目一、项目四，陕西财经职业技术学院李卫刚编写项目三、项目八，陕西财经职业技术学院杨俊样编写项目五、项目十一，陕西财经职业技术学院王华编写项目七、项目十二，陕西财经职业技术学院乔秋珍编写项目二，陕西财经职业技术学院李曦编写项目十。

　　本书在编写过程中，参考了大量的报刊书籍资料，谨向原著作者深表谢意！由于编者水平有限，书中不足之处在所难免，敬请同行及读者不吝赐教，以便再版时修订。

编　者

目　录

项目一　经济法总论 ··· 1
任务一　经济法基础理论 ·· 2
一、经济法的产生 ·· 2
二、经济法的概念 ·· 3
三、经济法的调整对象 ·· 4
四、经济法的渊源 ·· 4
五、经济法的基本原则 ·· 5
任务二　经济法律关系 ·· 6
一、经济法律关系的概念 ··· 6
二、经济法律关系的要素 ··· 6
三、经济法律关系的发生、变更和消灭 ·· 9
任务三　法律责任 ··· 10
一、法律责任概述 ·· 10
二、经济法律责任的概念 ··· 10
三、经济法律责任的形式 ··· 10

项目二　个人独资企业法 ·· 13
任务一　个人独资企业法概述 ·· 14
一、个人独资企业法的概念特征 ·· 14
二、个人独资企业与个体工商户的比较 ······································· 14
三、个人独资企业法的概念和基本原则 ······································· 15
任务二　个人独资企业的设立 ·· 16
一、个人独资企业的设立条件 ··· 16
二、个人独资企业的设立程序 ··· 17
任务三　个人独资企业的投资人及事务管理 ······································ 17
一、个人独资企业投资人的资格 ·· 17
二、个人独资企业投资人的权利和责任 ······································· 18
三、个人独资企业的事务管理 ··· 18
任务四　个人独资企业的解散和清算 ··· 19
一、个人独资企业的解散 ··· 19
二、个人独资企业的清算 ··· 20
任务五　违反《个人独资企业法》的法律责任 ··································· 20

　　　　　一、个人独资企业及投资人的法律责任 …………………………………… 20
　　　　　二、投资人委托或者聘用的人员的法律责任 ………………………………… 21

项目三　合伙企业法 …………………………………………………………………… 23
任务一　概述 ………………………………………………………………………… 24
　　　　　一、合伙企业的概念和分类 ………………………………………………… 24
　　　　　二、合伙企业法的概念 ……………………………………………………… 24
任务二　普通合伙企业 ……………………………………………………………… 24
　　　　　一、普通合伙企业的概念和特征 …………………………………………… 24
　　　　　二、普通合伙企业的设立 …………………………………………………… 25
　　　　　三、普通合伙企业的财产 …………………………………………………… 26
　　　　　四、普通合伙企业事务的执行 ……………………………………………… 27
　　　　　五、普通合伙企业与第三人的关系 ………………………………………… 28
　　　　　六、入伙与退伙 ……………………………………………………………… 28
　　　　　七、特殊的普通合伙企业 …………………………………………………… 30
任务三　有限合伙企业 ……………………………………………………………… 30
　　　　　一、有限合伙企业的概念 …………………………………………………… 30
　　　　　二、有限合伙企业的设立条件 ……………………………………………… 30
　　　　　三、有限合伙企业事务的执行 ……………………………………………… 31
　　　　　四、有限合伙企业财产的出质与转让 ……………………………………… 32
　　　　　五、有限合伙人的债务清偿 ………………………………………………… 32
　　　　　六、有限合伙企业的入伙与退伙 …………………………………………… 32

项目四　公司法 ………………………………………………………………………… 36
任务一　公司法概述 ………………………………………………………………… 37
　　　　　一、公司的概念和种类 ……………………………………………………… 37
　　　　　二、公司的基本权利和义务 ………………………………………………… 37
　　　　　三、公司法概述 ……………………………………………………………… 38
　　　　　四、公司法的基本原则 ……………………………………………………… 38
任务二　有限责任公司 ……………………………………………………………… 39
　　　　　一、有限责任公司的概念和特征 …………………………………………… 39
　　　　　二、有限责任公司的设立 …………………………………………………… 39
　　　　　三、有限责任公司的组织机构 ……………………………………………… 41
　　　　　四、有限责任公司的股权转让 ……………………………………………… 44
　　　　　五、国有独资公司 …………………………………………………………… 44
　　　　　六、一人有限责任公司 ……………………………………………………… 45
任务三　股份有限公司 ……………………………………………………………… 46
　　　　　一、股份有限公司的概念和特征 …………………………………………… 46
　　　　　二、股份有限公司的设立 …………………………………………………… 46

　　　　　三、股份有限公司的组织机构 47
　　　　　四、股份有限公司股份的发行和转让 48
　　　　　五、上市公司 48
　　任务四　公司债券与财务会计 49
　　　　　一、公司债券 49
　　　　　二、公司财务会计 51
　　任务五　公司合并、分立、增资、减资、解散和清算 52
　　　　　一、公司的变更 52
　　　　　二、解散和清算 53
　　　　　三、外国公司分支机构 53
　　任务六　违反《公司法》的法律责任 54
　　　　　一、公司的法律责任 54
　　　　　二、公司发起人、股东的法律责任 55

项目五　外商投资企业法 57
　　任务一　外商投资企业法概述 58
　　　　　一、外商投资企业法的概念和特征 58
　　　　　二、外商投资企业的种类 58
　　　　　三、外商投资企业的项目 58
　　　　　四、外商投资企业法的概念和原则 59
　　任务二　中外合资经营企业法 59
　　　　　一、中外合资经营企业的概念和特征 59
　　　　　二、中外合资经营企业的设立 60
　　　　　三、中外合资经营企业的组织形式 61
　　　　　四、中外合资经营企业的组织机构 61
　　　　　五、中外合资经营企业的注册资本和投资总额 62
　　　　　六、中外合资经营企业的出资方式和出资期限 63
　　　　　七、中外合资经营企业的合营期限、解散与清算 64
　　任务三　中外合作经营企业 65
　　　　　一、中外合作经营企业的概念和特征 65
　　　　　二、中外合作经营企业的设立 66
　　　　　三、中外合作经营企业的注册资本 67
　　　　　四、中外合作经营企业的出资方式 67
　　　　　五、中外合作经营企业的投资回收 68
　　　　　六、中外合作经营企业的合营期限 68
　　　　　七、中外合作企业的解散和清算 68
　　任务四　外资企业 69
　　　　　一、外资企业的概念和特征 69
　　　　　二、外资企业的设立 69

三、外资企业的组织形式 …………………………………………………… 70
　　　四、外资企业的注册资本、出资方式和出资期限 …………………………… 70
　　　五、外资企业的经营期限、终止与清算 …………………………………… 71

项目六　破产法 …………………………………………………………………… 74
任务一　破产法概述 ………………………………………………………… 74
　　　一、破产法的概念 …………………………………………………………… 74
　　　二、破产法的适用范围 ……………………………………………………… 75
　　　三、破产原因 ………………………………………………………………… 76
　　　四、重整原因 ………………………………………………………………… 77
　　　五、破产案件的管辖 ………………………………………………………… 77
任务二　破产申请和受理 …………………………………………………… 78
　　　一、破产申请 ………………………………………………………………… 78
　　　二、受理 ……………………………………………………………………… 80
任务三　债权人会议 ………………………………………………………… 83
　　　一、债权人会议的概念 ……………………………………………………… 83
　　　二、债权人会议的法律地位 ………………………………………………… 83
　　　三、债权人会议的组成 ……………………………………………………… 84
　　　四、债权人会议的召集和召开 ……………………………………………… 85
　　　五、债权人会议的决议 ……………………………………………………… 86
任务四　和解和整顿 ………………………………………………………… 87
　　　一、和解 ……………………………………………………………………… 87
　　　二、重整 ……………………………………………………………………… 89
任务五　破产宣告和破产清算 ……………………………………………… 93
　　　一、破产宣告 ………………………………………………………………… 93
　　　二、取回权 …………………………………………………………………… 94
　　　三、别除权 …………………………………………………………………… 95
　　　四、破产债权 ………………………………………………………………… 95
　　　五、破产抵销权 ……………………………………………………………… 96
　　　六、破产财产的变价 ………………………………………………………… 96
　　　七、破产财产的分配 ………………………………………………………… 97
　　　八、追加分配 ………………………………………………………………… 98
　　　九、破产程序的终结 ………………………………………………………… 98
任务六　破产救济和破产责任 ……………………………………………… 99
　　　一、破产救济 ………………………………………………………………… 99
　　　二、破产责任 ………………………………………………………………… 100

项目七　合同法 …………………………………………………………………… 105
任务一　合同法概述 ………………………………………………………… 106

一、合同概述……………………………………………………………………106
　　　二、合同法概述…………………………………………………………………107
　任务二　合同的订立………………………………………………………………108
　　　一、合同订立的内容与形式……………………………………………………108
　　　二、合同订立的程序……………………………………………………………110
　　　三、缔约过失责任………………………………………………………………114
　任务三　合同的效力………………………………………………………………115
　　　一、有效合同……………………………………………………………………115
　　　二、无效合同……………………………………………………………………116
　　　三、可变更、可撤销合同………………………………………………………117
　　　四、效力待定合同………………………………………………………………118
　任务四　合同的履行………………………………………………………………118
　　　一、合同履行概述………………………………………………………………118
　　　二、合同履行的规则……………………………………………………………119
　　　三、抗辩权的行使………………………………………………………………121
　　　四、合同的保全…………………………………………………………………122
　任务五　合同的担保………………………………………………………………123
　　　一、合同担保概述………………………………………………………………123
　　　二、保证…………………………………………………………………………123
　　　三、抵押…………………………………………………………………………125
　　　四、质押…………………………………………………………………………126
　　　五、留置…………………………………………………………………………126
　　　六、定金…………………………………………………………………………127
　任务六　合同的变更和转让和终止………………………………………………128
　　　一、合同的变更…………………………………………………………………128
　　　二、合同的转让…………………………………………………………………129
　　　三、合同的权利义务终止………………………………………………………130
　任务七　违约责任…………………………………………………………………133
　　　一、违约责任的概念和特征……………………………………………………133
　　　二、承担违约责任的形式………………………………………………………133
　　　三、违约的免责事由……………………………………………………………134

项目八　商标法和专利法……………………………………………………………137

　任务一　商标法……………………………………………………………………138
　　　一、商标法的概述………………………………………………………………138
　　　二、商标注册制度………………………………………………………………139
　　　三、商标权人的权利和义务……………………………………………………142
　　　四、注册商标的期限和续展……………………………………………………143
　　　五、商标权的无效和终止………………………………………………………144

　　　　　六、商标使用的管理 ································· 145
　　　　　七、注册商标专用权的保护 ··························· 146
　　任务二　专利法 ··· 148
　　　　　一、专利法概述 ··································· 148
　　　　　二、专利权的主体、客体 ··························· 149
　　　　　三、专利权的取得 ································· 150
　　　　　四、专利权人的权利和义务 ························· 152
　　　　　五、专利权的期限、无效和终止 ····················· 153
　　　　　六、专利权实施的强制许可 ························· 154
　　　　　七、专利权的保护 ································· 154

项目九　反不正当竞争法 ···································· 158
　　任务一　反不正当竞争法的概述 ························· 159
　　　　　一、不正当竞争的概念 ····························· 159
　　　　　二、反不正当竞争法的特征 ························· 159
　　　　　三、反不正当竞争法的立法目的、适用范围 ··········· 160
　　任务二　不正当竞争行为的表现形式 ····················· 160
　　　　　一、限制竞争行为 ································· 161
　　　　　二、不正当竞争行为 ······························· 162
　　任务三　监督检查 ····································· 167
　　　　　一、监督检查部门 ································· 167
　　　　　二、监督检查部门的职权 ··························· 167
　　任务四　法律责任 ····································· 168
　　　　　一、违反反不正当竞争法的行为种类 ················· 168
　　　　　二、反不正当竞争法规定的法律责任 ················· 168

项目十　产品质量法 ·· 172
　　任务一　产品质量法概述 ······························· 172
　　　　　一、产品与产品质量 ······························· 172
　　　　　二、产品质量法概述 ······························· 173
　　任务二　产品质量的监督管理 ··························· 174
　　　　　一、产品质量监督管理 ····························· 174
　　　　　二、我国产品质量监督体制 ························· 174
　　　　　三、产品质量监督管理制度 ························· 174
　　任务三　生产者、销售者的产品质量责任和义务 ··········· 175
　　　　　一、生产者的产品质量责任和义务 ··················· 175
　　　　　二、销售者的产品质量责任和义务 ··················· 181
　　任务四　产品损害赔偿责任 ····························· 184
　　　　　一、产品损害赔偿责任概念 ························· 184

　　　　二、归责原则·····184
　　　　三、损害赔偿责任的构成·····184
　　　　四、损害赔偿范围及责任形式·····185
　　任务五　行政和刑事责任·····186
　　　　一、生产者、销售者的行政和刑事责任·····186
　　　　二、国家机关及其工作人员违反质量法的行政和刑事法律责任·····187

项目十一　消费者权益保护法·····190

　　任务一　消费者权益保护法概述·····191
　　　　一、消费者权益保护法的概念和立法宗旨·····191
　　　　二、消费者权益保护法的调整对象和调整范围·····191
　　　　三、消费者的概念和特征·····192
　　任务二　消费者的权利和经营者的义务·····192
　　　　一、消费者的权利·····193
　　　　二、经营者的义务·····195
　　任务三　国家与社会对消费者合法权益的保护·····199
　　　　一、国家对消费者合法权益的保护·····199
　　　　二、社会对消费者权益的保护·····200
　　任务四　争议的解决和法律责任·····200
　　　　一、争议的解决·····200
　　　　二、赔偿责任主体的确定·····201
　　　　三、法律责任·····203

项目十二　经济纠纷的解决·····207

　　任务一　经济纠纷解决概述·····208
　　　　一、经济纠纷的概念·····208
　　　　二、解决经济纠纷的途径·····208
　　　　三、仲裁与诉讼·····208
　　任务二　经济仲裁·····209
　　　　一、仲裁与仲裁概述·····209
　　　　二、仲裁协议·····209
　　　　三、仲裁的基本原则·····210
　　　　四、仲裁的基本法律制度·····211
　　　　五、仲裁程序·····211
　　　　六、申请撤销裁决·····213
　　任务三　经济审判·····214
　　　　一、经济纠纷诉讼的概念和特征·····214
　　　　二、适用范围和基本原则·····215
　　　　三、管辖·····216
　　　　四、经济纠纷诉讼的程序·····217

项目一

经济法总论

本章导入案例

【案情简介】

面对亚洲金融危机,中国香港特区政府为了应对国际投机"大鳄"索罗斯的市场炒作,于1998年8月动用近千亿港元入市操作;1998年9月5日,为了进一步巩固香港货币发行局制度,减少投机者操纵市场使银行同业市场和利率出现动荡的机会,香港金管局推出了7项技术性措施,这7项措施主要集中在港元兑美元的兑换保证和有关银行港元流动资金贴现两个方面。1998年9月7日,为了严格治市纪律,强化金融监管,香港特别行政区财政司公布了严格香港证券及期货市场纪律的30条措施。这30条新措施的实施涉及联合交易所、期货交易所、香港中央结算有限公司、证券及期货事务监察委员会和财经事务局五个机构。时任香港特别行政区财政司司长的曾荫权表示,特区政府将继续坚守自由经济的政策,并且不会在香港实施外汇管制。曾荫权还表示,财政司的30项措施与金管局的7项措施相互配合,以增强货币及金融系统抵御国际投机者跨市场操控的能力。

【问题】

请运用经济法基础理论知识,分析香港特区政府的行为。

教学目标

- 掌握经济法的概念及调整对象
- 掌握经济法律关系的概念和它的三要素
- 理解经济法的渊源,基本原则,经济法律关系的发生、变更和消灭等内容

实训目标

- 能够识别经济法的基础知识
- 运用相关知识准确判断社会经济生活中的法律现象

任务一　经济法基础理论

一、经济法的产生

（一）法与经济的关系

自古以来，法律都是把对经济生活的调整放在第一位的。法律和社会生活、经济活动存在着密切联系，法律受制于社会现实，在这一点上马克思的经典论述"经济基础决定上层建筑"是极为准确的描述。如在现代社会，如果没有大型企业对公众利益和民主政治形成威胁，就不会有反垄断法；法律作为上层建筑的一部分，是一种思想性的东西，在很大程度上是主观的。表现在人类历史上出现过众多的法律制度、出现过众多的国家治理方式。这种多样性也表明法律的制定、实施很大程度上依赖于人类智慧的方向、角度和价值观念。如没有合同制度，你买东西怕假货、卖东西怕对方违约，更不用谈长期合作的投资、信用了。

（二）经济法产生的社会经济原因

1. 市场缺陷的存在

资产阶级革命胜利后，建立了资本主义制度，崇尚自由、平等。在自由资本主义时期，国家的经济发展充分发挥价值规律的作用，国家并不怎么介入经济生活，充分发挥市场主体的积极性、创造性，再加上产业革命的完成，自由资本主义制度使社会经济发展发生了前所未有的、不可想象的变化，极大地促进了社会经济的发展和社会财富的增加。但随着经济的发展、周期性经济危机的爆发、社会矛盾的激化和其他社会问题的产生，人们发现，市场不是万能的，国家应转变职能，不能只是充当守护神，应对国家经济的发展承担起监督、管理的职责。

2. 社会经济结构的变化——大型组织的产生及其影响

现代的商业组织起源于中世纪的庄园制度，以及17世纪初期的殖民公司，真正将企业发展起来，则是由现代的运输业和通信业，尤其是铁路的发展决定的。企业规模扩大、不断一体化，到了19世纪末期，随着科学技术的应用和管理技术的改进，降低了企业内部交易的成本，促使以前不能涉足的大型项目成了人们的投资重点，融资的需要促进了金融市场、资本市场的发展，会计和信用制度也发展起来，这进一步加剧了资本集中。另外，越来越多的大型组织逐渐成为社会发展的主导性力量，导致社会结构发生了根本性变化。由原来的二元结构发展到"私人—组织—国家"的三元结构。企业组织的扩大，首先是对私人权利造成了损害。垄断的形成，导致了消费者利益受损和经济生活中的公平竞争弱化。大组织通过对市场份额的占有，以及对生产的独占，在向他人提供产品的时候，导致契约双方的谈判实力处于不平等的地位。"契约自由"导致了卡特尔协议、滥用权利等行为的膨胀，这些行为的目的在于限制竞争，从而损害了小企业和消费者的利益。他们在政治上操纵选举和国家政策，财团、财阀、富有的家族逐步控制了国家，自然包括立法、司法，首先是对内控制，然后是对外影响政治生活。

3. 国家的能动反应

如美国在罗斯福执政后，变自由放任的经济政策为国家干预政策。美国在制定《谢尔曼法》的过程中，一位参议员发表了批评："如果这种结合导致的集中权力被赋予一个人，那么这是一种君王般的特权；这是与我们的政府形式相矛盾的，应当遭到州和全国当局的强烈抵制。如果有什么错误，这就是错误所在。如果我们不能忍受一个拥有政治权力的君主，我们同样不能忍受一个对生产、运输、生活必需品的销售拥有权力的君王；如果我们不能服从任何帝王，同样也不应当服从任何在贸易方面拥有阻碍竞争和固定任何商品价格的独裁者。"经济权力的集中和国家对不正当经济权力的打击，这两个步骤几乎是同时发生的，用"道高一尺，魔高一丈"来表示这个过程是最恰当不过了。因此，可以看出，国家是从以下几方面来做出反应的：

（1）消除市场竞争的障碍，阻止组织的扩大，限制组织的成长。这是国家的最早反映，由此出现了反垄断法、反不正当竞争法等新型法律。如美国的大型企业组织起源于铁路和通信业，国家的第一个反应也在于此。1870 年，伊利诺伊州在宪法中要求政府"通过各项法律去矫正铁路的弊端，防止在客货运费方面不公正的区别对待和敲诈行为"。1890 年通过的《谢尔曼法》明确表示："任何以契约、托拉斯或其他形式的联合、共谋、垄断而限制贸易的行为是违法或犯罪的行为。"

（2）针对市场普通主体不愿介入的公共、公益事业等行业和产品，大规模发展出国家所有权，同时也是为了解决微观上自由竞争和私人行为的无序性，国家自觉或不自觉地通过国有产业来替代私有组织。一是可以实现现代企业的生产和效率，二是可以填补空白，最后可避免私人挑战国家和大企业侵犯私人权利。

（3）调整总量平衡，保持社会均衡发展。成了国家的核心职责，这促使大批新型法律规范的产生。以往的私法仅仅调整微观主体和微观行为，竞争的宏观无序性往往导致总量失衡，导致频繁的经济危机的产生。法律无能为力。而新的法律规范的制定，则是以政府的有形之手来引导市场这支无形之手。当然这方面政府的管理受制于市场的规律，而不是政府的意志。如美联储降息，表面看取决于格林斯潘，实际上格林斯潘决定是否降息，取决于商业银行之间的贴现率，他是被动的。

（4）企业内部的结构设置、权利安排、财务事宜等，成为法律规范的对象。在自由经济时期，这些问题由企业自主安排，国家法律不予干涉。而今企业和公司法、会计法、税法、审计法等的颁布，使这些社会关系纷纷被披上法律的外衣。

二、经济法的概念

（一）法的定义

《中华人民共和国宪法》规定，中华人民共和国实行依法治国，建设社会主义法治国家。随着社会主义法律意识的逐步树立，越来越多的自然人在学法、用法，用法律来维护自己的切身利益。那么，什么是法？

根据马克思主义的一般理论，把法定义为：法是由国家机关创制的，以权利义务为调整机制，并由国家强制力保证的，调整行为关系的规范。

（二）经济法概念的提出

据迄今史料记载，经济法这个概念最早是由法国空想共产主义者摩莱里（Morelly）在其 1755 年所著的《自然法典》一书中提出来的。

一般认为,经济法是调整一定范围经济管理关系和经济协作关系的法律规范的总称。主要是国家为了克服市场调节的盲目性和局限性而制定的调整全局性的、社会公共性的、需要国家干预的经济关系的法律规范的总称。

简单地说,经济法是调整国家在经济管理和协调发展经济活动过程中所产生的社会经济关系的法律规范的总称。

三、经济法的调整对象

与经济法的概念相联系,经济法的调整对象是国家在对经济活动进行管理过程中所发生的法律关系。经济法调整的经济法律关系主要有以下几类。

(一)市场主体调控关系

它是指国家在对市场主体的活动进行管理以及市场主体在自身运行过程中所发生的社会关系。这里所说的市场主体,主要是指在市场上从事直接和间接交易活动的经济组织,如企业(独资企业、合伙企业、公司等)和非企业性经济组织。

(二)市场运行调控关系

它是指国家为了建立社会主义市场经济秩序,维护国家、生产经营者和消费者的合法权益而干预市场所发生的经济关系,如关于反不正当竞争、反垄断、产品质量、价格管理等方面的法律所涉及的关系。

(三)宏观经济调控关系

它是指国家从长远和社会公共利益出发,对关系国计民生的重大经济因素,在实行全局性的管理过程中,与其他社会组织所发生的具有隶属性或指导性的社会经济关系。这种隶属或指导性关系既包括上下级组织之间的命令与服从、指导与被指导的关系,又包括同一级别组织之间在业务上的管理与执行的关系,主要包括产业调节、计划、国有资产管理等方面的关系。

(四)社会分配调控关系

它是指国家在对国民收入进行初次分配和再分配过程中所发生的经济关系,如关于财政、税收等方面的法律关系。

四、经济法的渊源

法的渊源,是指法的表现形式,即法是由何种国家机关,依照什么方式或程序创制出来的,并表现为何种形式的法律文件。我国经济法的渊源主要有以下几种:

(一)宪法

宪法由国家最高权力机关——全国人民代表大会制定。它规定国家的基本制度和根本任务,是国家的根本大法,具有最高的法律效力。

(二)法律

法律是由全国人民代表大会及其常务委员会经一定立法程序制定的规范性文件。其法律效力和地位仅次于宪法,是制定其他规范性文件的依据。

(三）法规

法规包括行政法规和地方性法规，其效力次于宪法和法律。

(四）规章

规章包括国务院部门规章和地方政府规章。

(五）民族自治地方自治条例和单行条例及特别行政区法

民族自治地方自治条例和单行条例是指民族自治地方的人民代表大会依照当地民族的政治、经济和文化的特点，依法制定的自治条例和单行条例。特别行政区法是指特别行政区基本法、依法予以保留的特别行政区原有法律和特别行政区立法机关依法制定的法律，例如《香港特别行政区基本法》《澳门特别行政区基本法》等。

(六）司法解释

司法解释是指最高人民法院和最高人民检察院在总结实践经验的基础上发布的指导性文件和法律解释。

(七）国际条约、协定

国际条约、协定是指我国作为国际法主体缔结或参加的国际条约、双边或多边协定及其他具有条约、协定性质的文件。

五、经济法的基本原则

经济法的基本原则是经济法本质和精神的集中体现，它是用来指导经济立法、执法、司法、守法以及经济法理论研究的基本指导思想和行为准则，是对整个经济法内容高度的抽象和概括。

(一）国家适度干预原则

所谓适度干预，就是要求国家授权政府在法律规定的范围内对经济进行干预，这种干预应积极主动地进行，同时干预不能过多也不能过少。

(二）社会本位原则

社会本位是以维护社会公共利益为出发点的经济法的本位思想。社会公共利益满足程度是与国家的宏观调控、经济个体的行为以及市场的运行和社会分配行为紧密联系的，个人利益只有与社会公共利益平衡发展才能得到实现。经济法把社会本位作为调整原则，表明经济法在对产业调节、固定资产投资、货币发行、产品质量控制、消费者权益保护等关系进行调整时，要以社会利益为本位。与此同时，任何市场主体，在进行市场行为时，都不能一味地追求自身利益的最大化而忽视对社会公共利益的关注，否则也是对自己应当承担的社会责任的背离。

(三）资源优化配置原则

资源是一个内涵广泛的概念，可以表述为：人力资源、才力资源、物力资源、技术资源以及信息资源等。资源的优化配置是指资源在生产和再生产各个环节上的合理与有效的流动和配备。

（四）经济效益和经济公平原则

经济法的最基本原则应该是维护社会经济总体效益和兼顾各方经济利益，即经济效益和经济公平原则。提高经济效益是我国全部经济工作的重点和归宿，同时也是国家加强经济立法所要追求的终极价值目标。无论是市场主体规制法、市场秩序规制法、宏观调控和可持续发展保障法，还是社会分配调控法都要把促进和保障提高企业的经济效益和社会经济效益摆在首位。经济法追求的公平是社会总体的经济公平，社会总体公平要求绝大多数个体和团体间必须公平。

任务二　经济法律关系

一、经济法律关系的概念

（一）法律关系

法律关系是指法律规范在调整人们行为过程中形成的权利义务关系。

（二）经济法律关系

经济法律关系是指在国家对经济管理协调经济活动过程中根据经济法的规定而形成的权利和义务关系。即法律上的权利与义务的关系，或者说法律关系是指被法律规范所调整的权利义务的关系。

二、经济法律关系的要素

法律关系是由法律关系的主体、法律关系的内容和法律关系的客体三个要素构成的。缺少其中任何一个要素，都不能构成法律关系。

（一）经济法律关系的主体

1. 经济法律关系主体的概念

经济法律关系的主体也称经济法的主体，是指参加经济法律关系，依法享有经济权利和承担经济义务的当事人。

经济法律关系的主体是经济法律关系的参加者、当事人。在经济法律关系中，享有权利的一方称为权利人，承担义务的一方称为义务人。

2. 经济法律关系主体的资格

主体资格是指当事人参加经济法律关系，享有经济权利和承担经济义务的资格和能力。一般来说，法人和社会组织的权利能力与行为能力是一致的，但对公民来说，有权利能力，不一定就有行为能力，法律一般以年龄和精神智力状况作为确定和判断公民行为能力的依据。

知识小结

我国《民法通则》规定：

（1）无行为能力人（不满10周岁的未成年人和不能辨认自己行为的精神病人）进行的行为不具有法律效力。

（2）限制行为能力人（10周岁以上的未成年人和不能完全辨认自己行为的精神病人）只能进行与其能力相当的法律行为。

（3）完全行为能力人（18周岁以上的成年人和16周岁以上不满18周岁以自己的劳动收入为主要生活来源者）也只有在其权利能力范围内，才具有相应的行为能力。

课堂实训任务

任务1-1　寄宿小学生（未满10周岁）在校赊账，是否承担法律责任？

3. 经济法律关系主体的种类

（1）国家机关。国家机关是指行使国家职能的各种机关的通称，包括国家权力机关、国家行政机关和国家司法机关等。作为经济法律关系主体的国家机关主要是指国家行政机关中的经济管理机关。

（2）社会组织。它是市场中最主要的主体，是经济法律关系中最广泛的主体。主要包括：企业、事业单位、公司、农村经济组织、社会团体。

企业是指依法设立的以营利为目的的从事生产经营活动的独立核算的经济组织。

事业单位是指由国家财政预算拨款或其他企业、社会组织拨款设立的从事文化、教育、科研、卫生等事业的单位。例如：学校、医院、科研院所等。

社会团体主要是指人民群众或社会组织依法组成的非经营性的社会组织，包括群众团体、公益组织、文化团体、学术团体、自律性组织等。例如：党团组织、工会、妇联、学术团体等。

（3）经济组织的内部机构和有关人员。经济组织内部担负一定经济管理职能的分支机构和有关人员，在根据法律、法规的有关规定参加经济组织内部的经济管理法律关系时，则具有经济法律关系主体的资格。

（4）个人。包括个体工商户、农村承包经营户和自然人。当他们参与经济法律、法规规定的经济活动时，便成为经济法律关系的主体。

知识链接

承包户在依法同集体组织发生承包合同关系时，个体工商户或公民同国家税务机关发生税收征纳关系时，就成为经济法律关系的主体。

（二）经济法律关系的内容

经济法律关系的内容是指经济法律关系主体所享有的经济权利和承担的经济义务。

1. 经济权利

（1）财产所有权。财产所有权，即所有权，是指所有者对其财产依法享有的独立支配权，包括占有、使用、收益和处分的权能。所有权具有排他性、绝对性，一物之上只能有一个所有权。

（2）法人财产权。法人财产权，指企业法人对企业所有权投资所设企业的全部财产在经营中享有的占有、使用、收益、处分的权利。

（3）经营管理权。经营管理权是指企业进行生产经营活动时依法享有的权利。经营管理权可以分为两大类：一是经营权；二是管理权，即市场主体对于自己内部的生产经营活动进行组织、协调和管理的权利。

（4）经济职权。经济职权对国家机关及其工作人员来说既是权利，又是义务，不得随意放弃或转让，否则便是违法。

（5）债权。

知识链接

债产生的原因：

合同。合同是债权产生的最主要原因。

侵权行为。侵权行为可分为一般侵权行为和特殊侵权行为。在一般侵权行为中，当事人一方只有因自己的过错而给他人造成人身和财产损失时，才负赔偿的责任，如果没有过错，就不需负赔偿责任。而在特殊侵权行为中，只要造成了他人的损失，就算不存在过错，仍要负赔偿责任。

不当得利。不当得利是指既没有法律上的原因，也没有合同上的原因，取得了不当利益，而使他人受到损失的行为。在不当得利的情况下，受到损失的当事人有权要求另一方返还不当利益。

无因管理。无因管理的含义是指，没有法定或者约定的义务，为避免他人的利益受损失而进行管理和服务的，提供管理和服务的一方有权要求他方支付必要的费用。

（6）知识产权。知识产权即专利权、商标权、著作权等。

2. 经济义务

经济义务是指经济法主体依经济法律、法规的规定或约定而承担的为一定行为或不为一定行为的义务。

（三）经济法律关系的客体

1. 经济法律关系客体的概念

经济法律关系的客体是指经济法律关系主体的权利和义务所共同指向的对象。客体是确立权利义务关系的性质和具体内容的依据，也是确定权利行使与否和义务是否履行的客观标准。权利和义务只能通过客体才能得到体现和落实。如果没有客体，权利义务就失去了依附的目标和载体，无所指向，也就不可能发生权利义务。

2. 经济法律关系客体的种类

法律关系客体的内容和范围是由法律规定的。经济法律关系的客体，概括起来主要包括以下三类：

（1）物。指可为人们控制的、具有一定经济价值和实物形态的生产资料和消费资料。物可以是自然物，如土地、矿藏、水流、森林；也可以是人造物，如建筑物、机器等；还可以是财产物品的一般表现形式——货币及有价证券。

（2）经济行为。作为法律关系的客体不是指人们的一切行为，而是指法律关系的主体为达到一定目的所进行的作为（积极行为）或不作为（消极行为），如生产经营行为、经济管理行为、完成一定工作的行为和提供一定劳务的行为等。

（3）智力成果。它是指人们通过脑力劳动创造的能够带来经济价值的精神财富，如著作、发现、发明、设计等，它们分别为著作权关系、发现权关系、发明权关系、商标权关系的客体。智力成果是一种精神形态的客体，是一种思想或者技术方案，不是物，但通常有物质载体，如书籍、图册、录像、录音等，就是记录、承载智力成果的物质形式。它的价值不在于它的物质载体价值，而在于它的思想或技术能够创造物质财富，带来经济效益，它是一种知识财富。

课堂实训任务

任务 1-2　甲国有企业将某项生产任务承包给其内部的乙车间来完成，双方为此约定了承包责任书，约定乙车间可以使用甲企业的机器设备和原材料，但必须在规定期限内完成该项生产任务等事宜。请问在甲国有企业和乙车间之间是否形成了经济法律关系？如果形成，请指出主体、内容、客体。

三、经济法律关系的发生、变更和消灭

（一）法律事实的概念

法律事实，是指由法律规范所确定的、能够产生法律后果，即能够直接引起法律关系发生、变更或者消灭的情况。法律规范和法律主体只是法律关系产生的抽象的、一般的前提，并不能直接引起法律关系的变化，法律事实则是法律关系产生的具体条件，只有当法律规范规定的法律事实发生时，才会引起法律关系的发生、变更和消灭。法律事实是法律关系发生、变更和消灭的直接原因。

（二）法律事实的分类

1. 法律事实

法律事实可以分为两大类：法律行为和法律事件

（1）法律行为是指以法律关系主体意志为转移、能够引起法律后果，即引起法律关系发生、变更和消灭的人们有意识的活动。它是引起法律关系发生、变更和消灭的最普遍的法律事实。

按法律行为的外在表现情况，可以分为作为和不作为两种形式。作为是指积极地实行具有法律意义的动作行为；不作为是指消极地不实行法律要求的动作行为。

按行为性质可分为合法行为和违法行为。合法行为引起法律关系的发生、变更和消灭的情况最为常见，如依法订立合同、缔结婚姻、录用职工。违法行为也可以引起法律关系的发生，如侵权行为可以引起民事诉讼和损害赔偿关系，违反行政法规可以引起行政处罚和行政处分关系，犯罪行为可引起刑事诉讼和刑事处罚关系等。

（2）法律事件是指不以人的主观意志为转移的，能够引起法律关系发生、变更和消灭的法定情况或者现象。

事件可以是自然现象，如地震、洪水、台风等造成的自然灾害；也可以是某些社会现象，如战争爆发、重大政策的改变等，虽属人的行为引起，但其出现在特定法律关系中并不以当

事人的意志为转移。

自然灾害可引起保险赔偿关系的发生或合同关系的解除；人的出生可引起抚养关系、户籍管理关系的发生；人的死亡可引起抚养关系、婚姻关系、劳务合同关系的消灭，继承关系的发生；重大社会变革可引起多领域法律关系的变化。由自然现象引起的事实又称为绝对事件，由社会现象引起的事实又称为相对事件。它们的出现都是不以人们（当事人）的意志为转移的，具有不可抗力的特征。

课堂实训任务

任务 1-3　年初某农场与粮食收购部门订立购销合同一份。夏季来临，正值粮食收获季节。该农场所在地连日暴雨，大大影响了粮食的收割进度，并导致粮食减产。为此，该农场向粮食收购部门说明情况，并请求延期交货和减少供货数量，粮食收购部门不同意，要求解除合同。请指出引起双方法律关系终止的法律事实。

2. 事实构成

引起某一经济法律关系的发生、变更或终止的几个法律事实的总和，称为经济法律关系的"事实构成"。

任务三　法律责任

一、法律责任概述

法律责任是指行为人不履行法定或约定的义务，依法应当承担的不利后果。

简言之，法律责任就是因违法行为或违约行为而应承担的法律后果。法律责任是法的基本构成要素。无论何种类型的法律，都规定了违反法律应承担相应的责任。

二、经济法律责任的概念

经济法律责任即违反经济法的法律责任，是指经济法律关系主体因实施了违反经济法律、法规的行为而应承担的法律后果。

它是国家用以保护现实的经济法律关系的重要方法，是经济法律主体的经济权利和经济义务得以实现的保障机制。

三、经济法律责任的形式

（一）民事法律责任

民事法律责任是指违反了民事法律规范而应当依法承担的民事法律后果。民事法律责任的特点有：

（1）民事法律责任是民事主体违反民事法律的后果。民事法律责任就是基于民事违法行为而产生的，具体包括违反合同的民事法律责任和侵权的民事法律责任两类。

（2）民事法律责任可以在允许的范围内自愿和解。强制性是一切法律责任共有的特性，民事法律责任也不例外。但应该注意的是，在一定条件下，民事法律责任不一定要求国家相关的有权机关的干预，可以不经过诉讼程序，而直接由当事人在国家和政策允许的范围内自愿和解，协商解决。

（3）民事法律责任主要是财产责任。在民事活动中，违法民事义务往往与财产损害有关，这就决定了民事法律责任主要是具有经济内容的财产责任。

违法行为人承担民事责任的方式主要有以下几种：停止侵害，排除妨碍，消除危险，返还财产，恢复原状，修理、重作、更换，赔偿损失，支付违约金，消除影响，恢复名誉，赔礼道歉。

（二）行政法律责任

行政法律责任是指违反了行政法律规范而应当依法承担的行政法律后果。行政法律责任的特点有：

（1）行政法律责任是基于行政法律关系而发生的，即在行政管理中，由行政主体一方违反行政法律义务或相对人违法所引起的法律关系。行政主体与公民、法人或其他组织在民事法律关系或其他关系中违法而引起的责任不是行政法律责任。

（2）行政法律责任追究机关及追究程序具有多样性。承担行政法律责任的主体具有多元性，由此决定了做出行政制裁措施的机关及程序具有多样性，这也是行政法律责任与民事法律责任和刑事法律责任的不同之处。

（3）民事法律责任和刑事法律责任的追究机关都具有单一性即只能由国家的司法机关来追究，而行政法律责任的追究机关既可以包括国家的权力机关、司法机关，也可以包括国家的行政机关。

行政责任形式可分为：行政处分和行政处罚。行政处罚主要有：警告；罚款；没收违法所得、没收非法财物；责令停产停业；暂扣或吊销许可证和营业执照；行政拘留。

（三）刑事法律责任

刑事法律责任是指违反了刑事法律规范而应当依法承担的刑事法律后果。刑事法律责任的特点有：

（1）承担刑事法律责任的根据是严重的违法行为。一般来说，只有当违法行为人实施了《中华人民共和国刑法》所禁止的行为，也就是实施了犯罪行为才能受到刑事制裁。

（2）刑事法律责任是最严重的法律责任。从责任形式上不仅包括管制、拘役、有期徒刑、无期徒刑等主刑和剥夺政治权利、没收财产等附加刑，而且包括剥夺犯罪人生命权利的死刑。

（3）刑事法律责任具有法定性。一方面，犯什么罪，承担何种刑事责任，应当依法确定，即有法可依。另一方面，根据犯罪人的自身悔过程度，可以对其加刑或减刑，以加重或减轻刑事法律责任的程度，但这些变更也应是有法可依的。

违法行为人承担刑事责任的方式主要分主型和附加刑。主刑有：管制、拘役、有期徒刑、无期徒刑和死刑；附加刑有：罚金、剥夺政治权利和没收财产。此外，对于犯罪的外国人，可以独立适用或者附加适用驱逐出境。

知识链接

罚款与罚金的区别：

罚款，是行政处罚，是指行为人的行为没有违反刑法的规定，而是违反了治安管理、工商、行政、税务等各行政法规的规定，行政执法部门依据行政法规的规定和程序决定罚款数额，它不由人民法院判决。

罚金是指强制犯罪人向国家缴纳一定数额金钱的刑罚方法。罚金作为一种财产刑，是以剥夺犯罪人金钱为内容的，这是罚金与其他刑罚方法显著区别之所在。

复习思考题

1. 经济法的概念及调整对象是什么？
2. 经济法律关系的构成要素有哪些？
3. 经济权利包括哪些内容？
4. 经济法的基本原则有哪些？

专项实训项目

活动目标和要求

学生提前分组，安排一个课时，进行分组讨论。使学生能够在实际案例中掌握经济法律关系的构成要素，并能准确地指出经济法律关系中的主体、内容、客体。

实训组织

将教室的课桌椅摆放成集中式六组，组与组距离隔开，避免互相影响，讨论仅限本组成员，每个学生都必须参与。

实训内容及成果

每组选一个代表总结出讨论结果，并阐明理由，现场表述并提交讨论总结稿。其他成员做相应的补充。教师听完后，现场点评，参照学生表现情况评分。

实训材料

2015年2月，武汉肉联厂由汉口站发往广州猪肉一车，收货人是广州肉食贸易公司，与此同时，发往长沙牛肉一车，收货人是长沙市食品公司。

汉口站承运后，因工作人员误将两车号互串，致使猪肉运到长沙站卸车，之后，长沙站与市食品公司联系，该公司出具证明文件，并在货票上写明，货是我公司的，有问题我公司负责，随后将猪肉领走。

事后，武汉肉联厂曾多次派人前往长沙市食品公司协商猪肉货款问题，均未能解决。

组织讨论的焦点问题

- 上述案例存在哪些法律关系？
- 分别指出主体、内容、客体。
- 分析以上经济法律关系产生的法律事实。

项目二

个人独资企业法

本章导入案例

【案情简介】

刘某是某高校的研究生,经济上独立于其家庭。刘某在工商行政管理机关注册成立了一家主营信息咨询的个人独资企业,取名为"远大信息咨询有限公司",注册资本为人民币一万元。公司营业形势看好,收益甚丰。于是后来黄某与刘某协议参加该个人独资企业的投资经营,并注入投资5万元人民币。经营过程中先后共聘用工作人员10名,对此刘某认为自己开办的是私人企业,并不需要为职工办理社会保险,因此没有给职工缴纳社会保险费也没有与职工签订劳动合同。后来该独资企业因经营不善导致负债10万元。刘某决定于2004年10月自行解散企业。

【问题】

1. 该企业的设立是否合法?
2. 企业名称是否违反法律规定?
3. 黄某参与公司以后,怎样保证自己的权益?
4. 不与职工签订劳动合同并为其办理社会保险是否合法?

教学目标

- 理解个人独资企业的概念和法律特征
- 掌握我国个人独资企业的设立条件、投资人权利及个人独资企业事务管理的相关法律制度
- 了解个人独资企业的解散、清算和法律责任

实训目标

- 能应用个人独资企业法的原理设立个人独资企业
- 能处理个人独资企业经营过程中涉及的法律问题

任务一　个人独资企业法概述

一、个人独资企业法的概念特征

（一）个人独资企业法的概念

个人独资企业，是指依照法律规定在中国境内设立，由一个自然人投资，财产为投资人个人所有，投资人以其个人财产对企业债务承担无限责任的经营实体。

（二）个人独资企业法的法律特征

（1）个人独资企业由一个自然人投资。根据法律规定，设立个人独资企业的只能是一个自然人，并且仅指中国公民。

（2）个人独资企业的投资人对企业的债务承担无限责任。投资人对企业的债务承担无限责任，即当企业的资产不足以清偿到期债务时，投资人应以自己个人的全部财产用于清偿。

（3）个人独资企业的内部机构设置简单，经营管理方式灵活。个人独资企业的投资人既可以是企业的所有者，又可以是企业的经营者。因此，法律对其内部机构的设置和经营管理方式不像公司和其他企业那样加以严格规定。

（4）个人独资企业是非法人企业。个人独资企业由一个自然人出资，投资人对企业的债务承担无限责任。个人独资企业虽不具有法人资格，但却是独立的民事主体，可以以自己的名义从事民事活动。

知识链接

在个人独资企业法中，作为投资主体的必须是法律意义上的自然人。对于投资形式的要求为只能是一个自然人的投资，只有一个人的投资才能称得上是独资，两个以上的人进行投资，显而易见就不是一种单独的投资，不属于独资的形式。所以限于是自然人，同时又是一个自然人投资创立的，这就是个人独资企业的显著特征，或者说是决定其本质属性的特征。

二、个人独资企业与个体工商户的比较

（一）个体工商户的概念

一般认为，个体工商户是指生产资料归劳动者个人所有，以自己个人的劳动为基础，劳动成果由劳动者个人占有和支配的市场经营主体。而根据 2011 年 3 月 30 日由国务院通过，并自 2011 年 11 月 1 日起施行的《个体工商户条例》的规定，有经营能力的公民，依照《个体工商户条例》的规定经工商行政管理部门登记，从事工商业经营的，为个体工商户。同时条例规定，个体工商户可以个人经营，也可以家庭经营。

（二）个体工商户的特征

个体工商户是个体工商业经济在法律上的表现，其具有以下特征：
（1）个体工商户是从事工商业经营的有经营能力的公民。

（2）公民从事个体工商业经营必须依法核准登记。个体工商户的登记机关是县、自治县、不设区的市、市辖区工商行政管理部门。个体工商户经核准登记，取得营业执照后，才可以开始经营。个体工商户登记事项变更的，应当向登记机关申请办理变更登记。

（3）国家对个体工商户实行市场平等准入、公平待遇的原则。申请办理个体工商户登记，申请登记的经营范围不属于法律、行政法规禁止进入的行业的，登记机关应当依法予以登记。

（4）个体工商户业主对其经营中的债务承担无限责任。

（三）个人独资企业和个体工商户的比较

个人独资企业与个体工商户很容易混淆，因为二者有一些共同之处，包括：① 出资人为一个自然人；② 对外债务承担均为无限责任；③ 都只承担个人所得税，税前扣除标准一样。但个人独资企业与个体工商户在法律地位上根本不同，个人独资企业是经济组织，是企业的一种形式，在经营管理上要按国家的企业管理制度进行；而个体工商户在法律上是具有经营资格的自然人，不具有企业属性，其经营管理的自由度更高。此外，二者的法律依据不同，个人独资企业依照《个人独资企业法》设立和经营管理；个体工商户依照《民法通则》《个体工商户条例》等的规定设立和经营管理。

三、个人独资企业法的概念和基本原则

（一）个人独资企业法

广义的个人独资企业法，是指国家关于个人独资企业的各种法律规范的总称；狭义的个人独资企业法，是指 1999 年 8 月 30 日第九届全国人大常委会通过、自 2000 年 1 月 1 日起施行的《中华人民共和国个人独资企业法》（简称《个人独资企业法》）。该法共 6 章 48 条，对个人独资企业的设立、个人独资企业的投资人及事务管理、个人独资企业的解散和清算、法律责任等做了明确规定。

（二）个人独资企业法的基本原则

个人独资企业法规定了以下几项基本原则：

（1）国家依法保护个人独资企业的财产和其他合法权益。个人独资企业财产是指个人独资企业的财产所有权，包括对财产的占有、使用、处分和收益的权利；其他合法权益是指财产所有权以外的有关权益，如名称权、自主经营权、平等竞争权、拒绝摊派权等。

（2）个人独资企业从事经营活动必须遵守法律、行政法规，遵守诚实信用原则，不得损害社会公共利益。只有遵守法律及行政法规，才能保证生产经营活动的有序进行，才能促进社会经济秩序的良性运行；只有诚实守信，才能取得他人信任，才能树立良好的企业形象；不得损害社会公共利益是企业从事民事活动必须遵循的基本原则之一。任何企业都应尽到以上义务，个人独资企业也不例外。

（3）个人独资企业应当依法履行纳税义务。依法纳税是每个公民和企业应尽的义务。个人独资企业在经营活动中应当依照有关法律、法规规定缴纳各项税款。

（4）个人独资企业应当依法招用职工。个人独资企业应当严格按照劳动法及有关规定招用职工。企业招用职工应当与职工签订劳动合同，签订劳动合同必须遵循平等自愿、协商一致的原则，并不得违反国家法律、行政法规和有关政策规定。

（5）个人独资企业职工的合法权益受法律保护。个人独资企业职工依法建立工会，工会依法开展活动。

> **课堂实训任务**

任务2-1　下列选项中，能够成为个人独资企业投资人的有（　　）

A. 某国有企业下岗工人　　　　　　B. 某外国公司外籍人员
C. 某国家机关公务员　　　　　　　D. 某派出所警察
答案：A

任务二　个人独资企业的设立

一、个人独资企业的设立条件

根据《个人独资企业法》的规定，设立个人独资企业应当具备下列条件：

（1）投资人为一个自然人，且只能是中国公民。

（2）有合法的企业名称。个人独资企业的名称可以叫厂、店、部、中心、工作室等，个人独资企业名称中不得使用"有限""有限责任"或者"公司"字样。

（3）有投资人申报的出资。《个人独资企业法》对设立个人独资企业的出资数额未做限制。投资人可以个人财产出资，也可以家庭共有财产作为个人出资。

（4）有固定的生产经营场所和必要的生产经营条件。

（5）有必要的从业人员。即要有与其生产经营范围、规模相适应的从业人员。

> **知识链接**

个人独资企业的基本特点，决定了这种企业形式的优势，个人独资企业历史悠久，几千年前它已经存在，在历史上，农业、商业、手工业、渔业、家庭作坊等多数采用这种形式。一般地说，它的优势在于：

（1）个人投资，设立容易。因为是一个人投资，个人决策即可设立，无须与其他人在一起按照议事程序制定章程，申请、登记也比较简便。

（2）规模较小，灵活多样。个人独资企业为一人出资，一般都规模较小，或者说，绝大多数是小规模的经营，能适应市场迅速多样的变化，以多样化的经营适应市场多样的需要。

（3）个人经营，效率较高。个人独资企业往往是所有者与经营者集于一体，业主自行决定经营事项，效率高、行动快，这种运营方式使个人独资企业更易于贴近市场，更富于竞争力。

（4）吸纳劳动力，扩大就业。个人独资企业点多、面广、数量大，可以吸纳一大批人就业，服务于社会，也为自己谋利。

（5）有利于扩大社会投资。举办个人独资企业，从事生产经营，就是将社会闲散资金转入投资领域，这种投资的数额会随着个人独资企业所发挥的作用和企业素质的提高而有所变化。

（6）有利于适应产品、服务创新的需要。个人独资企业规模小，又比较灵活，在市场竞争中以创新求生存，用创新来满足社会的多样化需要，争取市场空间；同时，现代科学技术的发展，现代生产工具日趋小型化，也使个人独资企业这种企业形式在产品和服务方面增添了发展的机会，这对国民经济发展也同样是需要的。

二、个人独资企业的设立程序

（一）提出申请

申请设立个人独资企业，应当由投资人或者其委托的代理人向个人独资企业所在地的登记机关提出设立申请。投资人申请设立登记，应当向登记机关提交下列文件：

（1）投资人签署的个人独资企业设立申请书，设立申请书应当载明：企业的名称和住所；投资人的姓名和居所；投资人的出资额和出资方式；经营范围及方式。

（2）投资人身份证明，主要是身份证和其他有关证明材料。

（3）企业住所证明和生产经营场所使用证明等文件，如土地使用证明、房屋产权证或租赁合同等。

（4）委托代理人申请设立登记的，应当提交投资人的委托书和代理人的身份证明或者资格证明。

（5）国家工商行政管理局规定提交的其他文件。

（二）工商登记

登记机关应当在收到设立申请之日起15日内，对符合规定条件的予以登记，发给营业执照；对不符合规定条件的，不予登记，并应当给予书面答复，说明理由。个人独资企业营业执照的签发日期，为个人独资企业成立日期。在领取个人独资企业营业执照前，投资人不得以个人独资企业名义从事经营活动。

个人独资企业设立分支机构，应当由投资人或者其委托的代理人向分支机构所在地的登记机关申请设立登记。分支机构的民事责任由设立该分支机构的个人独资企业承担。个人独资企业存续期间登记事项发生变更的，应当在做出变更决定之日起15日内依法向登记机关申请办理变更登记。

课堂实训任务

任务2-2 根据法律规定，下列关于个人独资企业设立条件的判断，哪些是正确的？
A. 投资人只能是自然人　　　　　　B. 投资人需具有完全民事行为能力
C. 须有企业章程　　　　　　　　　D. 有符合规定的法定最低注册资本
答案：AB。本题测试个人独资企业的设立条件。

任务三　个人独资企业的投资人及事务管理

一、个人独资企业投资人的资格

根据《个人独资企业法》的规定，个人独资企业的投资人为具有中国国籍的自然人，但法律、行政法规禁止从事营利性活动的人，不得作为投资人申请设立个人独资企业。根据我国有关法律、行政法规规定，国家公务员、党政机关领导干部、警官、法官、检察官等，不得作为投资人申请设立个人独资企业。

二、个人独资企业投资人的权利和责任

个人独资企业投资人对本企业的财产依法享有所有权，其有关权利可以依法进行转让或继承。企业的财产不论是投资人的原始投入还是经营所得，均归投资人所有。

由于个人独资企业是一个投资人以其个人财产对企业债务承担无限责任的经营实体，因此，根据法律规定，个人独资企业财产不足以清偿债务的，投资人应当以其个人的其他财产予以清偿。如果个人独资企业投资人在申请企业设立登记时明确以其家庭共有财产作为个人出资的，应当依法以家庭共有财产对企业债务承担无限责任。

知识链接

个人独资企业是在社会中存在的经济实体，它应当对社会负有责任。在个人独资企业法中主要有以下规定：

个人独资企业从事经营活动必须遵守法律、行政法规，不得从事法律、行政法规禁止经营的业务，这是个人独资企业必须承担的依法行事、合法经营的责任。

个人独资企业不得损害社会公共利益的责任。这是指个人独资企业可以依法谋取利益，追求利润，但是要以不得损害社会公共利益为前提，社会公共利益高于企业的利益。

个人独资企业应当遵守诚实信用原则，不得欺骗消费者，不得对社会公众有欺诈行为，这也是一种应有的社会责任。

个人独资企业应当依法履行纳税义务，这就是承担依法纳税的社会责任。

三、个人独资企业的事务管理

个人独资企业投资人可以自行管理企业事务，也可以委托或者聘用其他具有民事行为能力的人负责企业的事务管理。

投资人委托或者聘用他人管理个人独资企业事务，应当与受托人或者被聘用的人签订书面合同。合同应订明委托的具体内容、授予的权利范围、受托人或者被聘用的人应履行的义务、报酬和责任等。受托人或者被聘用的人员应当履行诚信、勤勉义务，以诚实信用的态度对待投资人，对待企业，尽其所能依法保障企业利益，按照与投资人签订的合同负责个人独资企业的事务管理。投资人对受托人或者被聘用的人员职权的限制，不得对抗善意第三人。

《个人独资企业法》规定，投资人委托或者聘用的管理个人独资企业事务的人员不得有下列行为：

（1）利用职务上的便利，索取或者收受贿赂；

（2）利用职务或者工作上的便利侵占企业财产；

（3）挪用企业的资金归个人使用或者借贷给他人；

（4）擅自将企业资金以个人名义或者以他人名义开立账户储存；

（5）擅自以企业财产提供担保；

（6）未经投资人同意，从事与本企业相竞争的业务；
（7）未经投资人同意，同本企业订立合同或者进行交易；
（8）未经投资人同意，擅自将企业商标或者其他让给他人使用；
（9）泄露本企业的商业秘密；
（10）法律、行政法规禁止的其他行为。

> **课堂实训任务**
>
> 任务 2-3 万某因出国留学将自己的独资企业委托给陈某管理，并授权陈某 5 万元以下的开支和 50 万元以下的交易可自行决定。设若第三人对此授权不知情，则陈某受托期间实施的下列哪一行为为我国法律禁止或无效？
> A. 未经万某同意与某公司签订的交易额为 100 万元的合同
> B. 未经万某同意将自己的房屋以 1 万元出售给该企业
> C. 未经万某同意向某电视台支付 8 万元的广告费
> D. 未经万某同意聘用其妻为销售主管
> 答案：B。根据《个人独资企业法》第 20 条规定，投资人委托或聘用个人独资企业的人员不得有下列行为，未经投资人同意，同本企业订立合同或进行交易……

任务四　个人独资企业的解散和清算

一、个人独资企业的解散

个人独资企业的解散，是指个人独资企业终止活动使其民事主体资格消灭的行为。个人独资企业应当解散的情形为：

（1）投资人决定解散；
（2）投资人死亡或者被宣告死亡，无继承人或者继承人决定放弃继承；
（3）被依法吊销营业执照；
（4）法律、行政法规规定的其他情形。

> **知识链接**
>
> 关于解散的原因：第一是取决于投资人的愿望，如果投资人不再愿意经营的，则可以决定解散，并不需要提出什么理由。第二是由于投资人的死亡，这是由于个人独资企业是个人单独出资的，出资主体已不存在，则企业随之消失，但是如果与财产继承相联系，则应当考虑两种情况，一种是有合法继承人而又愿意继续经营的，企业可以继续存在，这与传统的需要解散的做法相比有了较多的灵活性；另一种情况为无继承人或者继承人决定放弃继承的则应当解散。第三是被依法吊销营业执照，实际上这是被依法取消经营资格后的解散行为。第四是法律、行政法规规定的其他情形。由于个人独资企业数量很多，分布得又极广，解散的原因除前三种外还会有其他的情况，所以在法律上留有余地。

二、个人独资企业的清算

个人独资企业解散，应当进行清算，要符合下列要求：

（1）确定清算人。清算人由两种方式产生：由投资人自行清算；由债权人申请人民法院指定清算人进行清算。

（2）通知和公告债权人。投资人自行清算的，应当在清算前15日内书面通知债权人，无法通知的，应当予以公告。债权人应当在接到通知之日起30日内，未接到通知的应当在公告之日起60日内，向投资人申报债权。

（3）财产清偿顺序。个人独资企业解散的，财产应当按照下列顺序清偿：① 所欠职工工资和社会保险费用；② 所欠税款；③ 其他债务。个人独资企业财产不足以清偿债务的，投资人应当以其个人的其他财产予以清偿。

（4）清算期间对投资人的要求。清算期间，个人独资企业不得开展与清算目的无关的经营活动，在按前述财产清偿顺序未清偿完债务的，投资人不得转移、隐匿财产。

（5）投资人的持续清偿责任。个人独资企业解散后，原投资人对个人独资企业存续期间的债务仍应承担偿还责任，但债权人在五年内未向债务人提出偿债请求的，该责任消灭。

（6）注销登记。个人独资企业清算结束后，投资人或者人民法院指定的清算人应当编制清算报告，并于15日内到登记机关办理注销登记。经登记机关注销登记，个人独资企业终止。个人独资企业办理注销登记时，应当交回营业执照。

课堂实训任务

任务2-4　甲以个人财产设立一个人独资企业，后甲病故，其妻和子女（均已满18周岁），都明确表示不愿意继承该企业，该企业只得解散，该企业解散时，应由谁进行清算？

A. 应由其子女进行清算　　　　　　B. 应由其妻进行清算
C. 应由妻及其子女进行清算　　　　D. 应由债权人申请法院指定清算人

答案：D。根据《个人独资企业法》第27条的规定，个人独资企业解散，应由投资人自行清算或由债权人申请人民法院指定清算人进行清算。因此，原则上投资人自行清算，但经债权人申请，人民法院可以指定债权人以外的人进行清算。

任务五　违反《个人独资企业法》的法律责任

违反《个人独资企业法》的法律责任包括民事责任、行政责任和刑事责任等，下面主要列举个人独资企业及其投资者、个人独资企业投资人委托或者聘用人员的法律责任。

一、个人独资企业及投资人的法律责任

（1）违反规定，提交虚假文件或采取其他欺骗手段取得企业登记的，责令改正，处以5 000元以下的罚款；情节严重的，并处吊销营业执照。

（2）违反规定，个人独资企业使用的名称与其在登记机关登记的名称不相符合的，责令限期改正，处以2 000元以下的罚款。

（3）涂改、出租、转让营业执照的，责令改正，没收违法所得，处以3 000元以下的罚

款;情节严重的,吊销营业执照。伪造营业执照的,责令停业,没收违法所得,处以5 000元以下的罚款。构成犯罪的,依法追究刑事责任。

(4) 个人独资企业成立后无正当理由超过6个月未开业的,或者开业后自行停业连续6个月以上的,吊销营业执照。

(5) 违反规定,未领取营业执照,以个人独资企业名义从事经营活动的,责令停止经营活动,处以3 000元以下的罚款。个人独资企业登记事项发生变更时,未按规定办理有关变更登记的,责令限期办理变更登记;逾期不办理的,处以2 000元以下的罚款。

(6) 个人独资企业违反规定,侵犯职工合法权益,未保障职工劳动安全,不缴纳社会保险费用的,按照有关法律、行政法规予以处罚,并追究有关责任人员的责任。

(7) 个人独资企业及其投资人在清算前或清算期间隐匿或者转移财产、逃避债务的,依法追回其财产,并按照有关规定予以处罚;构成犯罪的,依法追究刑事责任。

知识链接

在我国实际生活中,由于多种原因,在相当一部分家庭中,人们的个人财产与家庭财产是不做明确划分,也难以划分清楚的,家庭成员的财产一般都是以家庭共有财产的形式存在着。一些个人独资企业的投资主体是一个自然人,但投资人设立企业用作出资的财产实际上是家庭共有财产,个人独资企业的生产经营收益也都为投资人的家庭成员所共同享有。在这种情况下,当需要对个人独资企业的债务承担财产责任时,只是以一部分家庭财产作为投资人个人财产,对个人独资企业债务承担无限责任,对投资人来说,就会造成事实上的权利义务不平等,在一定程度上也规避了一部分财产责任。针对我国存在这种实际情况,在本法第二条规定的个人独资企业投资人以其个人财产对企业债务承担无限责任的基础上,本条又对投资人承担无限责任的财产范围做出了特别规定,这就是,个人独资企业投资人在申请企业设立登记时,明确以其家庭共有财产作为个人出资的,应当依法以家庭共有财产对企业债务承担无限责任。

二、投资人委托或者聘用的人员的法律责任

(1) 投资人委托或者聘用的人员管理个人独资企业事务时违反双方订立的合同,给投资人造成损害的,承担民事赔偿责任。

(2) 投资人委托或者聘用的人员违反《个人独资企业法》的规定,侵犯个人独资企业财产权益的,责令退还侵占的财产;给企业造成损失的,依法承担赔偿责任;有违法所得的,没收违法所得;构成犯罪的,依法追究刑事责任。

课堂实训任务

任务2-5　1. 个人独资企业的投资人对企业债务承担何种责任?
A. 以出资额为限承担责任　　　　B. 以企业财产为限承担责任
C. 以其个人财产承担无限责任　　D. 以其个人财产承担连带无限责任
答案C。本题测试个人独资企业的投资人对企业债务的责任。《个人独资企业法》第2条规定:"本法所称个人独资企业,是指依照本法在中国境内设立,由一个自然人投资,财产

为投资人个人所有，投资人以其个人财产对企业债务承担无限责任的经营实体。"第31条规定："个人独资企业财产不足以清偿债务的，投资人应当以其个人的其他财产予以清偿。"据此，应选C。由于个人独资企业是由一个自然人投资的，故无由产生连带责任。

2. 个人独资企业解散后，按照个人独资企业法的规定，原投资人对企业存续期间的债务是否承担责任？

A. 仍应承担责任
B. 不再承担责任
C. 仍应承担责任，但债权人在5年内未向债务人提出偿债请求的，该责任消灭
D. 仍应承担责任，但债权人在2年内未向债务人提出偿债请求的，该责任消灭

答案 C。本题测试个人独资企业的投资人对企业债务的免责要件。

复习思考题

1. 什么是个人独资企业？
2. 个人独资企业法是什么？
3. 个人独资企业设立条件有哪些？
4. 个人独资企业事务管理的方式有哪几种？
5. 个人独资企业事务管理的内容有哪些？

专项实训项目

活动目标和要求

《个人独资企业法》授课完毕，利用两个课时组织专项实训，提前分组并分配扮演角色。每组选一人设立个人独资企业，使学生能够掌握和运用所学的法律知识解决问题，为毕业后设立个人独资企业和创业打好基础。

实训组织

将学生分成四组，各组结合所学知识，商量设立自己的独资企业。

实训内容及成果

由学生扮个人独资企业投资人、工商行政管理部门等角色，完成个人独资企业的设立全过程。各组选一名代表向大家汇报设立个人独资企业的情况。教师参照学生的表现进行讲评。

实训材料一

张某，陕西某高校即将毕业的大学生，为响应国家鼓励大学自主创业的政策，打算自己毕业后独立创业，开办个人独资企业，假如你是张某，你准备如何设立自己的个人独资企业？

设立个人独资企业的关键问题

- 条件
- 程序

项目三

合伙企业法

本章导入案例

【案情简介】

张某、李某、王某、马某四人商议设立一家合伙企业,并签订了合伙协议。协议约定张某、李某、王某每人出资 10 万元或相当于 10 万元价值的实物,经其他三人同意,马某以劳务作价 10 万元出资。合伙协议还约定了由张某和马某执行合伙企业事务,对外代表合作企业,但签订买卖合同应经其他合伙人同意,李某和王某不再执行合伙企业事务。合伙企业设立后,张某擅自以合伙企业的名义与甲公司签订了买卖合同。由于超过了合同规定期限合伙企业还没有交货,甲公司派人交涉,方知合同的签订未经其他合伙人同意。合伙企业以此为由拒绝了甲公司赔偿损失的要求。王某个人在与刘某进行经济往来时,发生了债务。刘某便向法院起诉,胜诉后又向人民法院申请强制执行。当法院执行王某在合伙企业中财产份额时,张某、李某、马某均表示放弃优先受让权,于是法院便将王某在合伙企业中的财产份额执行给了刘某。

【问题】

要求:根据相关法律规定,回答以下问题:
1. 张某、李某、王某和马某的出资方式是否符合《合伙企业法》的规定?为什么?
2. 合作企业可否接受甲公司的索赔要求?为什么?
3. 法院强制执行王某的财产后,王某是否应退伙?
4. 当法院将王某在合伙企业中的财产份额执行给了刘某后,刘某是否应当成为新的合伙人?

教学目标

- 理解合伙企业和合伙企业法的概念
- 熟悉合伙企业的成立条件及其对内对外关系
- 掌握有限合伙企业的特殊规定

> **实训目标**
> - 学会依法设立合伙企业
> - 能够区分普通合伙企业和有限合伙企业
> - 掌握合伙企业事务的执行并能够灵活运用

任务一 概　　述

一、合伙企业的概念和分类

合伙企业是指自然人、法人和其他组织依法在中国境内设立的普通合伙企业和有限合伙企业。合伙人共同出资、合伙经营、共享收益、共担风险。

合伙企业分为普通合伙企业和有限合伙企业。普通合伙企业由普通合伙人组成，合伙人对合伙企业债务承担无限连带责任，但是法律对普通合伙人承担责任的形式有特别规定的，从其规定。有限合伙企业由普通合伙人和有限合伙人组成，普通合伙人对合伙企业债务承担无限连带责任，有限合伙人以其认缴的出资额为限对合伙企业债务承担责任。

二、合伙企业法的概念

合伙企业法是指国家立法机关制定的调整合伙企业在设立、经营、解散过程中所发生的社会关系的法律规范的总称。

1997年2月23日，第八届全国人民代表大会常务委员会第二十四次会议通过了《中华人民共和国合伙企业法》（以下简称《合伙企业法》），该法于2006年8月27日经第十届全国人民代表大会常务委员会第二十三次会议修订，自2007年6月1日起施行。

任务二 普通合伙企业

一、普通合伙企业的概念和特征

普通合伙企业是指由普通合伙人组成的，由合伙人对合伙企业债务承担无限连带责任的一种合伙企业。

普通合伙企业具有以下特征：

（1）由普通合伙人组成。所谓普通合伙人，是指对合伙企业的债务依法承担无限连带责任的自然人、法人和其他组织。

（2）合伙人对合伙企业的债务依法承担无限连带责任，但法律另有规定的除外。所谓法律另有规定的除外，是指《合伙企业法》有特殊规定的，合伙人可以不承担无限连带责任，如《合伙企业法》中关于"特殊的普通合伙企业"的相关规定。

二、普通合伙企业的设立

（一）普通合伙企业的设立条件

1. 有两个或两个以上的合伙人

合伙人可以是自然人，也可以是法人和其他组织。合伙人为自然人的，应当具有完全民事行为能力。国有独资公司、国有企业、上市公司以及公益性的事业单位、社会团体不得成为普通合伙人。

2. 有书面的合伙协议

合伙协议是合伙企业最重要的法律文件，也是确定合伙人之间权利义务的基本依据。合伙协议依法由全体合伙人协商一致，以书面形式订立。合伙协议经全体合伙人签名、盖章后生效。修改或者补充合伙协议，应当经全体合伙人一致同意；但是，合伙协议另有约定的除外。合伙人违反合伙协议的，应当依法承担违约责任。

3. 有合伙人认缴或者实际缴付的出资

合伙协议生效后，合伙人应当按照合伙协议的规定缴纳出资。合伙人可以用货币、实物、知识产权、土地使用权或者其他财产权利出资，也可以用劳务出资。合伙人以实物、知识产权、土地使用权或者其他财产权利出资，需要评估作价的，可以由全体合伙人协商确定，也可以由全体合伙人委托法定评估机构评估。合伙人以劳务出资的，其评估办法由全体合伙人协商确定，并在合伙协议中载明。合伙人应当按照合伙协议约定的出资方式、数额和缴付期限，履行出资义务。以非货币财产出资的，依照法律、行政法规的规定，需要办理财产权转移手续的，应当依法办理。

4. 有合伙企业的名称和固定的生产经营场所

普通合伙企业名称中应当标明"普通合伙"字样，不得使用"有限"或者"有限责任"的字样。合伙企业必须有固定的合法的经营场所。

5. 法律、行政法规规定的其他条件

（二）普通合伙企业的设立程序

合伙企业的设立登记，应当按照如下程序进行：

1. 向企业登记机关提交申请

设立合伙企业，应当由全体合伙人指定的代表或者共同委托的代理人向企业登记机关申请设立登记。并提交登记申请书、合作协议、合伙人的身份证明等文件。

2. 企业登记机关核发营业执照

申请人提交的登记申请材料齐全、符合法定形式，企业登记机关能够当场登记的，应予当场登记，发给合伙企业营业执照。除这种情况外，企业登记机关应当自受理申请之日起20日内，做出是否登记的决定；予以登记的，发给合伙企业营业执照；不予登记的，应当给予书面答复，并说明理由。合伙企业营业执照的签发日期，为合伙企业的成立日期。合伙企业设立分支机构的，应当向分支机构所在地的企业登记机关申请登记，领取营业执照。

课堂实训任务

任务3-1　A先生与B有限责任公司协商后，决定设立一家合伙企业。合伙企业协议中规定：B公司向合伙企业投资30万元，A负责经营管理，但不投资，B公司每年从合伙企业取得60%的收益，亏损时，责任及其他一切风险均由A负担。随后，双方共同向登记机关申请合伙登记，登记机关工作人员C在收取了A的贿赂后，做出登记决定，并颁发了合伙企业营业执照。后A为了经营方便一直以B有限责任公司的名义对外进行经营活动。试分析本案中合伙企业设立必须具备的条件和违法之处。

任务3-2　2015年1月，甲、乙、丙三名自然人共同设立一普通合伙企业。合伙协议约定：甲以现金人民币5万元出资，乙以房屋作价人民币8万元出资，丙以劳务作价人民币4万元出资；各合伙人按相同比例分配盈利、分担亏损。试着草拟一份合伙协议并模拟合伙企业设立的过程。

任务3-3　2014年1月，赵、钱、孙、李四人决定设立一合伙企业，并签订书面协议，内容如下：赵出资10万元，钱以实物折价出资8万元，经其他人同意孙以劳务出资6万元，李货币出资4万元。试分析各合伙人的出资是否合法。

三、普通合伙企业的财产

（一）合伙企业财产的概念和构成

合伙企业的财产是指合伙存续期间，合伙人的出资和所有以合伙企业名义取得的收益和依法取得的其他财产。

合伙财产包括两部分：

（1）全体合伙人的出资。

（2）以合伙企业名义取得的全部收益和依法取得的其他财产。例如，合伙企业的债权、合法接受赠予的财产等。

（二）合伙企业财产的性质

合伙企业的财产具有共有财产的性质，对合伙财产的占有、使用、收益和处分，均应当依据全体合伙人的共同意志进行。

（三）合伙企业财产的转让

1. 外部转让

合伙企业存续期间，合伙人向合伙人以外的人转让其在合伙企业中的全部或者部分财产份额时，须经其他合伙人一致同意，合伙协议另有约定的除外。

2. 内部转让

合伙人之间转让在合伙企业中的全部或者部分财产份额时，应当通知其他合伙人。

3. 优先受让

合伙人依法转让其财产份额的，在同等条件下，其他合伙人有优先受让的权利。经全体合伙人同意，合伙人以外的人依法受让合伙企业财产份额的，经修改合伙协议即成为合伙企业的合伙人，依照修改后的合伙协议享有权利，承担责任。

4. 财产出质

合伙人以其在合伙企业中的财产份额出资的，须经其他合伙人一致同意。未经其他合伙人一致同意，合伙人以其在合伙企业中的财产份额出资的，其行为无效，或者作为退伙处理；

由此给其他合伙人造成损失的,依法承担赔偿责任。

> 课堂实训任务

任务 3-4　甲、乙、丙三位合伙人设立普通合伙企业,企业经营一段时间后,丙合伙人决定将自己在合伙企业中的财产份额转让给丁。经查,该转让行为在合伙协议中没有约定,根据《合伙企业法》的规定,分析丙是否可以转让自己在合伙企业中财产份额,以及如何转让。

四、普通合伙企业事务的执行

（一）合伙事务执行的形式

合伙人执行合伙企业事务的形式有以下两种:

1. 全体合伙人共同执行合伙企业事务

在采取这种形式的合伙企业中,按照合伙协议的约定,各个合伙人都直接参与经营,处理合伙企业的事务,对外代表合伙企业。

2. 委托一名或者数名合伙人执行合伙企业事务

按照合伙协议的约定或者经全体合伙人决定,可以委托一名或者数名合伙人对外代表合伙企业,执行合伙事务,未被委托的合伙人不再执行合伙企业事务。

除合伙协议另有约定外,合伙企业的下列事务必须经全体合伙人一致同意:① 改变合伙企业的名称;② 改变合伙企业的经营范围、主要经营场所;③ 处理合伙企业的不动产;④ 转让或者处理合伙企业的知识产权和其他财产权利;⑤ 以合伙企业名义为他人提供担保;⑥ 聘任合伙人以外的人担任合伙企业的经营管理人员。

（二）合伙事务执行的决议办法

合伙人对合伙企业有关事项做出决议,按照合伙协议约定的表决办法办理。合伙人协议未约定或者约定不明确的,实行合伙人一人一票,并经全体合伙人过半数通过的表决办法。法律另有规定的,从其规定。

（三）合伙企业的损益分配

合伙企业的利润分配、亏损分担,按照合伙协议的约定办理;合伙协议未约定或者约定不明确的,由合伙人协商决定;协商不成的,由合伙人按照实缴出资比例进行分配、分担;无法确定出资比例的,由合伙人平均分配、分担。

合伙协议不得约定将全部利润分配给部分合伙人或者由部分合伙人承担全部亏损。合伙人按照合伙协议的约定或者经全体合伙人决定,可以增加或者减少对合伙企业的出资。

> 课堂实训任务

任务 3-5　甲、乙、丙、丁共同投资设立合伙企业,约定利润分配比例为 4:3:2:1。现甲、乙已退伙,丙、丁未就现有合伙企业的利润分配约定新的比例。试分析相关合伙企业利润在丙、丁之间应如何分配。

任务 3-6　甲、乙、丙三人设立一合伙企业,合伙企业协议中约定,合伙企业由甲全权负责管理,其他人不得过问也不承担任何合伙亏损。试问:该合伙企业的合伙协议的约定合法吗?

五、普通合伙企业与第三人的关系

（一）合伙企业对外代表权

执行合伙企业事务的合伙人，对外代表合伙企业。可取得合伙企业对外代表权的合伙人，主要有以下三种：

（1）由全体合伙人共同执行合伙企业事务的，全体合伙人都有权对外代表合伙企业。

（2）由部分合伙人执行合伙企业事务的，只有受委托执行合伙企业事务的那一部分合伙人有权对外代表合伙企业。

（3）由于特别授权在单项合伙事务上有执行权的合伙人，依照授权范围可以对外代表合伙企业。

执行合伙事务的合伙人在取得对外代表权后，以企业名义，在授权范围内做出的法律行为，所产生的法律后果归属于合伙企业。同时，合伙企业对合伙人执行合伙事务以及对外代表合伙企业权利的限制，不得对抗善意第三人。

（二）合伙企业和合伙人的债务清偿

1. 合伙企业的债务清偿与合伙人的关系

合伙企业对其债务，应先以其全部财产进行清偿。合伙企业财产不足清偿到期债务的，各合伙人应当承担无限连带责任。合伙人由于承担无限连带责任，清偿数额超过本法规定其亏损分担比例的，有权向其他合伙人追偿。

2. 合伙人的债务清偿与合伙企业的关系

合伙人发生与合伙企业无关的债务，相关债权人不得以其债权抵销其对合伙企业的债务；也不得代位行使合伙人在合伙企业中的权利。

合伙人的自有财产不足清偿其与合伙企业无关的债务的，该合伙人可以以其从合伙企业中分取的收益用于清偿；债权人也可以依法请求人民法院强制执行该合伙人在合伙企业中的财产份额用于清偿。

> **课堂实训任务**
>
> 任务 3-7　江某是一合伙企业的合伙事务执行人，欠罗某个人债务 7 万元，罗某在交易中又欠合伙企业 7 万元。后合伙企业解散。清算中，罗某要求以其对江某的债权抵销其所欠合伙企业的债务，各合伙人对罗某这一要求产生了分歧。试问：该问题如何解决？

六、入伙与退伙

（一）入伙

入伙是指在合伙企业存续期间，合伙人以外的第三人加入合伙企业并取得合伙人资格的行为。

新合伙人入伙，除合伙协议另有约定外，应当经全体合伙人一致同意，并依法订立书面入伙协议。订立入伙协议时，原合伙人应当向新合伙人如实告知原合伙企业的经营状况和财务状况。入伙的新合伙人与原合伙人享有同等权利，承担同等责任。入伙协议另有约定的，从其约定。

新合伙人对入伙前合伙企业的债务承担无限连带责任。

（二）退伙

退伙是指合伙人退出合伙企业并丧失合伙人资格的行为。退伙主要有自愿退伙和法定退伙两种形式。

（1）自愿退伙是指合伙人基于自愿的意思表示而退伙。自愿退伙分为协议退伙和声明退伙。

① 协议退伙，是指合伙协议中对退伙有规定的，合伙人按照合伙协议的规定退伙。

《合伙企业法》规定，合伙协议约定合伙期限的，在合伙企业存续期间，有下列情形之一的，合伙人可以退伙：（一）合伙协议约定的退伙事由出现；（二）经全体合伙人一致同意；（三）发生合伙人难以继续参加合伙的事由；（四）其他合伙人严重违反合伙协议约定的义务。

② 声明退伙，是指合伙人以其单方的意思表示退出合伙的行为。

《合伙企业法》规定，合伙协议未约定合伙期限的，合伙人在不给合伙企业事务执行造成不利影响的情况下，可以退伙，但应当提前三十日通知其他合伙人。合伙人违反上述规定退伙的，应当赔偿由此给合伙企业造成的损失。

（2）法定退伙是指合伙人因出现法律规定的事由而退伙。法定退伙分为当然退伙和除名退伙。

关于当然退伙，《合伙企业法》规定，合伙人有下列情形之一的，属于当然退伙：（一）作为合伙人的自然人死亡或者被依法宣告死亡；（二）个人丧失偿债能力；（三）作为合伙人的法人或者其他组织依法被吊销营业执照、责令关闭、撤销，或者被宣告破产；（四）法律规定或者合伙协议约定合伙人必须具有相关资格而丧失该资格；（五）合伙人在合伙企业中的全部财产份额被人民法院强制执行。

关于除名退伙，《合伙企业法》规定，合伙人有下列情形之一的，经其他合伙人一致同意，可以决议将其除名：（一）未履行出资义务；（二）因故意或者重大过失给合伙企业造成损失；（三）执行合伙事务时有不正当行为；（四）发生合伙协议约定的事由。

（3）退伙的效果。

关于财产继承。有下列情形之一的，合伙企业应当向合伙人的继承人退还被继承合伙人的财产份额：① 继承人不愿意成为合伙人；② 法律规定或者合伙协议约定合伙人必须具有相关资格，而该继承人未取得该资格；③ 合伙协议约定不能成为合伙人的其他情形。

关于退伙结算。除合伙人死亡或者被依法宣告死亡的情形外，《合伙企业法》对退伙结算做了以下规定：① 合伙人退伙，其他合伙人应当与该退伙人按照退伙时的合伙企业财产状况进行结算，退还退伙人的财产份额。② 退伙人在合伙企业中财产份额的退还办法，由合伙协议约定或者由全体合伙人决定，可以退还货币，也可以退还实物。③ 合伙人退伙时，合伙企业财产少于合伙企业债务的，退伙人应当依照法律规定分担亏损。

合伙人退伙以后，退伙人对基于其退伙前的原因发生的合伙企业债务，承担无限连带责任。

课堂实训任务

任务3-8　A、B、C、D四人成立合伙企业甲。甲合伙企业4月1日向乙银行贷款100万元，借款期限是3个月。6月1日，D要求退伙并办清退伙手续。同时，E入伙，A、B、C告诉 E 合伙企业的财务状况。A、B、C、E 约定新的合伙协议，但未约定损益分配。到 7 月 1 日，甲企业无力偿还银行贷款。经过强制执行，甲企业的全部财产只有 40 万元。试分析：对于尚未清偿的 60 万元，乙银行应向 A、B、C、D、E 中的谁进行追偿？

七、特殊的普通合伙企业

特殊的普通合伙企业是指以专业知识和专门技能为客户提供有偿服务的专业服务机构。

特殊的普通合伙企业有特殊规定的按规定，没有特殊规定的依照普通合伙企业的相关规定。

特殊的普通合伙企业名称中应当标明"特殊普通合伙"字样。

《合伙企业法》对特殊的普通合伙企业的合伙人的责任做出了以下特殊规定：

（1）一个合伙人或者数个合伙人在执业活动中因故意或者重大过失造成合伙企业债务的，应当承担无限责任或者无限连带责任，其他合伙人以其在合伙企业中的财产份额为限承担责任。

（2）合伙人在执业活动中非因故意或者重大过失造成的合伙企业债务以及合伙企业的其他债务，由全体合伙人承担无限连带责任。所谓重大过失，是指明知可能造成损失而轻率地作为或者不作为。

（3）合伙人在执业活动中因故意或者重大过失造成的合伙企业债务，以合伙企业财产对外承担责任后，该合伙人应当按照合伙协议的约定对给合伙企业造成的损失承担赔偿责任。

任务三　有限合伙企业

一、有限合伙企业的概念

有限合伙企业是指由有限合伙人和普通合伙人共同组成，普通合伙人对合伙企业债务承担无限连带责任，有限合伙人以其认缴的出资额为限对合伙企业债务承担责任的合伙组织。

二、有限合伙企业的设立条件

（1）有限合伙企业由二个以上五十个以下合伙人设立；但是，法律另有规定的除外。有限合伙企业至少应当有一个普通合伙人。

（2）有限合伙企业名称中应当标明"有限合伙"字样。

（3）有限合伙企业的合伙协议除符合普通合伙企业合伙协议的规定外，还应当载明下列事项：① 普通合伙人和有限合伙人的姓名或者名称、住所；② 执行事务合伙人应具备的条件和选择程序；③ 执行事务合伙人权限与违约处理办法；④ 执行事务合伙人的除名条件和更换程序；⑤ 有限合伙人入伙、退伙的条件、程序以及相关责任；⑥ 有限合伙人和普通合伙人相互转变程序。

（4）有限合伙人可以用货币、实物、知识产权、土地使用权或者其他财产权利作价出资。有限合伙人不得以劳务出资。有限合伙人应当按照合伙协议的约定按期足额缴纳出资；未按期足额缴纳的，应当承担补缴义务，并对其他合伙人承担违约责任。

（5）有限合伙企业登记事项中应当载明有限合伙人的姓名或者名称及认缴的出资数额。

三、有限合伙企业事务的执行

（一）有限合伙事务执行人

有限合伙企业由普通合伙人执行合伙事务。执行事务合伙人可以要求在合伙协议中确定执行事务的报酬及报酬提取方式。有限合伙人不执行合伙事务，不得对外代表有限合伙企业。

有限合伙人的下列行为，不视为执行合伙事务：
（1）参与决定普通合伙人入伙、退伙；
（2）对企业的经营管理提出建议；
（3）参与选择承办有限合伙企业审计业务的会计师事务所；
（4）获取经审计的有限合伙企业财务会计报告；
（5）对涉及自身利益的情况，查阅有限合伙企业财务会计账簿等财务资料；
（6）在有限合伙企业的利益受到侵害时，向有责任的合伙人主张权利或者提起诉讼；
（7）执行事务合伙人怠于行使权利时，督促其行使权利或者为了本企业的利益以自己的名义提起诉讼；
（8）依法为本企业提供担保。

第三人有理由相信有限合伙人为普通合伙人并与其交易的，该有限合伙人对该笔交易承担与普通合伙人同样的责任。有限合伙人未经授权以有限合伙企业名义与他人进行交易，给有限合伙企业或者其他合伙人造成损失的，该有限合伙人应当承担赔偿责任。

课堂实训任务

任务3-9　甲、乙共同出资设立有限合伙企业A，甲出资10万元，为有限合伙人，乙出资5万元为普通合伙人，丙欲与A建立业务关系，多次到A进行洽谈，每次都是甲进行接待，并洽谈业务细节，乙有时在场，但并没有告知丙甲的有限合伙人的身份，甲以有限合伙企业A的身份与丙签订了三次合同，前两次均已付款，并也已按合同约定，第三次发货后，但A拒绝付款，丙遂要求甲承担债务责任。试分析：甲是否应对合伙企业对丙的债务承担责任？

任务3-10　2014年3月，甲、乙、丙、丁按照《合伙企业法》的规定，共同投资设立一从事商品流通的有限合伙企业。合伙协议约定了以下事项：① 甲以现金5万元出资，乙以房屋作价8万元出资，丙以劳务作价4万元出资，另外以商标权作价5万元出资，丁以现金10万元出资；② 丁为普通合伙人，甲乙丙均为有限合伙人；③ 合伙企业的事务由丙和丁执行，甲和乙不执行合伙企业事务，也不对外代表合伙企业。试分析本案中不符合有限合伙企业规定的情形。

（二）有限合伙企业的利润分配

有限合伙企业不得将全部利润分配给部分合伙人；但是，合伙协议另有约定的除外。

（三）有限合伙人的权利

（1）有限合伙人可以同本有限合伙企业进行交易；但是，合伙协议另有约定的除外。

（2）有限合伙人可以自营或者同他人合作经营与本有限合伙企业相竞争的业务；但是，合伙协议另有约定的除外。普通合伙人如果禁止有限合伙人自营或者同他人合作经营与本有限合伙企业相竞争的业务，应当在合伙协议中做出约定。

四、有限合伙企业财产的出质与转让

（1）有限合伙人可以将其在有限合伙企业中的财产份额出质；但是，合伙协议另有约定的除外。这里的出质是指有限合伙人以其在合伙企业中的财产份额对外进行权利质押。

（2）有限合伙人可以按照合伙协议的约定向合伙人以外的人转让其在有限合伙企业中的财产份额，但应当提前三十日通知其他合伙人。有限合伙人对外转让其在合伙企业中的财产份额时，在同等条件下，其他合伙人有优先购买权。

五、有限合伙人的债务清偿

有限合伙人的自有财产不足清偿其与合伙企业无关的债务的，该合伙人可以以其从有限合伙企业中分取的收益用于清偿；债权人也可以依法请求人民法院强制执行该合伙人在有限合伙企业中的财产份额用于清偿。

人民法院强制执行有限合伙人的财产份额时，应当通知全体合伙人。在同等条件下，其他合伙人有优先购买权。

六、有限合伙企业的入伙与退伙

（一）有限合伙企业入伙

新入伙的有限合伙人对入伙前有限合伙企业的债务，以其认缴的出资额为限承担责任。

（二）有限合伙企业退伙

（1）有限合伙人出现下列情形时当然退伙：① 作为合伙人的自然人死亡或者被依法宣告死亡；② 作为合伙人的法人或者其他组织依法被吊销营业执照、责令关闭、撤销，或者被宣告破产；③ 法律规定或者合伙协议约定合伙人必须具有相关资格而丧失该资格；④ 合伙人在合伙企业中的全部财产份额被人民法院强制执行。

（2）作为有限合伙人的自然人在有限合伙企业存续期间丧失民事行为能力的，其他合伙人不得因此要求其退伙。

（3）作为有限合伙人的自然人死亡、被依法宣告死亡或者作为有限合伙人的法人及其他组织终止时，其继承人或者权利承受人可以依法取得该有限合伙人在有限合伙企业中的资格。

（4）有限合伙人退伙后，对基于其退伙前的原因发生的有限合伙企业债务，以其退伙时从有限合伙企业中取回的财产承担责任。

知识链接

合伙企业的解散和清算

（一）合伙企业的解散

合伙企业解散，是指各合伙人解除合伙协议，合伙企业终止活动。

合伙企业有下列情形之一时，应当解散：① 合伙协议约定的经营期限届满时，合伙人不愿继续经营的；② 合伙协议约定的解散事由出现；③ 全体合伙人决定解散；④ 合伙人已不具备法定人数；⑤ 合伙协议约定的合伙目的已经实现或者无法实现；⑥ 被依法吊销营业执照；⑦ 出现法律、行政法规规定的合伙企业解散的其他原因。

（二）合伙企业的清算

合伙企业解散后，必须经过清算程序，了结合伙事务。《合作企业法》对合伙企业的清算做了以下规定：

1. 清算人的确定

合伙企业解散后应当进行清算，并通知和公告债权人；清算人由全体合伙人担任，未能由全体合伙人担任清算人的，经全体合伙人过半数同意，可以自合伙企业解散后十五日内指定一名或者数名合伙人，或者委托第三人；十五日内未确定清算人的，合伙人或者其他利害关系人可以申请人民法院指定清算人。

2. 清算事务

主要有下列六项，由清算人执行，即清理合伙企业财产，分别编制资产负债表和财产清单；处理与清算有关的合伙企业未了结的事务；清缴所欠税款；清理债权、债务；处理合伙企业清偿债务后的剩余财产；代表合伙企业参与民事诉讼活动。

3. 合伙企业财产清偿顺序

首先是支付清算费用，然后按照下列顺序清偿：即合伙企业所欠招用的职工工资和劳动保险费用；合伙企业所欠税款；合伙企业的债务；返还合伙人的出资。合伙企业财产在按上述顺序清偿后，仍有剩余的，再按照约定比例或者法定比例分配给合伙人。

4. 解散后原合伙人的责任

合伙企业解散后，原合伙人对合伙企业存续期间的债务仍应当承担连带责任，但债权人在五年内未向债务人提出偿还请求的，该责任消灭。

5. 清算报告

清算结束，应当编制清算报告，经全体合伙人签名、盖章后，在十五日内向企业登记机关报送，办理合伙企业注销登记。

复习思考题

1. 简述普通合伙企业的概念和特征。
2. 普通合伙企业的设立条件是什么？
3. 简述普通合伙企业合伙事务的执行。
4. 简述普通合伙企业退伙的原因和种类。

5. 有限合伙企业的设立条件是什么？
6. 试述普通合伙企业与有限合伙企业的不同之处。

专项实训项目

活动目标和要求

《合伙企业法》授课完毕，利用两个课时组织模拟法庭，介绍简易法庭程序，提前分组并分配扮演角色。使学生学会依法设立合伙企业，能够区分普通合伙企业和有限合伙企业，掌握合伙企业事务的执行并能够灵活运用。

实训组织

将教室中的课桌椅摆放成法庭的形式，利用多媒体设备投射国徽的标志。检查学生的准备情况。

实训内容及成果

由学生扮演法官、书记员、当事人、鉴定人和代理人等。当堂进行法庭辩论，由学生分组进行讨论并最终形成判决书。教师参照学生的表现情况评分。

实训材料一

2005年1月，甲、乙、丙、丁4人决定设立一家普通合伙企业，并签订了书面合伙协议。合伙协议的部分内容如下：（1）甲以货币出资2万元，乙以实物折价出资3万元，丙以劳务出资，经其他三人同意，折价3万元，丁以货币出资4万元；（2）甲、乙、丙、丁按照3:2:3:2的比例分配利润和承担风险；（3）合伙协议约定由甲作为合伙企业的事务执行人，但是对外签订合同标的金额不得超过10万元，超过10万元的合同应当经过其他合伙人的同意，合伙协议中未约定合伙企业的经营期限。

合伙企业存续期间，发生以下事实：

（1）甲因给父亲治病向张某借款10万元，借款已经到期，张某多次向甲索要，但甲每次都以自己除了在合伙企业中的财产份额之外，没有其他财产可供清偿，于是在甲的同意下，张某以自己对甲的债权抵销张某对合伙企业的债务。

（2）2005年5月，甲擅自以合伙企业的名义和飞达公司签订了一份买卖合同，合同标的金额为30万元，飞达公司不知道合伙企业对甲的权限限制。其他合伙人认为该合同不符合合伙企业的利益，决定对此合同的效力不予承认。

（3）2005年6月，乙提出退伙，其退伙并没有给合伙企业带来不利影响，2005年7月，乙与其他合伙人结算后，撤资退伙。同时，合伙企业又接纳戊入伙，戊出资5万元。2005年8月，合伙企业的债权人A银行就合伙人乙退伙前发生的债务20万元要求合伙企业的合伙人甲、丙、丁、戊和退伙人乙承担连带赔偿责任；乙以自己已经退伙为由，拒绝承担清偿责任，戊以自己是新入伙人为由拒绝承担清偿责任。

庭审辩论和组织讨论的焦点问题

- 合伙人约定的利润分配比例和出资比例不一致，是否合法？
- 张某是否可以以自己对甲的债权抵销张某对合伙企业的债务？
- 分析甲与飞达公司签订的买卖合同的效力问题。
- 乙是否应当对A银行的债务负清偿责任？

- 戊的主张是否成立？

实训材料二

甲、乙、丙、丁共同投资设立了A有限合伙企业（以下简称A企业）。合伙协议约定：甲、乙为普通合伙人，分别出资10万元；丙、丁为有限合伙人，分别出资15万元；甲执行合伙企业事务，对外代表A企业。2006年A企业发生下列事实：

2月，甲以A企业的名义与B公司签订了一份12万元的买卖合同。乙获知后，认为该买卖合同损害了A企业的利益，且甲的行为违反了A企业内部规定，即甲无权单独与第三人签订超过10万元合同的限制，遂要求各合伙人做出决议，撤销甲代表A企业签订合同的资格。

4月，乙、丙分别征得甲的同意后，以自己在A企业中的财产份额出质，为自己向银行借款提供质押担保。丁对上述事项均不知情，乙、丙之间也对质押担保事项互不知情。

8月，丁退伙，从A企业取得退伙结算财产12万元。

9月，A企业吸收庚作为普通合伙人入伙，庚出资8万元。

10月，A企业的债权人C公司要求A企业偿还6月所欠款项50万元。

11月，丙因所设个人独资企业发生严重亏损不能清偿D公司到期债务，D公司申请人民法院强制执行丙在A企业中的财产份额用于清偿其债务。人民法院强制执行丙在A企业中的全部财产份额后，甲、乙、庚决定A企业以现有企业组织形式继续经营。

经查：A企业内部约定，甲无权单独与第三人签订超过10万元的合同，B公司与A企业签订买卖合同时，不知A企业该内部约定。合伙协议未对合伙人以财产份额出质事项进行约定。

庭审辩论和组织讨论的焦点问题

- 甲以A企业的名义与B公司签订的买卖合同的效力问题。
- 乙、丙的质押担保行为的效力问题。
- 如果A企业的全部财产不足清偿C公司的债务，对不足清偿的部分，应该如何清偿？
- 人民法院强制执行丙在A企业中的全部财产份额后，甲、乙、庚决定A企业以现有企业组织形式继续经营，甲、乙、庚组成的新合伙企业的成立问题。

项目四

公司法

本章导入案例

【案情简介】

甲、乙、丙于 2012 年 5 月出资设立 A 有限责任公司。2013 年 4 月，该公司又吸收丁入股。2015 年 10 月，该公司因经营不善造成严重亏损，拖欠巨额债务，被依法宣告破产。人民法院在清算中查明：甲在公司设立时作为出资的机器设备，其实际价额为 130 万元，显著低于公司章程所定价额 350 万元；甲的个人财产仅为 30 万元。

【问题】

1. 对于股东甲出资不实的行为，在公司内部应承担何种法律责任？
2. 当 A 公司被宣告破产时，对甲出资不实的问题应如何处理？
3. 对甲出资不足的问题，股东丁是否应对其承担连带责任？

教学目标

- 掌握公司的概念、特征，公司的设立条件，公司发行债券的条件，公司的组织机构
- 熟悉公司设立的程序，公司上市的条件，公司合并、分立、终止的相关规定
- 了解公司的分类，公司的基本原则，国有独资公司和一人公司的特别规定

实训目标

- 能清楚地认识到公司的设立要求，公司内部组织机构的设置及功能
- 能运用所学知识解决公司在设立、运营过程中的简单法律问题

任务一　公司法概述

一、公司的概念和种类

（一）公司的概念

公司是依照公司法设立的以营利为目的的企业法人。

公司具有以下特征：

（1）公司是企业法人。

（2）公司的所有权归股东共同所有。

（3）公司最终由股东共同控制。公司的最高权力机构为股东会或股东大会。

（二）公司的种类

（1）从公司对外活动的信用基础看：公司可分为人合公司和资合公司。

（2）从控股程度看：公司可分为母公司和子公司。

（3）从公司注册地看：公司可分为本国公司、外国公司和跨国公司。

（4）从股东的责任角度看：公司可分为有限责任公司、股份有限公司、无限责任公司和两合公司等。

知识链接

跨国公司（Transnational Corporation），又称多国公司（Multi-national Enterprise）、国际公司（International Firm）、超国家公司（Supernational Enterprise）和宇宙公司（Cosmo-corporation）等。20世纪70年代初，联合国经济及社会理事会组成了由知名人士参加的小组，较为全面地考察了跨国公司的各种准则和定义后，于1974年做出决议，决定联合国统一采用"跨国公司"这一名称。指由两个或两个以上国家的经济实体所组成，并从事生产、销售和其他经营活动的国际性大型企业，又称国际公司或多国公司。跨国公司的雏形最早出现在16世纪，成长于19世纪70年代之后，已经成为世界经济国际化和全球化发展的重要内容、表现和主要推动力。

二、公司的基本权利和义务

（一）公司的基本权利

1. 法人财产所有权

2. 经营自主权

3. 投资权

（二）公司的基本义务

（1）公司以其全部资产承担公司债务责任、承担其他民事责任。

（2）应建立"权责分明、管理科学、激励和约束相结合"的内部管理体制。

（3）公司必须遵守法律，遵守职业道德，加强精神文明建设，接受政府和社会监督。

（4）公司必须保护职工合法权益，加强劳动保护，实现安全生产。

三、公司法概述

为了规范公司的组织和行为，保护公司、股东和债权人的合法权益，维护社会经济秩序，促进社会主义市场经济的发展，制定本法。

1993年12月29日第八届全国人民代表大会常务委员会第五次会议通过《中华人民共和国公司法》（以下简称《公司法》），根据1999年12月25日第九届全国人民代表大会常务委员会第十三次会议《关于修改〈中华人民共和国公司法〉的决定》第一次修正，根据2004年8月28日第十届全国人民代表大会常务委员会第十一次会议《关于修改〈中华人民共和国公司法〉的决定》第二次修正，2005年10月27日第十届全国人民代表大会常务委员会第十八次会议修订，根据2013年12月28日第十二届全国人民代表大会常务委员会第六次会议通过《关于修改〈中华人民共和国海洋环境保护法〉等七部法律的决定》第三次修正，于2014年3月1日起实施。

本法所称公司是指依照本法在中国境内设立的有限责任公司和股份有限公司。

四、公司法的基本原则

新公司法的基本原则包括：利益均衡原则、分权制衡原则、自治原则、股东股权平等原则、股东有限责任原则。

（一）利益均衡原则

利益均衡原则是指公司制度的安排及实现，是基于现代市场经济条件下对影响公司及社会发展的多种利益关系进行分析、均衡的原则。利益均衡意味着对某一利益过度保护的否定。坚持利益均衡原则，就要较好地研究围绕公司所形成的各种利益关系，以及诸多关系可能对公司经济、社会目标的实现，并进而对社会发展的影响程度进行评估，确定各种利益的地位通过制度化的安排，使公司这一企业法律形态发挥出较佳的社会效益，抑制其负面作用。利益均衡原则是从利益（经济）基础层面决定的公司法的基本原则，可以说是公司法的首要原则。

（二）分权制衡原则

分权制衡原则是指公司有效运转的制度安排与实现，是以对公司各种权力合理分配、相互制衡为出发点而进行配置的原则。分权制衡会形成权责分明、管理科学、激励和约束相结合的内部管理体制，是公司运作的精髓。分权制衡从一定意义上讲与国有企业的厂长（经理）负责制管理模式有根本的区别。坚持分权制衡原则就要对公司内部应该存在哪些权力和权力的适当分配进行分析和界定，对各种权力制衡动作进行制度构建。分权制衡是从权力层面认识公司法的基本原则，是利益均衡原则在制度层面的直接体现。

（三）自治原则

自治原则是指出资人自己进行重大决策，选择公司的管理者；公司作为独立的市场主体，依照公司章程自主经营、自负盈亏，不受非法干预。自治原则符合市场主体在市场中的运动规律：出资人对自己的决策、选择行为负责；公司以章程为基础，自主应对市场的变化，对由此产生的一切后果负责。自治原则充分体现了公司作为市场主体的主体特性：市场主体的能动性，与产品体制下企业的附属地位形成鲜明的对照。

（四）股东股权平等原则

股东股权平等是指股东基于自己的出资（出资额或者股份）为基础而享有平等待遇的原则。出资的性质一致、数额相同，在公司运转中得到平等对待。股东股权平等并不排除股权内容的不同。股东各按其交纳的出资额或所持的股份数额享有权利、承担义务，股东所享有的权利大小、承担义务的轻重与其向公司出资的多少成正比。出资少，享有的权利小，承担的义务轻；出资多，享有的权利大，承担的义务重。股权可以划分为普通股、特别股，享有不同股权的股东，享有的权利和承担的义务是有区别的。

（五）股东有限责任原则

股东有限责任是指股东的投资（出资额或者股份）为限对公司承担责任，并通过公司这个中间物对外承担责任。股东有限责任乃现代公司法律的基石。可以说，现代公司法律制度的形成与建立以及各项具体制度的完善，皆与股东有限责任密切相关。抽去股东有限责任制度，现代公司法律的大厦将难以支撑，现代公司的法律体系就必然失去重心。股东有限责任并非公司制度产生以来就存在的一个原则，而是公司发展到一定历史阶段的产物。我们将股东有限责任作为一项基本原则，既是符合现代公司法的方向，也是符合我国公司立法实际的。

任务二　有限责任公司

一、有限责任公司的概念和特征

有限责任公司，也称有限公司，是由股东共同出资，股东以其出资额为限对公司承担责任，公司以其全部资产对公司债务承担责任的企业法人。有限责任公司具有以下特征：

（1）有限责任公司的股东均负有有限责任，股东以其出资额为限对公司承担责任。
（2）有限责任公司的资本不分为等额股份，股东出资直接以出资额计算。
（3）有限责任公司的设立只能采取发起设立的方式。
（4）有限责任公司的股东在转让其出资时，受到严格的限制。
（5）有限责任的设立程序比较简单。

二、有限责任公司的设立

公司设立，是指为使公司成立、取得公司法人资格而依据法定程序进行的一系列法律行为的总称。公司的设立与公司的成立意思并不完全相同。公司设立是指发起人创建公司的一系列活动，是一种过程。而公司成立则标志着公司取得了法人资格，取得了依法进行生产经营活动的权利能力与行为能力。可以说，公司设立是公司成立的前提；公司成立是公司设立的目标和结果。公司设立行为的内容，因公司的种类不同而有所不同。有限责任公司的设立条件、设立程序主要包括以下内容。

（一）有限责任公司的设立条件

根据我国《公司法》的规定，设立有限责任公司，应当具备以下条件。

1. 股东符合法定人数

设立有限责任公司的法定人数：法定股东人数必须是 50 个以下。

2. 有符合公司章程规定的全体股东认缴的出资额

股东出资方式不限于货币出资，也可以用实物、工业产权、非专利技术、土地使用权作价出资。股东以货币出资的，应当将货币出资足额存入准备设立的有限责任公司在银行开设的临时账户；股东以实物、工业产权、非专利技术、土地使用权出资的，必须进行评估作价，核实财产，不得高估或者低估作价，并依法办理财产权的转移手续。

3. 股东共同制定公司章程

公司章程，是指规范公司的组织与行为，规定公司与股东之间、股东与股东之间权利义务关系的公司必备的法律文件。公司章程是公司最重要的法律文件，它是公司内部组织与行为的基本准则，是政府对公司进行管理的依据之一，也对公司外部人员起着公示作用。

有限责任公司的章程由股东共同制定，所有股东应当在公司章程上签名、盖章。我国《公司法》规定，公司章程应当载明法定事项。

4. 有公司名称，建立符合有限责任公司要求的组织机构

公司名称是公司的标志。有限责任公司设立自己的名称，必须符合法律、法规的规定，必须在公司名称中标明有限责任公司字样。我国对公司名称的登记管理实行预先核准制度，公司在申请设立登记以前，必须首先申请名称预先核准。公司名称经注册后，即受法律保护，公司取得对其名称的专用权。

公司成立后是要从事生产经营活动的，如果没有机构就无法运行。我国《公司法》规定，有限责任公司应设立股东会、董事会或执行董事、监事会或监事等组织机构。

5. 有固定的生产经营场所和必要的生产经营条件

经营场所是指公司从事生产经营活动的所在地；生产经营条件是指根据公司的业务性质、规模等因素而需具备的设施、设备、人员等方面的条件。

（二）有限责任公司的设立程序

1. 制定公司章程

设立有限责任公司，必须根据《公司法》的规定制定公司章程。公司章程由公司全体股东共同订立，并经全体股东同意，所有股东应当在公司章程上签名、盖章。公司章程的内容必须记载法定记载事项，其任意记载事项不得与国家法律、法规规定的内容相抵触。公司章程对公司、股东、董事、监事、经理具有约束力。

国有独资公司的章程由国家授权投资的机构或者国家授权的部门制定，或由董事会制定，报国家授权投资的机构或者国家授权的部门批准。

2. 申请设立登记

在我国，公司登记机关是工商行政管理部门。公司登记机关对符合《公司法》规定条件的，予以登记，发给公司营业执照；对不符合《公司法》规定的，不予登记。公司营业执照签发日期，为有限责任公司成立日期。公司自成立之日起，取得法人资格，具有了权利能力和行为能力。

公司可以设立分公司。分公司只是总公司管理的一个分支机构，不具有法人资格。

知识小结

分公司与子公司是两个不同的概念，其具有以下区别：

(1) 子公司是独立的法人，而分公司只是一个分支机构，不是独立的法人。

(2) 对外承担责任的方式不同。母公司作为子公司的最大股东，仅以其对子公司的出资额为限对子公司在经营活动中的债务承担责任；子公司作为独立的法人，以子公司自身的全部财产为限对其经营负债承担责任。分公司由于没有自己独立的财产，与隶属公司在经济上统一核算，因此其经营活动中的负债由隶属公司负责清偿，即由隶属公司以其全部资产为限对分公司在经营中的债务承担责任。

(3) 控制方式不同。母公司对子公司的控制不是直接控制，而是间接控制，即通过任免子公司董事会成员和投资决策来影响子公司的生产经营决策。而分公司则不同，其人事、业务、财产受隶属公司直接控制，在隶属公司的经营范围内从事经营活动。

3. 签发出资证明书

出资证明书是证明股东已缴纳出资的文件，由公司在登记注册后签发。出资证明书必须由公司盖章。

根据《公司法》的规定，出资证明书应当载明下列事项：公司名称；公司登记日期；公司注册资本；股东的姓名或者名称；缴纳的出资额和出资日期；出资证明书的编号和核发日期。

三、有限责任公司的组织机构

公司组织机构是现代公司组织制度或公司法人治理结构的重要组成部分。根据我国《公司法》的规定，有限责任公司的组织机构主要包括股东会、董事会或者执行董事、监事会或者监事。

（一）有限责任公司的股东会

股东是指公司的出资人。在我国，除国家有某些限制的特别规定外，有权代表国家投资的机构或者政府部门、企业法人、具有法人资格的事业单位和社会团体、自然人均可以依法成为有限责任公司的股东。

1. 股东会的性质和职权

有限责任公司股东会是公司的权力机构，是公司的最高决策机关，股东会只对公司的重大问题进行决策。《公司法》规定，有限责任公司的股东会由全体股东组成。

根据我国《公司法》的规定，有限责任公司股东会行使下列职权：

(1) 决定公司的经营方针和投资计划；

(2) 选举和更换非由职工代表担任的董事、监事，决定有关董事、监事的报酬事项；

(3) 审议批准董事会的报告；

(4) 审议批准监事会或者监事的报告；

(5) 审议批准公司的年度财务预算方案、决算方案；

(6) 审议批准公司的利润分配方案和弥补亏损方案；

(7) 对公司增加或者减少注册资本做出决议；

(8) 对发行公司债券做出决议；

(9) 对公司合并、分立，变更公司形式，解散和清算等事项做出决议；

(10) 对股东向股东以外的人转让出资做出决议；

(11) 修改公司章程。

课堂实训任务

任务 4-1 甲有限责任公司于 2015 年 5 月 9 日召开了股东会会议,做出了如下决议:
1. 选举股东 A 为公司的监事,同时更换职工代表担任的董事 B。
2. 修改公司章程的第 7 条规定。
3. 解聘公司总经理 C。

请分析上述的决议中有哪些是不合法的。

2. 股东会的议事规则

有限责任公司股东会会议分为定期会议和临时会议。定期会议按照公司章程的规定按时召开,临时会议是在公司章程规定的会议时间以外召开的会议。代表 1/10 以上表决权的股东、1/3 以上董事提议、监事会或不设监事会的监事提议,可以提议召开临时会议。

股东会的首次会议由出资最多的股东召集和主持。以后的股东会会议,设立董事会的,由董事会召集,董事长主持,董事长因特殊原因不能履行职务时,由董事长指定的副董事长或者其他董事主持。

股东会对公司的重大问题做出决议,需由股东进行表决。根据《公司法》的规定,股东会会议由股东按照出资比例行使表决权。对某些涉及股东根本利益的事项的表决,《公司法》做了特别规定。即股东会对公司增加或者减少注册资本、分立、合并、解散、变更公司形式或者修改公司章程做出决议,必须经代表 2/3 以上表决权的股东通过。

(二)有限责任公司的董事会

1. 董事会的设立

有限责任公司的董事会是公司股东会的执行机构,向股东会负责。董事会由 3~13 人组成。两个以上的国有企业或者其他两个以上的国有投资主体投资设立的有限责任公司,其董事会成员中应当有公司职工代表。董事会中的职工代表由公司职工民主选举产生。

董事任期由公司章程规定,但每届任期不得超过 3 年。董事任期届满,连选可以连任。董事在任期届满前,股东会不得无故解除其职务。

董事会设董事长 1 人,可以设副董事长。董事长、副董事长的产生办法由公司章程规定。董事长为公司的法定代表人。

股东人数较少、规模较小的有限责任公司,可以不设董事会,设 1 名执行董事。执行董事可以兼任公司经理,执行董事为公司的法定代表人。

2. 董事会的职权

根据我国《公司法》的规定,董事会行使下列职权:
(1)负责召集股东会,并向股东会报告工作;
(2)执行股东会的决议;
(3)决定公司的经营计划和投资方案;
(4)制定公司的年度财务预算方案、决算方案;
(5)制定公司的利润分配方案和弥补亏损方案;
(6)制定公司增加或者减少注册资本的方案;
(7)拟定公司合并、分立、变更公司形式、解散的方案;

(8) 决定公司内部管理机构的设置；

(9) 聘任或者解聘公司经理（总经理）（以下简称经理），根据经理的提名，聘任或者解聘公司副经理、财务负责人，决定其报酬事项；

(10) 制定公司的基本管理制度。

3. 董事会的议事规则

董事会会议由董事长召集和主持。董事长因特殊原因不能履行职务时，由董事长指定的副董事长或者其他董事召集和主持。1/3 以上董事可以提议召开董事会会议。

召开董事会会议，应于会议召开 10 日前通知全体董事。董事会应当对所议事项的决定做成会议记录，出席会议的董事应在会议记录上签名。

（三）有限责任公司的经理

1. 性质

经理，现实中多称总经理，是指在董事会领导下负责公司日常经营管理的执行机关，是董事会的执行机构。

2. 职权

有限责任公司设经理，由董事会聘任或者解聘。经理负责公司日常经营管理工作，对董事会负责。

（四）有限责任公司的监事会或者监事

1. 性质

有限责任公司的监事会是公司的内部监督机构。

2. 人数

《公司法》规定，经营规模较大的有限责任公司设立监事会，监事会成员不得少于 3 人，股东人数较少和规模较小的有限责任公司可以只设 1～2 名监事。监事会应在其组成人员中推选 1 名召集人。监事会由股东代表和适当比例的公司职工代表组成，具体比例由公司章程规定。监事会中的职工代表由公司职工民主选举产生。

3. 任期

监事的任期每届为 3 年。监事任期届满，连选可以连任。

4. 有限责任公司的董事、监事、经理的任职资格

董事、监事、经理的任职资格，包括积极资格和消极资格。前者是指具备何种条件可以担任董事、监事、经理；后者是指在哪些条件下不得担任董事、监事、经理。

我国《公司法》第 57 条对董事、监事、经理的消极资格做出了具体规定，即有下列情形之一者，不得担任有限责任公司的董事、监事、经理：

(1) 无民事行为能力或者限制民事行为能力；

(2) 因犯有贪污、贿赂、侵占财产、挪用财产罪或者破坏社会经济秩序罪，被判处刑罚，执行期满未逾 5 年，或者因犯罪被剥夺政治权利，执行期满未逾 5 年；

(3) 担任因经营不善破产清算的公司、企业的董事或者厂长、经理，并对该公司、企业的破产负有个人责任的，自该公司、企业破产清算完结之日起未逾 3 年；

(4) 担任因违法被吊销营业执照的公司、企业的法定代表人，并负有个人责任的，自该公司、企业被吊销营业执照之日起未逾 3 年；

(5) 个人所负数额较大的债务到期未清偿。

我国《公司法》还规定，董事、经理及财务负责人不得兼任监事，国家公务员也不得兼任公司的董事、监事、经理。

四、有限责任公司的股权转让

按照有限责任公司股权交易主体不同，可将有限公司股权转让分为股东间的股权转让、向股东以外的第三人转让股权和公司回购股东股权三种情形。

1. 股东间转让股权

股东间转让出资是指股东将自己全部或者部分的股权转让给其他股东的行为。由于股东之间转让股权不会破坏有限责任公司的"人合性"，所以公司法对此采取了宽松的态度，规定"股东之间可以相互转让其全部或部分股权"。

2. 股东向公司股东以外的第三人转让股权

股东向股东以外的人转让股权，应当经其他股东过半数同意。股东应就其股权转让事项书面通知其他股东征求同意，其他股东自接到书面通知之日起满三十日未答复的，视为同意转让。其他股东半数以上不同意转让的，不同意的股东应当购买该转让的股权；不购买的，视为同意转让。

根据上述规定可知，股东欲向股东以外的人转让股权，应书面征求其他股东意见。经过半数股东同意，可以转让。如果有股东不同意，在同等条件下，该股东具有购买义务，如果不购买，则视为同意。股东表达意见不需要特别召开股东会，而只需要征得每个股东同意就可以，但在实践中，公司到工商管理部门申请变更股权登记时，工商行政管理部门一般会要求公司出具股东会决议。

3. 公司回购股权

法律严格限制公司回购股权的行为，因为公司持有自己的股权实际上是减少自己资本的行为。

根据《公司法》第74条规定：有下列情形之一的，对股东会该项决议投反对票的股东可以请求公司按照合理的价格收购其股权：公司连续五年不向股东分配利润，而公司该五年连续盈利，并且符合本法规定的分配利润条件的；公司合并、分立、转让主要财产的；公司章程规定的营业期限届满或者章程规定的其他解散事由出现，股东会会议通过决议修改章程使公司存续。自股东会会议决议通过之日起六十日内，股东与公司不能达成股权收购协议的，股东可以自股东会会议决议通过之日起九十日内向人民法院提起诉讼。

此外，在司法实践中，人民法院也会认可公司在章程中自行规定一些公司可以回购股权的情形，公司回购后，应及时将股权转让，或依公司法相关规定减少注册资本。

五、国有独资公司

（一）国有独资公司的概念

国有独资公司是指国家单独出资、由国务院或者地方人民政府授权本级人民政府国有资产监督管理机构履行出资人职责的有限责任公司。其特殊表现为该有限责任公司的股东只有一个——国家。这是《公司法》为适应建立现代企业制度的需要，结合我国的实际情况而制定的。

(二) 公司法中有关国有独资公司的规定

（1）国有独资公司章程由国有资产监督管理机构制定，或者由董事会制定报国有资产监督管理机构批准。

（2）国有独资公司不设股东会，由国有资产监督管理机构行使股东会职权。国有资产监督管理机构可以授权公司董事会行使股东会的部分职权，决定公司的重大事项，但公司的合并、分立、解散、申请破产，应当由国有资产监督管理机构决定，其中，重要的国有独资公司合并、分立、解散、申请破产，应当由国有资产监督管理机构审核后，报本级人民政府批准。

（3）国有独资公司设董事会，董事会的职权与普通有限责任公司相同。董事会每届任期不超过3年。董事任期届满，连选可以连任。

董事会成员中应当有公司职工代表。董事会成员由国有资产监督管理机构委派，董事会设董事长一人，可以设副董事长。董事长和副董事长由国有资产监督管理机构从董事会成员中指定。

（4）国有独资公司设经理，由董事会聘任或者解聘。经理的职权与普通有限责任公司相同。经国有资产监督管理机构同意，董事会成员可以兼任经理。

（5）国有独资公司设监事会，成员不得少于5人，其中职工代表的比例不得低于1/3，具体比例由公司章程规定。监事会成员由国有资产监督管理机构委派，但是，监事会成员中的职工代表由公司职工代表大会选举产生。

六、一人有限责任公司

（一）一人有限责任公司的概念

一人有限责任公司可简称为"一人公司""独资公司"或"独股公司"，是指由一名股东（自然人或法人）持有公司的全部出资的有限责任公司。

（二）《公司法》中有关一人有限责任公司的规定

（1）一个自然人只能投资设立一个一人有限责任公司。该一人有限责任公司不能投资设立新的一人有限责任公司。

（2）一人有限责任公司应当在公司登记中注明自然人独资或者法人独资，并在公司营业执照中载明。

（3）一人有限责任公司不设股东会。

（4）一人有限责任公司应当在每一会计年度终了时编制财务会计报告，并经会计师事务所审计。

（5）一人有限责任公司的股东不能证明公司财产独立于股东自己的财产时，应当对公司债务承担连带责任。

知识链接

关于一人有限责任公司的股东是否可以再投资设立其他一人有限责任公司，关键要看原一人有限责任公司的股东身份，是自然人股东还是法人或其他组织形式的股东，如果是自然人股东，则不得再设立一人有限责任公司，也就是说自然人只能设立一个一人有限责任公司；而其他形式的股东则不做限制，可以再投资设立一个或一个以上的一人有限公司。

任务三 股份有限公司

一、股份有限公司的概念和特征

股份有限公司又称股份公司，是指由一定的股东发起设立，其全部资本由等额股份构成，并通过发行股票筹集资本，股东以其所持股份为限对公司承担责任，公司以其全部资产对公司债务承担责任的企业法人。股份有限公司具有以下特征：

(1) 股份有限公司的全部资本分割为等额股份，股东以其认购的股份为限对公司承担责任。股份是构成公司资本的最小单位。
(2) 股份以股票为表现形式。
(3) 股份有限公司可以采取发起设立，也可以采取募集设立。
(4) 股份发行和经营状况具有开放性。
(5) 股份有限公司的设立程序比较复杂。

二、股份有限公司的设立

（一）股份有限公司的设立条件

(1) 发起人符合法定人数。《公司法》规定，设立股份有限公司，应当有2人以上200人以下的发起人，其中必须有过半数的发起人在中国境内有住所。
(2) 有符合公司章程规定的全体发起人认购的股本总额或者募集的实收股本总额。
(3) 股份发行、筹办事项符合法律规定。
(4) 发起人制定公司章程，并经创立大会通过。
(5) 有公司名称，建立符合股份有限公司要求的组织机构。
(6) 有固定的生产经营场所和必要的生产经营条件。

（二）股份有限公司的设立程序

1. 制定公司章程

股份有限公司章程的制定者为发起人，而不是公司全体股东。

2. 申请设立批准

根据我国《公司法》的规定，设立股份有限公司，必须经过国务院授权部门或者省级人民政府批准。

3. 认购股份

(1) 发起设立。发起设立是指由发起人认购公司应发行的全部股份而设立公司。
(2) 募集设立。募集设立是指由发起人认购公司发行股份的一部分，其余部分向社会公开募集而设立公司。以募集设立方式设立股份有限公司，其认股程序如下：
① 取得股票发行资格。
② 发起人认购公司发行股份的比例为公司净资产额的35%。

③ 制定招股说明书。
④ 签订承销协议与代收股款协议。
⑤ 申请股票发行的批准。
⑥ 招认股份，缴纳股款。

课堂实训任务

任务4-2　A、B、C、D、E、F六名发起人欲设立一股份有限公司，其中，A、B、E、F四名发起人的住所地在美国。公司所需资本为8 000万元，其中，A、B、C、D、E、F认购了2 000万元，其余的，公司决定采用募集方式筹集。认股人可以直接找发起人签订认股协议。

请分析上述公司在设立中的不妥之处。

三、股份有限公司的组织机构

（一）股份有限公司的股东大会

股份有限公司股东大会是由公司全体股东共同组成的权力机构，是对公司重大事项行使最终决策权的机构。

股份有限公司股东大会的形式分为年会和临时会两种。年会即每年按时召开一次的大会。临时会是指在年会以外遇有特殊情况依法召开的大会。我国《公司法》规定，有下列情形之一的，应当在2个月内召开临时股东大会：

（1）董事人数不足《公司法》规定人数或公司章程所定人数的2/3时；

（2）公司未弥补的亏损达股本总额1/3时；

（3）持有公司股份10%以上的股东请求时；

（4）董事会认为必要时；

（5）监事会提议召开时。

（二）股份有限公司的董事会和经理

（1）董事会的组成。股份有限公司的董事会是公司股东大会的执行机构，董事会由5～19人组成，董事会设董事长1人。

（2）董事。董事的每届任期不得超过3年。董事任期届满，连选可以连任。董事在任期届满前，股东大会不得无故解除其职务。

（3）董事长。股份有限公司的董事长由董事会以全体董事的过半数选举产生，董事长为公司的法定代表人。

（4）经理。股份有限公司的经理由董事会聘任或者解聘，经理负责公司的日常经营管理工作。

（三）股份有限公司的监事会

（1）股份有限公司设立监事会。监事会由股东代表和适当比例的公司职工代表组成，具体比例由公司章程规定。监事会的成员不得少于3人。

（2）监事会应在其组成人员中推选一名召集人。董事、经理及财务主管人员等高级管理人员不得兼任监事。

（3）监事的任期每届为3年，任期届满可以连选连任。

四、股份有限公司股份的发行和转让

（一）股份有限公司的股份发行

1. 股票的概念与特征

股票，是股份的表现形式，是股份有限公司签发的证明股东权利与义务的有价证券。股份是股票的价值内容，股票是股份的存在形式。

2. 股份发行的方式

① 设立发行；② 新股发行。

3. 股份发行价格

① 同股同价发行；② 不得折价发行。

（二）股份有限公司的股份转让

1. 股份转让的法律限制

（1）国家股的转让须依照法律、行政法规的规定办理。

（2）股份有限公司的发起人持有的本公司的股份，自公司成立之日起1年内不得转让；公司董事、监事、经理应当向公司申报所持有的本公司的股份，并在任职期内不得转让。

（3）公司一般不得收购本公司的股票。

（4）公司不得接受本公司的股票作为质押权的标的。

知识链接

《公司法》第143条规定：公司不得收购本公司股份。但是，有下列情形之一的除外：1. 减少公司注册资本；2. 与持有本公司股份的其他公司合并；3. 将股份奖励给本公司职工；4. 股东因对股东大会做出的公司合并、分立决议持异议，要求公司收购其股份的。公司因前款第1项至第3项的原因收购本公司股份的，应当经股东大会决议。公司依照前款规定收购本公司股份后，属于第1项情形的，应当自收购之日起十日内注销；属于第2项、第4项情形的，应当在六个月内转让或者注销。

五、上市公司

（一）上市公司的概念

上市公司是指所发行的股票经国务院或者国务院授权证券管理部门批准在证券交易所上市交易的股份有限公司。

（二）申请股票上市的法定条件

（1）股票经国务院证券管理部门批准已向社会公开发行。

（2）公司股本总额不少于人民币3 000万元。

（3）开业时间在3年以上，最近3年连续盈利；原国有企业依法改建而设立的，或者《公司法》实施后新组建成立，其主要发起人为国有大中型企业的，可连续计算。

（4）向社会公开发行的股份公司股份总数的25%以上；公司股本总额超过人民币4亿元

的，其向社会公开发行股份的比例为10%以上。

（5）公司在最近3年内无重大违法行为，财务会计报告无虚假记载。

（6）国务院规定的其他条件。

（三）公司股票上市程序

1. 报国务院证券监督管理机构核准

根据《证券法》第43~46条规定：股份有限公司申请其股票上市交易，必须报经国务院证券监督管理机构核准。国务院证券监督管理机构可以授权证券交易所依照法定条件和法定程序核准股票上市申请。国家鼓励符合产业政策同时又符合上市条件的公司股票上市交易。

向国务院证券监督管理机构提出股票上市交易申请时，应当提交下列文件：上市报告书；申请上市的股东大会决议；公司章程；公司营业执照；经法定验证机构验证的公司最近三年的或者公司成立以来的财务会计报告；法律意见书和证券公司的推荐书；最近一次的招股说明书。

股票上市交易申请经国务院证券监督管理机构核准后，其发行人应当向证券交易所提交核准文件和前条规定的有关文件。证券交易所应当自接到该股票发行人提交的前款规定的文件之日起六个月内，安排该股票上市交易。

2. 报交易所申请上市

上市的推荐人应在公司申请上市过程完成相关工作，公司在材料提供方面予以协助。

公司向交易所申请上市，至少需在拟定上市日的五至七个工作日前向交易所提供齐备的申请材料。发行结束后，上市推荐人应及早和存管部联系，在上市之前5个工作日内将全体股东登记股托管资料交存管部登记托管完毕，填写相关审查表并交存管部确认后，报送上市部。上市部对公司提交的上市申请材料进行审查，符合上市条件的，报中国证监会批准。

上市安排经证监会同意后，公司应当在上市交易日第五日内在指定报刊上刊登上市公告书，并与交易所签订《上市协议》和《股票发行登记长期服务合同》。

股票上市交易申请经证券交易所同意后，上市公司应当在上市交易的五日前公告经核准的股票上市的有关文件，并将该文件置备于指定场所供公众查阅。

任务四　公司债券与财务会计

一、公司债券

（一）公司债券的概念

公司债券是指依照法定条件和程序发行的、约定在一定期限还本付息的有价证券。

知识小结

公司债券与公司股票有不同的法律特征：第一，公司债券表示发行者与投资者之间的债权债务关系；公司股票表示投资者对发行股票的公司拥有股东的一系列权利。第二，公司债券的本金到期退还；公司股票所表示的股金则不允许退还。第三，公司债券的利息是固定的；而公司股票的收益可能较高或者较低或者没有或者是负收益（亏损），风险比债券大。第四，公司债券持有人在公司解散或者破产的情况下，优先于公司股东得到债务清偿。

（二）公司债券的发行

1. 公司债券发行的条件

根据我国《公司法》的规定，发行公司债券，必须符合下列条件：

（1）股份有限公司的净资产额不低于人民币 3 000 万元，有限责任公司的净资产额不低于人民币 6 000 万元。

（2）累计债券总额，不超过公司净资产额的 40%。累计债券总额，是指公司成立以来，发行的所有债券尚未偿还的部分。

（3）近 3 年平均可分配利润足以支付公司债券 1 年的利息。

（4）筹集的资金投向符合国家产业政策。

（5）债券的利率不得超过国务院限定的利率水平。

（6）国务院规定的其他条件。

> **课堂实训任务**
>
> **任务 4-3** 鹏城股份有限公司 2010 年 5 月发行了公司五年期公司债券 1 500 万元，一年期债券 1 000 万元，2015 年 8 月，公司因为需要，再次发行债券，此时，公司的净资产额为 6 000 万元，那么，公司这次发行的债券数额最高为多少？

发行公司债券筹集的资金，必须用于审批机关批准的用途，不得用于弥补亏损和非生产性支出。

我国《公司法》就公司再次发行债券的条件做出了限制性规定。《公司法》规定，不得再次发行公司债券的情形有：

（1）前一次发行的公司债券尚未募足的；

（2）对已发行的公司债券或者其债务有违约或者延迟支付本息的事实，且仍处于继续状态的。

2. 公司债券发行的程序

（1）由公司的权力机关做出决议。股份有限公司、有限责任公司发行债券，由董事会制订方案，股东大会或者股东会做出决议。

（2）报请国务院有关部门批准。

（3）公告公司债券募集办法。

（4）公司债券的承销。

（5）认购并缴纳公司债券债款。

（6）置备公司债券存根簿。

（三）公司债券的转让

1. 公司债券的转让场所

公司债券的转让应当在依法设立的证券交易所进行，不得私下进行。

2. 公司债券的转让价格

公司债券的转让价格由转让人与受让人自己约定。

3. 公司债券的转让方式

依据公司债券的种类不同有两种转让方式：① 记名公司债券由债券持有人以背书方式转让或者法律、行政法规规定的其他方式转让，记名债券的转让由公司将受让人的姓名或者名称及住所记载于公司债券存根簿上，以备公司存查。② 无记名公司债券的转让手续较为简单，只需由债券持有人在依法设立的证券交易所，将要转让的债券交付给受让人即发生转让效力，受让人一经持有该债券，即成为公司的债权人。

二、公司财务会计

（一）公司财务会计制度

（1）根据《公司法》的规定，公司除法定的会计账册外，不得另设会计账册。

（2）公司的财务会计报告。

① 根据《公司法》的规定，公司的财务会计报告主要包括资产负债表、损益表（利润表）、财务状况变动表（现金流量表）、财务状况说明书、利润分配表。

② 公司财务会计报告的验证和公开。有限责任公司应当按照公司章程规定的期限，将公司财务会计报告及时送交公司的各个股东。股份有限公司的财务会计报告应当在召开股东大会年会之前 20 日置备于本公司，供股东查阅。以募集设立方式成立的股份有限公司必须公告其财务会计报告。根据《证券法》规定，上市公司还应当在每一会计年度的上半年结束之日起 2 个月内制作并公告中期财务会计报告。

（二）公司的利润分配

1. 利润分配的顺序

公司利润是指公司在一定时期内从事经营活动的财务成果，包括营业利润、投资净收益以及营业外收支净额。

根据《公司法》和《税法》的规定，公司的利润分配顺序是：

（1）弥补以前年度的亏损，但不得超过税法规定的弥补期限。根据我国企业所得税法规定，纳税人发生年度亏损的，可以用下一年度的所得弥补；下一年度的所得不足以弥补的，可以逐年延续弥补，但是弥补期限最长不得超过 5 年。

（2）缴纳所得税。

（3）法定公积金不足弥补以前年度亏损的，弥补亏损。

（4）依法提取法定公积金。公司分配当年税后利润时，应当提取利润的 10% 列入公司法定公积金，公积金累计额为公司注册资本的 50% 以上的，可不再提取。

（5）提取任意公积金。《公司法》规定，公司从税后利润中提取法定公积金后，经股东大会决议，可以提取任意公积金。任意公积金虽然不受法律的强制限制，但由于任意公积金的提取势必影响股东的利润分配，所以，非经股东大会会议决定，不能提取任意公积金。

（6）向股东分配利润。有限责任公司依照股东出资比例进行分配。股份有限公司依照股东持有的股份比例进行分配。

股东会或者董事会违反规定，在弥补亏损和提取法定公积金、法定公益金之前向股东分配利润的，必须将违反规定分配的利润退还公司。

2. 公积金的用途

（1）弥补亏损；

(2) 扩大生产经营；

(3) 转增资本。

公司为了实现增加资本的目的，可以将公积金的一部分转为资本。对用任意公积金转增资本的，法律没有限制，但用法定公积金转增资本时，法律规定公司所留存该项公积金不得少于注册资本的 25%。

股份有限公司经股东大会决议将公积金转增资本时，按股东原有股份比例派送新股或增加每股面值。

任务五　公司合并、分立、增资、减资、解散和清算

一、公司的变更

（一）公司的合并

公司的合并是指两个或两个以上具有法人资格的公司依照法定程序，合并成为一个独立法人的法律行为。

(1) 吸收合并，是指一个公司吸收其他公司，被吸收的公司解散。

(2) 新设合并，两个以上公司合并设立一个新公司，合并各方解散。

公司合并后，合并各方的债权、债务，应当由合并后存续的公司或者新设的公司承继。

（二）公司分立

公司分立是指一个具有独立法人资格的公司依照法定程序，分立为两个或两个以上独立法人的法律行为。公司分立，其财产应做相应的分割。

公司分立前的债务按所达成的协议由分立后的公司承担。

根据《公司法》的规定，公司的合并和分立，应当由股东（大）会做出决议；股份有限公司的合并和分立，还必须经国务院授权的部门或者省级人民政府批准。

公司合并和分立应当编制资产负债表和财产清单。股东（大）会做出合并或分立决议后，应当自做出决议之日起 10 日内通知债权人，并于 30 天内在报纸上公告。债权人自接到通知书之日起 30 日内，未接到通知书的自公告之日起 45 日内，有权要求公司清偿债务或者提供相应的担保，不清偿债务或者不提供相应担保的，公司不得合并和分立。

公司合并或者分立，登记事项发生变更的，应当依法向公司登记机关办理变更登记；公司解散的，应当依法办理公司注销登记；设立新公司的，应当依法办理公司设立登记。

（三）公司增加和减少注册资本

(1) 公司增资，是指公司依法增加注册资本的行为。

公司成立后，为了扩大经营规模、拓展市场，往往需要增加资本，各国立法一般都允许公司依法增加资本，我国亦如此。我国《公司法》对有限责任公司和股份有限公司增资条件做了不同的规定。

有限责任公司增加注册资本时，股东认缴新增资本的出资，按照设立有限责任公司缴纳出资的有关规定执行。

股份有限公司为增加注册资本而发行新股时,股东认购新股应当按照设立股份有限公司缴纳股款的有关规定执行。

(2)公司需要减少注册资本时,必须编制资产负债表及财产清单。

公司应当自做出减少注册资本决议之日起 10 日内通知债权人,并于 30 日内在报纸上公告。债权人自接到通知书之日起 30 日内,未接到通知书的自公告之日起 45 日内,有权要求公司清偿债务或者提供相应的担保,不清偿债务或者不提供相应的担保的公司不得减少注册资本。

公司增加或减少注册资本,应当依法向公司登记机关办理变更登记。

二、解散和清算

(一)公司解散

公司解散是公司法人资格消灭,并宣布公司不存在的法律行为。

根据我国《公司法》第 190 条、第 192 条的规定,公司解散的原因有四种情形:

(1)公司章程规定的营业期限届满或者公司章程规定的其他解散事由出现;

(2)股东会决议解散;

(3)因公司合并或者分立需要解散的;

(4)公司因违反法律、行政法规被依法责令关闭的。

(二)公司清算

公司解散时,应当依法进行清算。清算就是了结终止公司的各项财产关系。

进行清算必须成立清算组。因公司章程规定的营业期限届满或者公司章程规定的其他解散事由出现解散的,或股东会决议解散的,应当在 15 日内成立清算组。

有限责任公司的清算组由股东组成,股份有限公司的清算组由股东大会确定其人选。逾期不成立清算组进行清算的,债权人可以申请人民法院指定有关人员进行清算。公司违反法律、行政法规被依法责令关闭解散的,由有关主管机关组织股东、有关机关及有关专业人员组成清算组,进行清算。

根据《公司法》第 193 条的规定,清算组在清算期间行使下列职权:

(1)清理公司财产,分别编制资产负债表和财产清单;

(2)通知或者公告债权人;

(3)处理与清算有关的公司未了结的业务;

(4)清缴所欠税款;

(5)清理债权债务;

(6)处理公司清偿债务后的剩余财产;

(7)代表公司参与民事诉讼活动。

三、外国公司分支机构

(一)外国公司及其分支机构的含义

外国公司是指依照外国法律在境外登记成立的公司。外国公司的分支机构,是指外国公司在中国境内设立的从事生产经营等活动的分支机构。

随着我国改革开放事业的发展，外商纷纷来我国从事各种商贸活动。有的参与兴办外商投资企业（对此我国已有比较完备的法律规定），有的则在我国设立各种分支机构，以开展对我国的业务，或作为在我国进一步投资的准备。所有这些，对我国的经济建设都发挥了积极作用。

为了便于外国公司来我国设立分支机构并使我国对此进行规范化管理，我国《公司法》也对外国公司的分支机构做了规定。

（二）对外国公司在中国设立分支机构的基本要求

（1）外国公司依照《公司法》的规定，可以在中国境内设立分支机构，从事生产经营活动。

（2）外国公司在中国境内设立分支机构，必须向中国主管机关提出申请，并提交其公司章程、所属国的公司登记证书等有关文件，领取营业执照。

（3）外国公司在中国境内设立分支机构，必须在中国境内指定负责该分支机构的代表人或者代理人，并向该分支机构拨付与其所从事的经营活动相适应的资金（对外国公司分支机构的经营资金需要规定最低限额的，由国务院另行规定）。

（4）外国公司的分支机构应当在其名称中标明该外国公司的国籍及责任形式。

（5）外国公司的分支机构应当在本机构中置备该外国公司章程。

（三）外国公司分支机构的活动及其法律地位

（1）经批准设立的分支机构，在中国境内从事业务活动，必须遵守中国的法律，不得损害中国的社会公共利益，其合法权益受中国法律保护。

（2）外国公司属于外国法人，其在中国境内设立的分支机构不具有中国法人资格。

（3）外国公司对其分支机构在中国境内进行经营活动承担民事责任。

（四）外国公司分支机构的撤销

外国公司撤销其在中国境内的分支机构时，必须依法清偿债务，按照《公司法》有关公司清算程序的规定进行清算。未清偿债务之前，不得将其分支机构的财产转移至中国境外。

任务六　违反《公司法》的法律责任

一、公司的法律责任

（1）在法定的会计账簿以外另立会计账簿的，由县级以上人民政府财政部门责令改正，处以5万元以上50万元以下的罚款。构成犯罪的，依法追究刑事责任。

（2）公司不依照《公司法》规定提取法定公积金的，由县级以上人民政府财政部门责令如数补足应当提取的金额，可以对公司处以20万元以下的罚款。

（3）公司在合并、分立、减少注册资本或者进行清算时，不依照规定通知或者公告债权人的，由公司登记机关责令改正，对公司处以1万元以上10万元以下的罚款。

（4）公司成立后无正当理由超过6个月未开业的，或者开业后自行停业连续6个月以上的，可以由公司登记机关吊销营业执照。

（5）公司违反《公司法》规定，应当承担民事赔偿责任和缴纳罚款、罚金的，其财产不足以支付时,先承担民事赔偿责任。

二、公司发起人、股东的法律责任

《公司法》对公司发起人、股东的法律责任的规定,主要分布在第199条、第200条、第201条等条文中,《刑法》中也有相关规定。具体内容如下:

(1) 违反《公司法》规定,虚报注册资本、提交虚假材料或者采取其他欺诈手段隐瞒重要事实取得公司登记的,由公司登记机关责令改正,对虚报注册资本的公司,处以虚报注册资本金额 5%以上 15%以下的罚款;对提交虚假材料或者采取其他欺诈手段隐瞒重要事实的公司,处以5万元以上50万元以下的罚款;情节严重的,撤销公司登记或者吊销营业执照。构成犯罪的,依《刑法》规定追究刑事责任,处3年以下有期徒刑或者拘役,并处或者单处虚报注册资本金1%以上5%以下的罚金。单位犯此罪的,对单位处以罚金,并对其直接负责的主管人员和其他直接责任人员,处3年以下有期徒刑或者拘役。

(2) 公司的发起人、股东虚假出资,未交付或者未按期交付作为出资的货币或者非货币财产的,由公司登记机关责令改正,处以虚假出资金额 5%以上 15%以下的罚款。构成犯罪的,依《刑法》规定追究刑事责任,处5年以下有期徒刑或者拘役,并处或者单处虚假出资金额2%以上10%以下的罚金。单位犯此罪的,对单位处以罚金,并对其直接负责的主管人员和其他直接责任人员,处5年以下有期徒刑或者拘役。

(3) 公司的发起人、股东在公司成立后,抽逃其出资的,由公司登记机关责令改正,处以所抽逃出资金额5%以上15%以下的罚款。构成犯罪的,依《刑法》规定追究刑事责任,处5年以下有期徒刑或者拘役,并处或者单处抽逃出资金额2%以上10%以下的罚金。单位犯此罪的,对单位处以罚金,并对其直接负责的主管人员和其他直接责任人员,处5年以下有期徒刑或者拘役。

复习思考题

1. 公司的概念和特征。
2. 有限责任公司的设立条件。
3. 股份有限公司的设立条件。
4. 公司债券的发行条件。
5. 公司上市的条件。
6. 公司利润的分配顺序。

专项实训项目

▷ 活动目标和要求

利用两个课时组织模拟法庭,介绍简易法庭程序,提前分组并分配扮演角色。使学生能够掌握公司的设立要求和组织机构的设置及权限。

▷ 实训组织

将教室中的课桌椅摆放成法庭的形式,利用多媒体设备投射国徽的标志。检查学生的准备情况。

实训内容及成果

由学生扮演法官、书记员、当事人和代理人等。当堂进行法庭辩论，由学生分组进行讨论并形成小组最终意见。教师参照学生的表现评分并进行讲评。

实训材料一

甲、乙、丙三方准备投资组建一有限责任公司。经协商，他们共同制定了公司章程。其中，章程中有如下条款：

1. 公司由甲、乙、丙三方组建；
2. 公司以生产经营某一科技项目为主，注册资本为 30 万元人民币；
3. 甲、乙、丙三方必须用现金出资；
4. 公司获得利润时，除依法提取各项基金外，甲、乙、丙分别按 1:1:1 的比例进利润分配；
5. 公司设立董事会，董事长负责董事会工作；
6. 公司经理由董事会聘任，作为法定代表人，负责日常经营管理工作；
7. 公司存续期间，任何一方均可回收投资。

庭审辩论和组织讨论的焦点问题

- 请指出上述章程中的条款，符合公司法规定的是哪些，并说明理由。
- 请指出上述章程中的条款，不符合公司法规定的是哪些，并说明理由。

实训材料二

甲股份有限公司（以下简称甲公司）于 2016 年 2 月 1 日召开董事会会议，该次会议召开情况及讨论决议事项如下：

1. 甲公司董事会的 7 名董事中有 6 名出席该次会议。其中，董事张某因病不能出席会议，电话委托董事李某代为出席会议并行使表决权。
2. 甲公司与乙公司有业务竞争关系，但甲公司总经理王某于 2013 年下半年擅自为乙公司从事经营活动，损害甲公司的利益，故董事会做出如下决定：解聘公司总经理王某；将王某为乙公司从事经营活动所得的收益收归甲公司所有。
3. 为完善公司经营管理制度，董事会会议通过了修改公司章程的决议，并决定从通过之日起执行。

庭审辩论和组织讨论的焦点问题

- 董事张某电话委托董事李某代为出席董事会会议并行使表决权的做法是否符合法律规定？简要说明理由。
- 董事会做出解聘甲公司总经理的决定是否符合法律规定？简要说明理由。
- 董事会做出将王某为乙公司从事经营活动所得的收益收归甲公司所有的决定是否符合法律规定？简要说明理由。
- 董事会做出修改公司章程的决议是否符合法律规定？简要说明理由。

项目五

外商投资企业法

本章导入案例

【案情简介】

中国某厂与美国一商人有意建立一个中外合资经营企业,双方签订了一份企业合同,其部分条款如下:

(1)合营企业注册资本为900万美元,其中中方出资680万美元,美方出资220万美元;
(2)合营企业的董事长只能由中方担任,副董事长由美方担任;
(3)合营企业注册资本在合资期间内既可增加也可减少;
(4)经董事会聘请,企业的总经理可以由中方担任;
(5)中方合资企业应向美方支付技术转让费,美方应向中方交纳场地使用费;
(6)合同履行过程中发生争议时,应提交外国的仲裁院裁决,并适用所在国的法律。

【问题】

1. 合营企业各方出资是否合法?为什么?
2. 合营企业董事长只能由中方担任是否合法?为什么?
3. 经董事会聘请,企业的总经理可以由中方担任吗?
4. 中方应向美方支付技术转让费,美方应向中方交纳场地使用费合法吗?
5. 合同履行过程中发生争议时,应提交外国的仲裁院裁决,并适用所在国的法律合法吗?为什么?

教学目标

- 了解外商投资企业和外商投资企业法的概念
- 掌握三种外商投资企业的概念和特征
- 掌握中外合资经营企业法、中外合作经营企业法、外资企业法的主要内容

实训目标

- 能够对中外合资经营企业的设立和组织机构,具备的条件和必经的程序进行应用

- 能够对中外合作经营企业的设立和组织机构，具备的条件和必经的程序进行应用
- 能够掌握外商投资企业的注册资本与投资总额，出资方式和出资期限等有关规定

任务一　外商投资企业法概述

一、外商投资企业法的概念和特征

（一）外商投资企业的定义

外商投资企业，是指依照中华人民共和国法律的规定，在中国境内设立的，由中国投资者和外国投资者共同投资或者仅由外国投资者投资的企业。

（二）外商投资企业的特征

(1) 投资主体具有涉外因素。
(2) 依照中国的法律、行政法规，在中国境内设立的企业。
(3) 国家对其实行特殊管理政策的企业。

二、外商投资企业的种类

(1) 中外合资经营企业；
(2) 中外合作经营企业；
(3) 外资企业。

三、外商投资企业的项目

（一）鼓励类外商投资项目

(1) 属于农业新技术、农业综合开发和能源、交通、重要原材料工业的项目。
(2) 属于高新技术、先进适用技术，能够改进产品性能、提高企业技术经济效益或者生产国内生产能力不足的新设备、新材料的项目。
(3) 适应市场需求，能够提高产品档次、开拓新兴市场或者增加产品国际竞争能力的项目。
(4) 属于新技术、新设备，能够节约能源和原材料、综合利用资源和再生资源以及防治环境污染的项目。
(5) 能够发挥中西部地区的人力和资源优势，并符合国家产业政策的项目。

（二）限制类外商投资项目

(1) 技术水平落后的项目。
(2) 不利于节约资源和改善生态环境的项目。
(3) 从事国家规定实行保护性开采的特定矿种勘探、开采的项目。
(4) 属于国家逐步开放的产业的项目。

（三）禁止类外商投资项目

(1) 危害国家安全或者损害社会公众利益的项目。

（2）对环境造成污染损害，破坏自然资源或者损害人体健康的项目。
（3）占用大量耕地，不利于保护、开发土地资源的项目。
（4）危害军事设施安全和使用效能的项目。
（5）运用我国特有工艺或者技术生产产品的项目。

（四）允许类外商投资项目

不属于鼓励类、限制类和禁止类的外商投资项目，为允许类外商投资项目。
（1）产品"全部直接出口"的允许类外商投资项目，视为鼓励类外商投资项目。
（2）产品出口额占其销售总额70%以上的限制类外商投资项目，经批准可以视为允许类外商投资项目。

四、外商投资企业法的概念和原则

（一）外商投资企业法的概念

外商投资企业法是调整国家协调经济运行过程中发生的关于外商投资企业的经济关系的法律规范的总称。

（二）外商投资企业法的原则

（1）维护国家主权原则；
（2）平等互利原则；
（3）利用外资的同时发展民族工业的原则；
（4）参照国际惯例的原则。

任务二　中外合资经营企业法

一、中外合资经营企业的概念和特征

（一）概念

中外合资经营企业，是指中国合营者与外国合营者依照中华人民共和国法律的规定，在中国境内共同投资、共同经营，并按投资比例分享利润、分担风险及亏损的企业。

（二）特征

中外合资经营企业有以下特征：
（1）在中外合资经营企业的股东中，外方合营者包括外国的公司、企业、其他经济组织或者个人，中方合营者则为中国的公司、企业或者其他经济组织，不包括中国公民个人。
（2）中外合资经营企业的组织形式为有限责任公司，具有法人资格。
（3）中外各方依照出资比例分享利润，分担风险。
（4）合资企业不设股东会，公司最高权力机构为董事会。

二、中外合资经营企业的设立

（一）设立合资企业的条件

在中国境内设立的合资企业应当能够促进中国经济的发展和科学技术水平的提高，有利于社会主义现代化建设。申请设立的合资企业有下列情况之一的，不予批准：
① 有损中国主权的；② 违反中国法律的；③ 不符合中国国民经济发展要求的；④ 造成环境污染的；⑤ 签订的协议、合同、章程显属不公平，损害合营一方权益的。

国家鼓励、允许、限制或者禁止设立合资企业的行业，按照国家指导外商投资方向的规定及外商投资产业指导目录执行。随着我国经济的发展和加入世界贸易组织的要求，国家将会逐步放宽外商投资企业的行业限制。

（二）设立合资企业的程序

1. 申请

申请设立合资企业，应向审批机关报送下列正式文件：
（1）设立合资企业的申请书；
（2）合资各方共同编制的可行性研究报告；
（3）由合资各方授权代表签署的合资企业协议、合同和章程；
（4）由合资各方委派的合资企业的董事长、副董事长、董事人选名单；
（5）审批机构规定的其他文件。

知识链接

合资企业协议，是指合资各方对设立合资企业的某些要点和原则达成一致意见而订立的文件。

合资企业合同是合资各方就举办合资企业达成意思表示一致的内容全面的法律文件。

2. 设立合资企业的审批

在中国境内设立合资企业，必须经国务院对外经济贸易主管部门即商务部审查批准，发给批准证书。但具备以下两个条件的，国务院授权省、自治区、直辖市人民政府或国务院有关部门审批：
（1）投资总额在国务院规定的投资审批权限以内，中国合营者的资金来源已落实的。
（2）不需要国家增拨原材料，不影响燃料、动力、交通运输、外贸出口配额等的全国平衡的。

后一类审批机关批准设立的合营企业，应报商务部备案。审批机关自接到报送的全部文件之日起90天内决定批准或不批准。

3. 设立合资企业的登记

合资企业办理开业登记，应当在收到审批机关发给的批准证书后30天内，持批准证书、合同、章程、场地使用文件等，依据《企业法人登记管理条例》的规定，向登记主管机关即工商行政管理机关办理登记手续。合资企业的营业执照签发日期即为该合资企业的成立日期，凭借登记机关核发的企业法人营业执照，合资企业即可刻制印章、开设银行账号、办理税务和财产登记，开展生产经营活动。

三、中外合资经营企业的组织形式

合资企业的组织形式为有限责任公司。合资各方对合营企业的责任以各自认缴的出资额为限。合资各方缴付出资额后，应由中国的注册会计师验证，出具验资报告。然后，由合资企业根据验资报告发给合资各方证明其出资数额的出资证明书。

四、中外合资经营企业的组织机构

（一）合资企业的权力机构

合资企业的董事会是合资企业的最高权力机构。董事会的职权是按合资企业章程的规定，讨论决定合资企业的一切重大问题。董事会的人数，由合资各方协商，在合资企业合同、章程中确定，但不得少于 3 人。

董事名额的分配，由合资各方参照出资比例协商确定。然后，由合资各方按照分配的名额分别委派董事。董事的任期为 4 年，经合资者继续委派可以连任。董事长和副董事长由合资各方协商确定或由董事会选举产生。中外合资者的一方担任董事长的，由他方担任副董事长。董事长是合资企业的法人代表，董事长不能履行职责时，应授权副董事长或其他董事代表合资企业。董事会会议每年至少召开一次。经 1/3 以上的董事提议，可召开董事会临时会议。董事会会议应有 2/3 以上董事出席方能举行。

知识链接

下列事项由出席董事会会议的董事一致通过方可做出决议：
（1）合资企业章程的修改；
（2）合资企业的中止、解散；
（3）合资企业注册资本的增加、减少；
（4）合资企业的合并、分立。
其他事项，可以根据合资企业章程载明的议事规则做出决议。

（二）合资企业的经营管理机构

合资企业的经营管理机构负责企业的日常经营管理工作。经营管理机构设总经理 1 人，副总经理若干人，其他高级管理人员若干人。总经理、副总经理可以由中国公民担任，也可以由外国公民担任。总经理或者副总经理不得兼任其他经济组织的总经理或者副总经理，不得参与其他经济组织对本企业的商业竞争。

课堂实训任务

任务 5-1　合营企业董事会共有 10 位董事，召开会议时应有几位以上董事出席方能进行？

任务 5-2　某中外合资经营企业的投资总额为 1 200 万美元，根据我国法律的规定，该中外合资经营企业的注册资本不得低于多少万美元？

五、中外合资经营企业的注册资本和投资总额

（1）合资企业的注册资本是指为设立合资企业在登记管理机构登记的资本总额。它是合资各方认缴的出资额之和。

知识链接

合资企业的注册资本在该企业合资期内不得减少。因投资总额和生产经营规模发生变化而确需减少的，须经审批机关批准。注册资本的增加或减少应由合资企业董事会会议通过，并报原审批机关批准，向原登记管理机构办理变更登记手续。

在合资企业的注册资本中，外国合资者的投资比例一般不低于25%。特殊情况需要低于该比例的（如设立高新技术产业的合资企业），需报国务院审批。

合资各方的投资比例在一定条件下也是可以变化的。因为经合资他方同意和审批机关批准，合资一方可以向第三者转让其全部或部分出资额；合资一方转让其全部或部分出资额时，合资他方有优先购买权。合资一方向第三者转让股权的条件，不得比向合资他方转让的条件优惠。违反上述规定的，其转让无效。

（2）合资企业的投资总额。合资企业的投资总额是按照合资企业合同、章程规定的生产规模需要投入的基本建设资金和生产流动资金的总和。如果合资各方的出资额之和达不到投资总额，可以以合资企业的名义进行借款，在这种情况下，投资总额包括注册资本和企业借款。

知识小结

根据《关于中外合资经营企业注册资本与投资总额比例的暂行规定》，中外合资经营企业的注册资本，应当与生产经营的规模、范围相适应。合营各方按注册资本的比例分享利润和分担风险及亏损。中外合资经营企业的注册资本与投资总额的比例，应当遵守如下规定：

（1）中外合资经营企业的投资总额在300万美元以下（含300万美元）的，其注册资本至少应占投资总额的7/10。

（2）中外合资经营企业的投资总额在300万美元以上至1 000万美元（含1 000万美元）的，其注册资本至少应占投资总额的1/2，其中投资总额在420万美元以下的，注册资本不得低于210万美元。

（3）中外合资经营企业的投资总额在1 000万美元以上至3 000万美元（含3 000万美元）的，其注册资本至少应占投资总额的2/5，其中投资总额在1 250万美元以下的，注册资本不得低于500万美元。

（4）中外合资经营企业的投资总额在3 000万美元以上的，其注册资本至少应占投资总额的1/3，其中投资总额在3 600万美元以上的，注册资本不得低于1 200万美元。

同时，该规定还规定，中外合资经营企业如遇特殊情况，不能执行上述规定，由对外经济贸易部会同国家工商行政管理局批准。中外合资经营企业增加投资的，其追加的注册资本

与增加的投资额的比例，应按该规定执行。

六、中外合资经营企业的出资方式和出资期限

（一）合资各方的出资方式

合资各方可以用下列方式出资：
（1）货币，即以现金出资。
（2）实物，即以建筑物、厂房、机器设备或其他物料作价出资。
（3）工业产权、专有技术。
（4）场地使用权。

知识链接

中国合资者可以场地使用权出资。如果场地使用权未作为中国合资者出资的一部分，合资企业应向中国政府缴纳场地使用费。场地使用费标准应根据该场地的用途、地理环境条件、征地拆迁安置费用和合资企业对基础设施的要求等因素，由所在地的省、自治区、直辖市人民政府规定，并向国家对外经济贸易主管部门和国家土地主管部门备案。如果场地使用权作为中国合资者出资的一部分，其作价金额应与取得同类场地使用权所应缴纳的使用费相同。场地使用费在开始用地的5年内不调整，以后因情况变化确需调整的，调整的间隔期应当不少于3年。场地使用费作为中国合资者投资的，在合同的有效期限内不得调整。

以实物、工业产权、专有技术、场地使用权作为出资的，其作价由合资各方按照公平合理的原则协商确定，或者聘请合资各方同意的第三者评定。

作为外国合资者出资的机器设备或其他物料必须符合下列条件：
（1）应当是合资企业生产所必需的；
（2）作价不得高于同类机器设备或其他物料当时的国际市场价格。

作为外国合资者出资的工业产权或专有技术，必须符合下列条件之一：
（1）能显著改进现有产品的性能、质量，提高生产效率；
（2）能显著节约原材料、燃料、动力。

外国合资者以工业产权或专有技术作为出资，应提交该工业产权或专有技术的有关资料，包括专利证书或者商标注册证书的复印件、有效状况及其技术特性、实用价值、作价的计算依据、与中国合资者签订的作价协议等有关文件，作为合资合同的附件。外国合资者以机器设备或其他物料、工业产权或专有技术作为出资的，应报审批机关批准。

知识小结

这里需要注意《公司法》与《中外合资经营企业法》在实物出资方面规定的差异，根据《公司法》的规定，对作为出资的实物、工业产权、非专利技术或者土地使用权，必须进行评估作价，核实资产，不得高估或者低估；而依据《中外合资经营企业法》的规定，对作为出资的实物、工业产权、非专利技术、场地使用权，其作价可由合资各方根据公平合理的原则

协商确定，或者聘请合资各方同意的第三方评定。

（二）出资期限

合资各方应当在合资合同中定明出资期限，并且应当按照合资合同规定的期限缴清各自的出资。

（1）合资合同中规定一次缴清出资的，合资各方应当从营业执照签发之日起6个月内缴清。

（2）合资合同中规定分期缴付出资的，合资各方的第一期出资不得低于各自认缴出资额的15%，并且应当在营业执照签发之日起3个月内缴清。

（3）合资各方未能在合资合同规定的上述期限内缴付出资的，视同合资企业自动解散，合资企业批准证书自动失效。

（4）合资各方缴付第一期出资后，超过合资合同规定的其他任何一期出资期限3个月，仍未出资或者出资不足时，工商行政管理机关应当会同原审批机关发出通知，要求合资各方在1个月内缴清出资。未按上述通知期限缴清出资的，原审批机关有权撤销对该合资企业的批准证书。合资一方未按照合资合同的规定如期缴付或者缴清其出资的，即构成违约，应当按照合同规定支付迟延利息或者赔偿损失。

七、中外合资经营企业的合营期限、解散与清算

（一）合资企业的期限

合资企业的合资期限，按不同行业、不同情况，做不同的约定。有的行业的合资企业，应当约定合资期限；有的行业的合资企业，可以约定合资期限，也可以不约定合资期限。约定合资期限的合资企业，合资各方同意延长合资期限的，应在距合资期满6个月前向审批机关提出申请。审批机关应自接到申请之日起1个月内决定批准或不批准。

知识链接

举办合营企业，属于下列行业的，合营各方应当依照国家有关法律、行政法规的规定，在合营合同中约定合营企业的合营期限：① 服务性行业，如饭店、公寓、写字楼、娱乐、饮食、出租汽车、彩扩、洗像、维修、咨询等；② 从事土地开发及经营房地产；③ 从事资源勘查开发；④ 国家规定限制投资项目；⑤ 国家其他法律、法规规定需要约定合营期限。

合营企业的合营期限，一般项目原则上为10～30年。投资大、建设周期长、资金利润率低的项目以及由外国合营者提供先进技术或者关键技术生产尖端产品项目；或者在国际上有竞争能力的产品项目，其合营期限可以延长到50年。经国务院特别批准的，可以在50年以上。

对于属于国家规定鼓励投资和允许投资项目的合资企业，除上述行业外，合营各方可以在合同中约定合营期限，也可以不约定合营期限。

（二）解散

经开业的合资企业，具有下列情况之一时解散：

（1）合资期限届满；

（2）企业发生严重亏损，无力继续经营；

（3）合资一方不履行合资企业协议、合同、章程规定的义务，致使企业无法继续经营；

（4）合资企业因自然灾害、战争等不可抗力遭受严重损失，无法继续经营；

（5）合资企业未达到其经营目的，同时又无发展前途；

（6）合资企业合同、章程所规定的其他解散原因已经出现。

在发生上述第（2）、（3）、（4）、（5）、（6）种情况时，应由董事会提出解散申请书，报审批机关批准。在上述第（3）种情况下，不履行合资企业协议、合同、章程规定的义务一方，应对合资企业由此造成的损失负赔偿责任。

（三）清算

合资企业宣告解散时，应当进行清算。除企业破产清算应当按照有关法律规定的程序进行清算外，合资企业的清算应当按照《外商投资企业清算办法》的规定成立清算委员会，由清算委员会负责清算事宜。

清算委员会的成员一般应当在合资企业的董事中选任。董事不能担任或者不适合担任清算委员会成员时，合资企业可以聘请中国的注册会计师、律师担任。审批机关认为必要时，可以派人进行监督。

知识链接

清算委员会的任务主要有：① 对合资企业财产、债权、债务进行全面清查；② 编制资产负债表和财产目录，提出财产作价依据，制定清算方案；③ 履行企业偿债义务。清算委员会制订的清算方案经董事会通过后，由清算委员会代合资企业履行偿债义务，偿债顺序按照国家有关法律和行政法规执行；④ 清算期间，清算委员会代表该合资企业起诉或者应诉。

合资企业以其全部资产对其债务承担责任。合资企业清偿债务后的剩余财产按照合资各方的出资比例进行分配，但合资企业协议、合同、章程另有规定的除外。合资企业解散时，其资产净额或者剩余财产减除企业未分配利润、各项基金和清算费用后的余额，超过实缴资本的部分为清算所得，应当依法缴纳所得税。

合资企业的清算工作结束后，由清算委员会提出清算结束报告，提请董事会会议通过后，报告审批机关，并向登记管理机关办理注销登记手续，缴销营业执照。

任务三　中外合作经营企业

一、中外合作经营企业的概念和特征

（一）中外合作经营企业的概念

中外合作经营企业，是指中国合作者与外国合作者依照中华人民共和国法律的规定，在中国境内共同举办的，按合作企业合同的约定分配收益或者产品、分担风险和亏损的企业。

（二）中外合作经营企业的特征

（1）中外合作经营企业属于契约式的合营企业。中外合作者的投资或者提供的合作条件，不折算成股份，即各方的投资不作价、不计股，中外合作者按何种比例进行收益或者产品的分配、风险和亏损的分担，由合作企业合同约定。换言之，合作企业合同是企业成立的基本依据，合营各方的权利义务不是取决于投资比例与股份，而是取决于合作企业合同的约定。这同中外合资经营企业这种股权式的合营企业是有明显区别的。所以，合作企业称为契约式合营，而合资企业称为股权式合营。

（2）中外合作经营企业的组织形式具有多样化的特点，即中外合作者可以共同举办具有法人资格的合作企业，也可以共同兴办不具有法人资格的合作企业。换言之，合作企业既可以是法人企业，也可以是非法人企业，而中外合资经营企业都具有法人资格。

（3）中外合作经营企业的组织机构与管理方式具有灵活多样的特征。既可以是董事会制，也可以是联合管理委员会制，还可以是委托第三方管理。

（4）中外合作经营企业一般采取让外方先行回收投资的做法，外方承担的风险相对较小，但合作期满，企业的资产均归中方所有。

二、中外合作经营企业的设立

（一）设立合作企业的条件

在中国境内设立中外合作经营企业（以下简称合作企业），应当符合国家的发展政策和产业政策，遵守国家关于指导外商投资方向的规定。根据《中外合作经营企业法》的规定，国家鼓励举办的合作企业是：① 产品出口的生产型合作企业。是指企业产品主要用于出口创汇的生产型合作企业。② 技术先进的生产型合作企业。是指外国合作者提供先进技术，从事新产品的开发，实现产品升级换代，以增加出口创汇或者替代进口的生产型合作企业。

（二）设立合作企业的法律程序

（1）由中国合作者向审查批准机关报送有关文件。这些文件包括：设立合作企业的项目建议书；合作各方共同编制的可行性研究报告；合作企业协议、合同、章程；合作各方的营业执照或注册登记证明、资信证明及法定代表人的有效证明文件，外国合作者是自然人的，应当提供有关身份、履历和资信情况的有效证明文件；合作各方协商确定的合作企业董事长、副董事长、董事或者联合管理委员会主任、副主任、委员的人选名单；审查批准机关要求报送的其他文件。

（2）审查批准机关审批。审查批准机关应当自收到规定的全部文件之日起 45 日内决定批准或者不予批准。审查批准机关认为报送的文件不全或者有不当之处的，有权要求合作各方在指定期间内补全或修正。

（3）办理工商登记。批准设立的合作企业依法向工商行政管理机关申请登记，领取营业执照。合作企业的营业执照签发日期，即为该合作企业的成立日期。

（三）组织机构

1. 董事会制

董事会是合作企业的最高权力机构，决定合作企业的重大问题，董事长、副董事长由合作各方协商产生；中外合作者的一方担任董事长的，由他方担任副董事长。

董事会可以决定任命或者聘请总经理负责合作企业的日常经营管理工作。总经理对董事会负责。合作企业的经营管理机构可以设副总经理1人或若干人。副总经理协助总经理工作。

2. 联合管理制

不具有法人资格的合作企业，一般实行联合管理制。联合管理机构由合作各方代表组成，是合作企业的最高权力机构，决定合作企业的重大问题。中外合作者的一方担任联合管理机构主任的，由他方担任副主任。联合管理机构可以设立经营管理机构，也可以不设立经营管理机构。设经营管理机构的，总经理由经营管理机构任命或者聘请，负责合作企业的日常经营管理工作，对联合管理机构负责。不设经营管理机构的，由联合管理机构直接管理企业。

3. 委托管理制

经合作各方一致同意，合作企业可以委托中外合作一方进行经营管理，另一方不参加管理；也可以委托合作方以外的第三方经营管理企业。合作企业成立后改为委托第三方经营管理的，属于合作合同的重大变更，必须经董事会或者联合管理机构一致同意，并报审批机关审批，向工商行政管理机关办理变更登记手续。

三、中外合作经营企业的注册资本

合作企业的注册资本，是指为设立合作企业，在工商行政管理机关登记的合作各方认缴的出资额之和。注册资本可以用人民币表示，也可以用合作各方约定的一种可自由兑换的外币表示。合作企业的注册资本在合作期限内不得减少。但因投资总额和生产经营规模等变化，确需减少的，须经审查批准机关批准。

合作各方之间相互转让或者合作一方向合作他方以外的他人转让属于其在合作企业合同中全部或者部分权利的，须经合作他方书面同意，并报审查批准机关批准。审查批准机关应当自收到有关转让文件之日起30天内决定批准或者不批准。

知识链接

合作企业的投资总额，是指按照合作企业合同、章程规定的生产经营规模，需要投入的资金总和。合作企业的注册资本与投资总额的比例，参照中外合资经营企业注册资本与投资总额比例的有关规定执行。

四、中外合作经营企业的出资方式

各方向合作企业投资或者提供合作条件的方式可以是货币，也可以是实物或者工业产权、专有技术、土地使用权等财产权利。合作各方应当以其自有的财产或者财产权利作为投资或者提供合作条件，对该投资或者提供的合作条件不得设置抵押或者其他形式的担保。中国合作者的投资或者提供的合作条件，属于国有资产的，应当依照有关法律、行政法规的规定进行资产评估。

合作各方的出资比例。在依法取得中国法人资格的合作企业中，外国合作者的投资一般不低于合作企业注册资本的25%，在不具有法人资格的合作企业中，对合作各方向合作企业投资或者提供合作条件的具体要求，由国务院对外经济贸易主管部门确定。

五、中外合作经营企业的投资回收

根据《中外合作经营企业法》及其实施细则的规定,外国合作者在合作期限内可以先行回收投资但应当符合以下法定条件:

(1) 中外合作经营者在合同期限届满时,合作企业的全部固定资产无偿归中国合作者所有。

(2) 对于税前回收投资的,必须向财政税务机关提出申请,并由财政税务机关依法审查批准。

(3) 中外合作者应当依照有关法律的规定和合作企业合同的约定,对合作企业的债务承担责任。

(4) 外国合作者提出先行收回投资的申请,并具体说明先行回收投资的总额、期限和方式,经财政税务机关审查同意后,报审查批准机关审批收回投资。

课堂实训任务

任务 5-3 根据《中外合作经营企业法》的规定,中外合作经营企业合同约定外国合作者在合作企业缴纳所得税前收回投资的,必须经有关机关审查批准,该审查批准机关是?

任务 5-4 中外合作经营企业合同约定外国合作者先行收回投资,并且投资已经回收完毕的,合作企业期限届满如何处理?

六、中外合作经营企业的合营期限

根据《中外合作经营企业法实施细则》的规定,合作企业的期限由中外合作者协商确定,并在合作企业合同中定明。

合作企业期限届满,合作各方协商同意要求延长合作期限的,应当在期限届满的 180 天前向审查批准机关提出申请,说明原合作企业合同执行情况,延长合作期限的原因,同时报送合作各方就延长的期限内各方的权利、义务等事项所达成的协议。审查批准机关应当自接到申请之日起 30 天内,决定批准或者不批准。

经批准延长合作期限的,合作企业凭批准文件向工商行政管理机关办理变更登记手续,延长的期限从期限届满后的第一天起计算。

合作企业合同约定外国合作者先行回收投资,并且投资已经回收完毕的,合作企业期限届满不再延长;但是,外国合作者增加投资的,经合作各方协商同意,可以依照本条第二款的规定向审查批准机关申请延长合作期限。

七、中外合作企业的解散和清算

(一) 解散

(1) 合作期限届满;

(2) 合作企业发生严重亏损,或者因不可抗力遭受严重损失,无力继续经营;这种情况下,应当由合作企业的董事会或者联合管理委员会做出决定,报审查批准机关批准。

(3) 中外合作者一方或者数方不履行合作企业合同、章程规定的义务,致使合作企业无法继续经营。

在这种情况下，不履行合作企业合同、章程规定的义务的中外合作者一方或者数方，应当对履行合同的他方因此遭受的损失承担赔偿责任；履行合同的一方或者数方有权向审查批准机关提出申请，解散合作企业。

（4）合作企业合同、章程中规定的其他解散原因已经出现；这种情况下，应当由合作企业的董事会或者联合管理委员会做出决定，报审查批准机关批准。

（5）合作企业违反法律、行政法规，被依法责令关闭。

（二）清算

合作企业期满或者提前终止时，应当依照法定程序对资产和债权、债务进行清算。中外合作者应当依照合作企业合同的约定确定合作企业财产的归属。

任务四 外 资 企 业

一、外资企业的概念和特征

（一）概念

外资企业，是指依照中华人民共和国法律的规定，在中国境内设立的，全部资本由外国投资者投资的企业。

（二）特征

（1）外资企业的全部资本是由外国投资者投资的，相应的，企业的全部利润归外国投资者，风险和亏损也由外国投资者独立承担。外国投资者可以是公司、企业以及其他经济组织或者个人。这是它与合营企业、合作企业的明显不同，后者的资本是由中外合营者或中外合作者共同投资的。

（2）外资企业是外国投资者根据中国法律在中国境内设立的。尽管外资企业的全部资本均来自于外国投资者，但它是根据中国法律在中国境内设立，受中国法律的管辖和保护，是具有中国国籍的企业。这是外资企业与外国企业的根本不同。

（3）外资企业是独立的法律主体。一般情况下，外资企业以自己的名义进行经营活动，独立承担民事责任，外国投资者对其债务不承担无限责任。这是外资企业与外国企业在中国境内设立的分支机构的根本不同，外国企业的分支机构不具有独立的民事主体资格，其进行经营活动由外国企业承担民事责任。除非外资企业设立时已登记为无限责任的独资或合伙企业。

二、外资企业的设立

设立外资企业，必须有利于中国国民经济的发展，国家鼓励举办产品出口或者技术先进外资企业。禁止或者限制设立外资企业的行业，按照国家指导外商投资方向的规定及《外商投资产业指导目录》执行。

知识链接

申请设立外资企业，有下列情况之一的，不予批准：
(1) 有损中国主权或者社会公共利益；
(2) 危及中国国家安全；
(3) 违反中国法律、法规；
(4) 不符合中国国民经济发展要求；
(5) 可能造成环境污染。

三、外资企业的组织形式

根据《外资企业法实施细则》的规定，外资企业的组织形式为有限责任公司。经批准也可为其他责任形式。

实践中外资企业大多数都采用了有限责任公司的形式，外国投资者对企业的责任以其认缴的出资额为限，外资企业以其全部资产对其债务承担责任。

四、外资企业的注册资本、出资方式和出资期限

（一）外资企业的注册资本

即外国投资者认缴的全部出资额。外资企业的注册资本要与其经营规模相适应，注册资本与投资总额的比例应当符合中国法律的有关规定。

外资企业在经营期内不得减少其注册资本。外资企业注册资本的增加、转让，须经审批机关批准，并向工商行政管理机关办理变更登记手续。外资企业将其财产或者权益对外抵押、转让，须经审批机关批准，并向工商行政管理机关备案。

知识小结

注册资本与投资总额的区别：

注册资本是为设立法人企业在登记管理机构登记的资本总额，应为投资各方交付或认缴的出资额之和。而投资总额是指按照企业章程规定的生产规模需要投入的基本建设资金和生产流动资金的总和。

（二）外国投资者的出资方式

外国投资者可以用可自由兑换的外币出资，也可以用机器设备、工业产权、专有技术等作价出资。经审批机关批准，外国投资者也可以用其从中国境内兴办的其他外商投资企业获得的人民币利润出资。以工业产权、专有技术作价出资的，该工业产权、专有技术应当为外国投资者所有，其作价应当与国际上通常的作价原则相一致，作价金额不得超过外资企业注册资本的20%。

（三）外国投资者的出资期限

外国投资者缴付出资的期限应当在设立外资企业申请书和外资企业章程中载明。外国投

资者可以分期缴付出资，但最后一期出资应当在营业执照签发之日起 3 年内缴清。其第一期出资不得少于外国投资者认缴的出资额的 15%，并应当在外资企业营业执照签发之日起 90 日内缴清。

外国投资者未能在外资企业营业执照签发之日起 90 日内缴付第一期出资的，或者无正当理由逾期 30 日不缴付其他各期出资的，外资企业批准证书即自动失效。外资企业应当向工商行政管理机关办理注销登记手续，缴销营业执照；不办理注销登记手续和缴销营业执照，由工商行政管理机关吊销其营业执照，并予以公告。

课堂实训任务

任务 5-5　外资企业为其他责任形式的，外国投资者对企业的责任适用哪一国家的法律？

五、外资企业的经营期限、终止与清算

（一）外资企业的经营期限

外资企业的经营期限由外国投资者申报，由审查批准机关批准。期满需要延长的，应当在期满 180 日以前向审查批准机关提出申请。审查批准机关应当在接到申请之日起 30 日内决定批准或者不批准。

（二）外资企业的终止

外资企业有下列情形之一的应予终止：

（1）经营期限届满；

（2）经营不善，严重亏损，外国投资者决定解散；

（3）因自然灾害、战争等不可抗力而遭受严重损失，无法继续经营；

（4）破产；

（5）违反中国法律、法规，危害社会公共利益被依法撤销；

（6）外资企业章程规定的其他解散事由已经出现。

外资企业如存在上述第（2）、（3）、（4）项所列情形，应当自行提交终止申请书，报审批机关批准。

（三）外资企业的清算

外资企业如果是由于前述第（1）、（2）、（3）、（6）项所列的情形终止的，应当在终止之日起 15 日内对外公告并通知债权人，并在终止公告发出之日起 15 日内，提出清算程序、原则和清算委员会人选，报审批机关审核后进行清算。清算委员会应由外资企业的法定代表人、债权人代表以及有关主管机关的代表组成，并聘请中国的注册会计师、律师等参加。

清算委员会的职权包括：

（1）召集债权人会议；

（2）接管并清理企业财产，编制资产负债表和财产目录；

（3）提出财产作价和计算依据；

（4）制订清算方案；

（5）收回债权和清偿债务；

（6）追回股东应缴而未缴的款项；

（7）分配剩余财产；

（8）代表外资企业起诉和应诉。

外资企业在清算结束之前，外国投资者不得将该企业的资金汇出或者携出中国境外，不得自行处理企业的财产。

外资企业清算结束，其资产净额和剩余财产超过注册资本的部分视同利润，应当依照中国税法缴纳所得税。

外资企业清算结束，应当向工商行政管理机关办理注销登记手续，缴销营业执照。

外资企业清算处理财产时，在同等条件下，中国的企业或者其他经济组织有优先购买权。

外资企业依照本实施细则第 70 条第 4 项的规定终止的，参照中国有关法律、法规进行清算。

复习思考题

1. 简述在合营企业中，哪些事项须由出席董事会会议的董事一致通过方可做出决议。
2. 简述在合作企业中，哪些事项须由出席董事会会议的董事一致通过方可做出决议。
3. 简述外资企业终止的法定情形有哪些。

专项实训项目

↘ 活动目标和要求

《外商投资企业法》授课完毕，利用两个课时组织学生进行分组讨论，各小组进行讨论，区分三种企业的异同，并对实训材料形成答案。

↘ 实训组织

将教室中的一部分课桌椅摆放成圆桌的形式，每一组推荐几名代表发言。

↘ 实训内容及成果

由学生分组进行讨论并最终形成总结，教师参照学生的表现评分。

↘ 实训材料一

中日两个企业，双方签署了一份合营企业合同，部分内容如下：

（1）双方根据中华人民共和国《中外合资经营企业法》和中国其他法律以及日本的法律，同意在中国境内设立中外合资经营企业；

（2）公司的名称为"中日××印染公司"；

（3）双方对合营企业的债务承担无限连带责任；

（4）双方出资方式如下：中方出资现金 200 万元，厂房折合 30 万元，场地使用权为 20 万元；日方出资现金 100 万元，工业产权 100 万元，双方出资额在营业执照签发之日前一次交清；

（5）日方从企业获利后的第二年，每年从企业利润中提取 10% 的出资额；

（6）总经理是公司的法定代表人；

（7）本合同从签字起生效，中方上级主管批准之日为企业成立之日；

（8）对本合同及其附件的修改，经中、日双方签署书面协议后即告生效。

组织讨论的焦点问题

- 该合营企业能否依照日本法律设立？
- 该合营企业的名称是否合法？
- 中日双方是否应对合营企业的债务承担无限连带责任？
- 中日双方出资是否合法？
- 日方是否可以从利润中提取出资额？
- 谁才是合营企业的法定代表人？
- 合营企业的成立日期以什么时间为准？

实训材料二

中、德双方企业有意共同建立一中外合资经营企业，双方约定：合资企业的组织形式为股份有限公司；德方在出资比例中所占比重为20%；全部注册资本为200万美元；企业投资总额为600万美元；双方按注册资本分享利润和分担风险及损失；合营企业股东大会为最高权力机构，以企业总经理为法定代表人。

组织讨论的焦点问题

- 该合营企业在设立中有何不符合《中外合资经营企业法》的地方？
- 该合同应如何订立？

项目六

破产法

本章导入案例

【案情简介】

宏达公司重整期间,管理人追回多笔债款,共计160万元。宏达公司主要股东甲和乙向管理人提出,宏达公司上一年度的财务报表显示,公司当年税后利润为120万元,当时因公司现金周转困难未能分配红利,请求兑现分配。

【问题】

管理人能否拒绝这一请求?

这一案例即涉及破产法的相关问题。

教学目标

企业破产制度是现代企业的重要制度,企业破产法是经济法中极其重要的法律。它也是经济法的核心法律之一。学习本章的目的,在于让学生明确和掌握破产法这一现代法律的基本理论和法律规定,从而适应国家建立现代企业制度的需要。

实训目标

通过本章学习,除要求学生掌握破产法律制度一系列的基本理论外,还要掌握破产法对破产申请和受理、债权人会议、和解、和解协议、重整、破产宣告、破产清算、破产救济及破产法律责任等一系列的法律规定,并能运用所学知识分析和解决有关企业的具体法律问题。

任务一 破产法概述

一、破产法的概念

(一) 企业破产法的概念

在传统破产法上,"破产"首先表示一种法律上的地位,它的结果一定是倒闭清算。事实上,在破产法领域,长期就存在一个固定观念:破产就是倒闭清算。其次,在法律上,"破产"常常被指称:债务人在其无力偿还债务时,债务人以其财产对债权人公平清偿的程序,即破产清算程序。

破产是指债务人不能清偿到期债务时,为满足债权人正当合理的清偿要求,在法院的指挥和监督之下,就债务人的总财产实行的以分配为目的的清算程序。企业破产是指企业因不能清偿到期债务,通过重整、和解或清算等法定程序,实现公平清偿以及在可能情况下实现企业拯救的法律制度。

(二)企业破产法的概念

破产法是关于债务人不能清偿到期债务时,宣告其破产,并由法院对其全部财产进行清理、分配或由其进行和解等方面的法律规范的总称。企业破产法是指规范企业破产程序,公正审理破产案件,保护各方当事人合法权益,维护社会主义市场经济秩序的法律。它通过调节和规范破产程序进行中各案件参与人如债权人、债务人、破产管理人、第三人,甚至法院的具体行为和活动来达到调节债权债务关系的目的。

(三)企业破产法的立法目的

2006年8月27日,我国正式颁布《中华人民共和国企业破产法》(以下简称《破产法》)。《破产法》第1条就明确规定了立法目的:"为规范企业破产程序,公平清理债权债务,保护债务人和债权人的合法权益,维护社会主义市场经济秩序,制定本法。"

根据本条的规定,我国《破产法》的立法宗旨为:

1. 规范企业破产程序

我国在1986年制定了适用于全民所有制企业的《中华人民共和国企业破产法(试行)》(以下简称《企业破产法(试行)》)。我国又以修订后的民事诉讼法第19章专门规定了适用于全民所有制企业以外的所有企业法人的"企业法人破产还债程序"。近年来,我国针对企业破产问题发布了大量的行政法规、部门规章和司法解释。这样,在破产法领域就出现了法律规定繁多,行政法规、部门规章与法律冲突的现象。因此,《破产法》使企业破产实现程序清晰、操作公正有序。

2. 公平清理债权债务

第一,它意味着《破产法》首先被定位为债务清理法,改变了以往将《企业破产法(试行)》看作企业法的认识。第二,它意味着对于债权人的权利,依照不同性质做出清偿位阶上的安排。第三,它意味着所有债权在破产程序开始时,无论是否到期均视为已经到期。第四,它意味着对所有债权都应按照法定顺序进行分配,当对同一顺序的债权人不足清偿时,按债权的比例进行清偿。

3. 保护债权人和债务人的合法权益

企业在破产过程中主要涉及债权人和债务人的利益。二者的利益既相互排斥,又相互关联。这两个主体的合法权益均应受到法律保护。本法对于债务人和债权人的合法权益都设立了相关的制度予以保护。

4. 维护社会主义市场经济秩序

本法通过规范企业破产中各方当事人的行为,有助于规范市场主体的交易行为,提高市场的诚信度和安全度。

二、破产法的适用范围

《破产法》将适用范围限定为企业法人,这其中不仅包括国有企业法人,还包括承担有限责任的其他企业法人。现行法律规定不具有法人资格的合伙企业、个人独资企业的合伙人、出资人应对企业债务承担无限连带责任，这些企业破产，必然会连带牵涉企业合伙人、出资人的个人破产问题。而我国目前尚未出台有关个人破产的程序规定。所以，本法第135条规定："其他法律规定企业法人以外的组织的清算，属于破产清算的，参照适用本法规定的程序。"这意味着，合伙企业、个人独资企业的破产对本法规定的适用，由有关法律规定。《企业破产法（试行）》将适用主体的范围限制在具有法人资格的全民所有制企业。本法将适用主体范围扩大到所有具有法人资格的企业，不再区分是否为全民所有制企业，这其中包括有限责任公司、股份有限公司和具有法人资格的集体企业、民营企业以及设在中国领域内的中外合资经营企业、中外合作经营企业和外资企业等。一般来讲，商业银行、证券公司、保险公司等金融机构应该适用本法所规定的程序。但是由于这类金融机构的种种特殊性，它们的破产应当优先适用《破产法》第134条和其他相关法律的特殊规定，以及国务院制定的实施办法。

三、破产原因

破产原因，又称破产界限，是指企业适用破产程序的必要条件。破产原因是法律规定的特别法律事实，是法院受理破产申请和实施破产宣告的根据。《破产法》第2条第1款规定："企业法人不能清偿到期债务，并且资产不足以清偿全部债务或者明显缺乏清偿能力的，依照本法规定清理债务。"它规定了以下两种情况，具备任何一种情况的企业法人都可以适用破产程序。

（一）企业法人不能清偿到期债务，并且资产不足以清偿全部债务

"不能清偿到期债务"，即无力还债，国际上也称作"非流动性"，又称"现金流标准"，其含义是"债务人已全面停止偿付到期债务，而且没有充足的现金流量偿付正常营业过程中到期的现有债务。""债务人全面停止付款的标志可以包括债务人未能支付租金、税款、薪金、员工福利、贸易应付款和其他主要业务费用。借助这一标准，是为了在债务人财务困难期间尽早启动破产程序，以尽量减少资产的散失并避免债权人争夺资产，造成债务人的资产被瓜分，反而对全体债权人不利。等到债务人能证明资产负债表破产才允许启动程序，可能只会延迟必然要发生的事情，减少可收回的资产。"无力偿债的认定，不以债权人提出请求为必要条件。

"资产不足以清偿全部债务"，又称"资不抵债"，国际上也称作"资产负债表标准"，主要指企业法人的资产负债表上，全部资产之和小于其对外的全部债务。这一标准的依据是资不抵债即表明遇到财务困难。

在能够证明企业同时存在"不能清偿到期债务"和"资产不足以清偿全部债务"的情况下，企业有充分理由适用破产程序。

（二）企业法人不能清偿到期债务，并且明显缺乏清偿能力

以"明显缺乏清偿能力"替代"资不抵债"作为"不能清偿到期债务"并列的条件，是对后者的一个限定。根据这一限制，一时不能支付但仍有偿付能力的企业不适用破产程序。因为"债务人无力清偿到期债务，可能只表明现金流量或清偿能力暂时出现问题，而企业在其他方面则是健全的。当今市场竞争激烈，竞争可能迫使市场的参与者为保持竞争力和维持

或取得市场份额而暂时接受更低的利润，甚至承担损失。虽然在每个案件中都会成为一个事实问题，但可取的做法是，破产法对法院判断是否已达到启动标准规定指导原则，以避免过早裁定破产"。

本项标准代表了本法起草的一个指导思想，即鼓励适用破产程序，特别是再建型的破产程序（重整、和解），以积极清理债务，避免社会中大量的债务沉淀和资产闲置，并减少企业长期困境下的道德风险以及由此造成的经济损失。

四、重整原因

重整是指在企业无力偿债的情况下，依照法律规定的程序，保证企业继续营业，实现债务调整和企业整理，使之摆脱困境，走向复兴的再建型债务清理制度。重整程序是对濒临破产企业的拯救，对于作为其发动条件的重整原因，本法做出了较为宽松的规定。首先，当企业法人满足了《破产法》第2条第1款的破产原因的情况下，即可提出进行重整。其次，虽然企业还不具备破产原因，如果企业明显具有了丧失清偿能力的可能性，企业也可以进行重整。所谓"有明显丧失清偿能力可能"，是指债务人虽然尚未具备破产原因，但是根据其经营状况和财务信息，可以明确地预知不能清偿到期债务的事态一定会在将来的一定时刻发生。此时，赋予债务人及时启动重整程序的机会，有利于实现早期拯救，提高企业困境的治愈率。

五、破产案件的管辖

（一）破产案件的地域管辖

《破产法》第3条规定："破产案件由债务人住所地人民法院管辖。"根据本条规定，破产案件由债务人住所地人民法院管辖。1992年7月14日通过的《最高人民法院关于适用〈中华人民共和国民事诉讼法〉若干问题的意见》第4条规定："法人的住所地是指法人的主要营业地或者主要办事机构所在地。"而2002年7月18日通过的《最高人民法院关于审理企业破产案件若干问题的规定》第1条将"债务人住所地"限定为债务人的"主要办事机构所在地"，没有提及"主要营业地"。其主要原因在于，实践中对于主要营业地的判断存在着一定困难。而对于主要办事机构所在地一般是指企业的法人机关所在地，比较容易被判断。因此，本条所称的"债务人住所地"应解释为债务人的主要办事机构所在地。

（二）破产案件的级别管辖和移送管辖

《破产法》没有对破产案件的级别管辖做出直接规定。《最高人民法院关于审理企业破产案件若干问题的规定》第2条规定，基层人民法院一般管辖县、县级市或者区的工商行政管理机关核准登记企业的破产案件，中级人民法院一般管辖地区、地级市（含本级）以上的工商行政管理机关核准登记企业的破产案件；纳入国家计划调整的企业破产案件，由中级人民法院管辖。

关于破产案件的移送管辖，根据《最高人民法院关于审理企业破产案件若干问题的规定》第3条的规定，上级人民法院审理下级人民法院管辖的企业破产案件，或者将本院管辖的企业破产案件移交下级人民法院审理，以及下级人民法院需要将自己管辖的企业破产案件交由上级人民法院审理的，依照《民事诉讼法》第39条的规定办理，省、自治区、直辖市范围内因特殊情况需对个别企业破产案件的地域管辖做调整的,须经共同上级人民法院批准。

任务二 破产申请和受理

一、破产申请

(一)破产申请概述

破产申请是破产申请人请求人民法院受理破产案件的意思表示。它是启动破产程序的初始步骤。我国破产法实行受理开始主义,即破产程序只能在依法具有破产申请资格的当事人提出申请后经由人民法院受理而开始;人民法院不得依职权主动开始破产程序。这意味着,在我国,破产申请是破产程序开始的必要条件。本法为无力偿债的企业提供了重整、和解和破产清算三种程序制度,并规定了一般情况下债权人或债务人从不同程序中选择一种提出破产申请的权利,以及在企业处于解散或清算状态时负有清算责任的人申请破产清算的义务。

(二)本法各程序之间的联系

按照本法的程序设计,无力偿债的企业可以适用的债务清理程序有重整、和解和破产清算三种。在债权人申请或债务人申请的情况下,申请人必须从中选择一种程序提出申请。按破产清算受理的案件,在人民法院受理破产案件后、破产宣告前,可以经有申请权的当事人的申请,人民法院裁定,转为重整程序或者和解程序。按重整或者和解受理的案件,在具备法定原因时,也可以经人民法院裁定,转为破产清算程序。

(三)债权人申请破产

1. 债权人申请破产的条件

(1)债务人不能清偿到期债务。债务人不能清偿到期债务,债权人可以向人民法院提出对债务人进行重整或破产清算的申请,但不可以提出和解申请。破产法的立法宗旨之一就是保护债权人的合法权益。当债务人无力偿债时,如果存在多个债权人,就存在着通过集体清偿程序实现众多债权人之间的公平清偿的需求。启动破产程序就可以成为债权人利益保护的一个优先考虑的选择。法律赋予债权人提出破产申请的权利,也有利于遏制和追查债务人隐匿资产、不当转让财产等恶意损害债权人利益的行为。

与债务人提出申请的申请条件不同,债权人提出申请破产的条件只是不能清偿到期债务,而无须证明债务人资不抵债或明显缺乏清偿能力。这样体现了对债权人利益的保护。因为通常情况下,债权人很难知悉债务人的财务状况,更加难以准确地判断债务人是否亏损,因此,如果一定要债权人在掌握了充分证据证明债务人已经资不抵债后,才能申请债务人破产,那么,债权人高昂的信息搜集成本将导致应用价值大大下降。

(2)债权人行使的债权是财产上的请求权。因为破产程序是对债务人的财产进行清理的程序,所以只有享有财产上的请求权的债权人才可以通过破产程序获得清偿,从而法律赋予其申请开始破产程序的权利才有实际意义。相反,没有财产请求权的债权通过破产程序不能获得满足,法律赋予其申请开始破产程序的权利才有意义。

（3）债权人的债权应是已到期的债权。债权人的债权必须是可得行使的，即该债权已到期，且未受清偿。债权人享有的债权如果是附期限的，必须是期限已经到来；如果是附条件的，必须是条件已经成就的。

但是，在破产程序开始后，未到期债权视为已到期。也就是说，未到期债权的请求人虽无申请破产的资格，却享有参加破产程序的权利。

（4）债权人的债权是没有超过诉讼时效的债权。超过诉讼时效的债权债务属于自然之债，债权人不再享有胜诉权，即不能通过司法强制执行手段满足其债权。破产程序即是以司法强制执行手段满足债权人，自然之债自然无法适用。司法实践中，如果债权人的债权已经超过诉讼时效，法院应当驳回其破产申请。

2. 债权人申请破产的程序

债权人申请破产，应当向有管辖权的人民法院提交破产申请书和有关证据。破产申请书应当载明下列事项：① 申请人、被申请人的基本情况；② 申请目的；③ 申请的事实和理由；④ 人民法院认定应当载明的其他事项。

（四）债务人申请破产

1. 债务人申请破产的条件

在具备破产原因的情况下，债务人可以向人民法院申请破产。

2. 债务人申请破产的程序

债务人申请破产，应当向有管辖权的人民法院提交破产申请书和有关证据。该破产申请书所载明事项与债权人提交的破产申请书相同。债务人还应当向人民法院提交财产状况说明、债务清册、债权清册、有关财务会计报告、职工安置预案以及职工工资的支付和社会保险费用的缴纳情况。债务人提交上述文件，必须做到真实、充分。

（五）清算责任人申请破产

企业法人已经解散但未清算或者未清算完毕的，属于清算法人，即为清算目的而存续的法人。企业法人解散是指企业因发生章程规定或者法律规定的除破产以外的事由而停止业务，进入待清算状态或实施清算的过程。在此期间，其法人资格在法律上视为存续，但其营业资格已经丧失。此时，如果企业存在着资不抵债的事实，依法负有清算责任的人依法向人民法院申请破产清算。

依法负有清算责任的人，应依照有关的法律确定。例如，在公司清算的场合，根据《公司法》第184条的规定，包括有限责任公司的股东、股份有限公司的董事或者股东大会确定的人员以及特定情形下人民法院指定有关人员组成的清算组。在合伙企业的场合，根据《合伙企业法》第86条规定，包括全体合伙人、经合伙人过半数同意指定的一个或数个合伙人以及特定情形下人民法院指定的清算人。

清算责任人申请破产，是清算责任人在破产法上承担的一项特别义务。第一，清算责任人既没有权利选择不提出破产申请，也不得拖延时间迟迟不提出破产申请。第二，在提出破产申请时，破产清算程序是其唯一选择，所以其不得选择重整或和解。第三，清算责任人申请破产后，人民法院应当受理并于受理时宣告债务人破产。

清算责任人违反规定，不履行及时申请义务，导致债务财产减少，给债权人造成损失的，应当承担赔偿责任。

（六）破产申请的撤回

破产申请人提出破产申请后，能否撤回？我国破产法采取的是受理前的法院许可主义。即人民法院受理破产申请前，程序尚未开始，除清算责任人外，申请人可以请求撤回申请。但是，一旦法院受理了破产申请，则不得撤回申请。对于申请人在人民法院受理前提出的撤回请求，人民法院有权决定是否准许。《最高人民法院关于审理企业破产案件若干问题的规定》第 11 条规定："在人民法院决定受理企业破产案件前，破产申请人可以请求撤回破产申请。""人民法院准许申请人撤回破产申请的，在撤回破产申请之前已经支出的费用由破产申请人承担。"

二、受理

（一）破产受理的意义

破产案件的受理，又称立案，是指人民法院在收到破产案件申请后，认为申请符合法定条件而予以接受，并由此开始破产程序的司法行为。法院裁定受理破产申请，是破产程序开始的标志。受理是人民法院收到破产申请后依职权进行的司法行为，而不是主动依职权进行的司法行为。受理是人民法院对于破产案件是否符合破产条件进行审查的必经程序。

（二）受理破产申请的期限

1. 对债权人提出破产申请的受理期限以及债务人的异议期限

债权人提出破产申请后，人民法院应当自收到破产申请之日起 5 日内通知债务人。债务人对申请有异议的，应当自收到人民法院的通知之日起 7 日内向人民法院提出。异议期满后，无论债务人是否提出异议，法院有不超过 10 天的审理期。

2. 债务人或清算责任人提出破产申请的受理期限

因为不存在异议期问题，人民法院应当自收到破产申请之日起 15 日内裁定是否受理。

3. 特殊情况下人民法院受理申请期限

有特殊情况需要延长裁定受理期限的，经上一级人民法院批准，可以延长 15 日。即在特殊情况下，从法院收到破产申请到法院做出受理裁定的最长时间，债权人提出申请的案件为 37 日，债务人或清算责任人提出申请的案件为 30 日。

（三）受理的程序

1. 审查

对破产案件的审查包括形式审查和实质审查。

（1）形式审查。形式审查是旨在判定破产申请是否具备法律规定的申请形式，其内容主要包括：首先，申请人是否具备破产申请资格（是否为《破产法》第 7 条规定的债权人、债务人或者清算责任人）；其次，债务人是否为依法可适用企业破产程序的主体（是否为《破产法》第 2 条规定的企业法人或者《破产法》第 135 条规定的其他组织）；再次，受案法院对本案是否有管辖权（依据《破产法》第 3 条及相关司法解释确定）；最后，申请文件是否符合《破产法》第 8 条的要求，即申请书内容完整、相关证据齐备、法定文件齐全。

形式审查中，发现存在可以补正的形式缺陷的，法院可以在法律规定的期限内，令申请人补正。

（2）实质审查。实质审查是旨在判定破产申请是否具备法律规定的破产申请实质条件，即债务人是否存在破产原因。实质审查是一种表面事实的审查，就是依据申请人提交的材料，对债务人是否具有《破产法》第2条（在债权人申请的情况下）或者《破产法》第7条第2款规定的事由。

人民法院对破产申请进行审查，包括形式审查和实质审查。

人民法院经审查认为破产申请符合法定条件的，应当裁定受理破产申请，应当自裁定做出之日起5日内送达申请人；人民法院裁定受理破产申请的，应当同时指定管理人。债权人提出申请的，人民法院应当自受理裁定做出之日起5日内送达债务人。债务人应当自裁定送达之日起15日内，向人民法院提交财产状况说明、债务清册、债权清册、有关财务会计报告以及职工安置预案、职工工资的支付和社会保险费用的缴纳情况。自受理裁定送达债务人之日起至破产程序终结之日，债务人的有关人员承担下列义务：第一，妥善保管其占有和管理的财产、印章、账簿、文书等资料；第二，根据人民法院、管理人的要求进行工作，并如实回答询问；第三，列席债权人会议并如实回答债权人的询问；第四，未经人民法院许可，不得离开住所地；第五，不得新任其他企业的董事、监事、高级管理人员。债务人的有关人员是指企业的法定代表人；经人民法院决定，可以包括企业财务管理人员和其他经营管理人员。即自受理裁定送达债务人之日起，债务人的有关人员承担五项义务。按照国际上使用的术语，其中包括了三类义务："合作与协助""信息提供义务""附属义务"。

法院经审查认为破产申请不符合破产条件的，则应裁定不受理，该裁定应当自做出之日起5日内送达申请人并说明理由。申请人对裁定不服的，可以在裁定送达之日起10日内向上一级人民法院提起上诉。

申请人因相关证据不足被裁定不受理的，可以在补足证据后重新提出破产申请。

受理后到破产宣告前，经审查发现债务人不符合《破产法》第2条规定情形的，裁定驳回申请，终结破产程序。申请人对裁定不服的，可以在裁定送达之日起10日内向上一级人民法院提起上诉。

2. 发布通知和公告

人民法院应当自裁定受理破产申请之日起25日内通知已知债权人，并予以公告。通知和公告应当载明：申请人、被申请人的名称或姓名；人民法院受理申请的时间；申报债权的期限、地点和注意事项；管理人的名称或者姓名及处理事务的地址；债务人的债务人或者财产持有人应当向管理人清偿债务或者交付财产的要求；第一次债权人会议召开的时间和地点；人民法院认定应当通知和公告的其他事项。

（四）破产受理的法律效力

1. 个别清偿无效

人民法院受理申请后，债务人对个别债权人的债务清偿无效；无效是绝对无效，即任何人都可以主张的无效；个别清偿无效情况下，接受清偿的债权人负有恢复原状的义务，即返还因个别清偿所得的财产利益的义务。集体受偿是《破产法》的一个显著特征，也是《破产法》的一项基本原则。为了贯彻集体受偿原则,《破产法》禁止个别清偿。《破产法》第 16 条和第 32 条分别做出规定：禁止个别清偿。《破产法》第 16 条禁止的个别清偿，须具备以下条件：第一，债务人实施的清偿；第二，债务人对实际存在的债务实施的清偿；第三，债务人在破产申请受理后实施的清偿。

以下情形，不构成《破产法》第 16 条禁止的个别清偿：债务人的担保人或者其他连带债务人实施的清偿；债务人对虚假债务实施的清偿；债务人在破产申请受理前实施的清偿。

2. 对管理人为给付

人民法院受理破产申请后，债务人的债务人或者财产持有人应当向管理人清偿债务或者交付财产。债务人的债务人或者财产持有人故意违反规定向债务人清偿债务或者交付财产，使债权人受到损失的，不免除其清偿债务或者交付财产的义务。管理人还可以依据不当得利的法理，请求实际受领人返还其受领的财产；受领返还后，对给付义务人的请求权归于消灭。

3. 待履行合同的处理

人民法院受理破产申请后，管理人对破产申请受理前成立而债务人和对方当事人均未履行完毕的合同有权决定解除或者继续履行，并通知对方当事人。破产程序开始后，管理人对于下列合同有选择权：① 为双务合同；② 为破产申请受理前成立的合同；③ 双方尚未履行或者尚未履行完毕的合同。下列行为不属于管理人选择权的范围：① 附条件或附期限的继续履行或者解除；② 延长选择权的行使时间或者指定选择权的行使条件；③ 在决定继续履行时修改或增加合同条款；④ 在决定继续履行时剥夺相对人依照《破产法》第 18 条第 2 款享有的请求担保的权利以及与此相关的解除权；⑤ 在解除合同时免除债务人的违约责任。管理人的此类行为，未经相对人同意，不发生行使选择权的效力。此时管理人视为未曾行使选择权，相对人有权行使催告权和解除权。破产程序中管理人的待履行合同选择权是一项法定权利，当事人不得事先以约定条款加以排除或限制。

管理人自破产申请受理之日起 2 个月内未通知对方当事人，或者自收到对方当事人催告之日起 30 日未答复的，视为解除合同。

管理人决定继续履行合同的，对方当事人应当履行；但是，对方当事人有权要求管理人提供担保。管理人不提供担保的，视为解除合同。

4. 保全解除和执行中止

人民法院受理破产申请后，有关债务人财产的保全措施应当解除，执行程序应当中止。执行程序，是指对非依破产程序所生的法律文书的个别执行程序。

5. 民事诉讼和仲裁的中止

人民法院受理破产申请后，已经开始而尚未终结的有关债务人的民事诉讼和仲裁应当中止；在管理人接管债务人的财产后，该诉讼和仲裁继续进行。

6. 破产程序开始后的民事诉讼

人民法院受理破产申请后，有关债务人的民事诉讼，只能向受理破产申请的人民法院提起。有关债务人的民事诉讼，包括对债务人提起的民事诉讼和由债务人提起的民事诉讼。

任务三 债权人会议

一、债权人会议的概念

债权人会议,是指在破产程序进行中为便于全体债务人参与破产程序以实现其破产程序参与权,维护全体债权人的共同利益,由全体登记在册的债权人组成的表达债权人意志和统一债权人行动的议事机构。债权人会议是一种程序性机构,随着破产程序的开始而产生,破产程序结束,其使命结束。债权人会议是自治性机构,具有独立的法人地位。对于有关破产事务具有自主权。

概括起来,债权人会议设立原因表现在:第一,是统一债权人意志和行动,保证破产程序有序化的需要。一般说来,破产程序中的债权人数量很多,债权人之间的意志和利益存在此消彼长的差异甚至冲突。为了使破产程序顺利进行,需要将全体债权人的意志、利益和外在要求借助于某种方式统一起来,并最终体现于破产程序的程序设计和程序进行中;第二,是基于公平保护全体债权人利益的需要。破产案件的处理事关债权人的切实利益,其债权最终受偿比例的高低决定着债权人利益的保护程度。因而,理应给予债权人参与和过问程序进行的机会。但是,如果允许债权人个别为之,势必会妨碍程序的顺利进行而且会进一步增加程序成本,因此,为了全体债权人的利益考虑,需要将众多分散的债权人的各自分散的利益形成一种"利益集合",并且为保证这一利益集合的实现将各自的行为协调起来,通过债权人会议这种有组织的形式来实现其共同利益。第三,是实现处理破产案件程序的经济目标的需要。破产程序从某种意义上说,是在债务人破产的偶然原因下形成的共同诉讼的一种特殊形式。由于程序进行涉及数目众多利害关系人的利益,程序设计中出现的少许失误都极为可能延误程序的进行进而增加债权人的负担。给予程序经济的考虑,"债权人不能单独地行使权利、决定诉讼活动,所以需要设立一个临时性机构,就破产事项协调意见,并决定采取何种诉讼行为"。这样既为全体债权人提供了参与破产程序的机会,又不至于妨碍破产程序的顺利进行。

二、债权人会议的法律地位

(一)债权人会议的性质

债权人会议是全体债权人参加破产程序并集体行使权利的决议机构。从性质上讲,债权人会议是债权人团体在破产程序中的意思发表机关。也就是说,债权人会议是要使全体债权人能够作为一个整体,就他们的权利行使和权利处分做出共同的意思表示,并且维护他们的共同利益而采取的必要的行动。债权人会议本质上是一个组织体。

债权人自治,是指全体债权人通过债权人会议,对破产程序进行中涉及债权人利益的各种重大事项做出决定,并监督破产财产管理和分配的一系列权利,以及保障这些权利实现的有关程序制度。

债权人自治原则是确定债权人会议地位的基本依据。根据这一原则,有关债权人权利行使和权利处分的一切事项,均应由债权人会议独立地做出决议。债权人在债权人会议上应享有充分的自由表达和自主表决的权利。债权人会议做出的关于债权确认、与债务人和解、破产财产变价和分配等重大事项的决议，是程序进行的重要依据。债权人会议还应享有监督破产财产管理和处分的权利。

同时，法院在破产程序中扮演着重要的角色，其履行职责的宗旨之一是维护债权人的合法权益，实现债务的公平清偿。在此过程中，法院要遵循债权人自治原则，在债权人之间存在不同利益要求的情况下，保持中立，只承担保障程序进行和最终裁判的职责。只有在法律授权的情况下，法院才能代替债权人会议，就债权人会议职权范围内的事项做出决定。

在破产案件中，人民法院居主导地位，对破产程序的进行负有全面责任，并直接领导管理人对破产财产的管理工作。人民法院承担这些职责的一个基本宗旨，就是维护债权人的合法权益和实现债务的公平清偿。遵循债权人自治原则，发挥债权人会议的作用，是人民法院正确履行职责的重要条件。另外，对于债权人之间存在的不同利益诉求，法院应当保持中立，依法秉公处理；维护程序公正，而不是充当债权人会议的领导者或者指挥者，从而将自己置于介入利益纷争或者债权人相对立的地位。

三、债权人会议的组成

（一）债权人会议成员

依法申报债权的债权人为债权人会议成员，有权参加债权人会议，享有表决权。这意味着债权人依法申报债权后，即成为债权人会议成员；凡是债权人会议成员，都享有出席会议的权利。

债权人会议成员分为有表决权的债权人和无表决权的债权人。

有表决权的债权人，是指有权出席债权人会议和发表意见，并有权对债权人会议决议事项投票表达个人意志的债权人。有表决权的债权人分为两种情况：一是对所有表决事项都有表决权的债权人，二是对部分表决事项都有表决权的债权人。

无表决权的债权人，是指有权出席债权人会议和发表意见，但没有权对债权人会议决议事项投票表达个人意志的债权人。主要包括：债权尚未确定，而人民法院未能为其行使表决权而临时确定债权额的；债权附有停止条件，其条件尚未成就的，或者债权附有期限，其期限尚未到来的；尚未代替债务人清偿债务的保证人或者其他连带债务人。

债权尚未确定的债权人，包括债权是否有效存在尚未确定的债权人、债权的数额尚未确定债权人、债权的担保尚未确定的债权人。对于债权尚未确定的债权人，如果法院能够临时为其确定债权额，该债权人可据此行使相应的表决权。当然，这些债权，应该是真实性、有效性没有争议，但债权数额、担保等尚有争议或疑义的债权。法院确定这些债权额时，宜采用合理和相对保守的标准。对于真实性、有效性有争议的债权，除非人民法院有充分证据认定异议不成立，一般不得为其参加表决临时确定债权额。如果，已经被认定或者有充分证据认定不能确定的债权，人民法院应当拒绝为其参加表决临时确定债权额。

如果债权人对于债务人的特定财产有担保权，该债权人又不放弃优先受偿权利，该债权人的相关利益可以通过行使优先受偿权利得到保障，故而排除了该债权人的对于部分决议的表决权。

债权人的表决权可以亲自行使，也可以委托代理人行使。代理人出席会议，应向人民法院或者债权人会议主席提交债权人的委托授权书。同时，依照民事诉讼法的相关规定，代理人行使债权人对通过和解协议、破产财产分配方案的表决权，还应当有债权人的特别授权。债权人也可以委托其他债权人作为自己的代理人。

职工代表和工会代表，对于关系职工利益的事项，例如涉及职工债权的清偿分配方案，涉及职工聘用、工资和生活保障等继续营业决议等，有权发表意见。

债权人会议成员在申报债权后有以下情形的，不得出席债权人会议：已经由担保财产优先受偿权并且获得足额清偿的；已经由债务人的保证人或者其他连带债务人获得足额清偿的；债权人的债权因为抵消、免除等原因而消灭；债权附有解除条件或者终止期限的，其解除期限已经成就，或者终止期限已经到来。

（二）债权人会议主席

债权人会议主席一人，由人民法院从有表决权的债权人中指定。债权人会议主席主持债权人会议。债权人会议主席主持债权人会议的具体工作包括：宣布会议开始，说明会议议程和注意事项；就有关程序事项提出表决动议并主持表决；领导会议各项议题的审议和表决进程，维护会议秩序；就会议决议事项宣布表决规则，主持表决进程，公布表决结果；决定休会；宣布会议闭幕；审阅会议记录。

（三）债权人会议的职权

债权人会议行使下列职权：

1. 核查债权

全体债权人依据《破产法》第58条规定，通过对债权表以及申报债权人提供的相关证明材料的查阅、对申报人的询问和相互间的辩论来核查债权的基本情况。

2. 申请人民法院更换管理人，审查管理人的费用和报酬

债权人会议认为管理人不能依法、公正履行职务或者由其他不能胜任职务的情形的，可以请求人民法院予以解任，另行指定。债权人会议对管理人的报酬有异议的，有权向人民法院提出。

3. 监督管理人

债权人会议对管理人的监督，主要表现为知情权和异议权。

4. 选任和更换债权人委员会委员

5. 决定继续或者停止债务人的营业

6. 通过重整计划

7. 通过和解协议

8. 通过债务人财产管理方案

9. 通过破产财产变价方案

10. 通过破产财产分配方案

11. 人民法院认为应当由债权人会议行使的其他职权

四、债权人会议的召集和召开

（一）债权人会议召集人

第一次债权人会议召集通知，以人民法院名义发出，以后的债权人会议召集以债权人会议主席名义发出。

（二）债权人会议召开

第一次债权人会议应当自债权申报期届满之日起 15 日内召开。第一次债权人会议结束后，可以通过以下两种情况下召开以后的债权人会议：① 人民法院认为必要时召开。② 管理人、债权人委员会或者占债权总额 1/4 以上的债权人向债权人会议主席提议时召开。召开债权人会议，管理人应当提前 15 日通知已知的债权人。

五、债权人会议的决议

（一）债权人会议的表决规则

债权人会议的决议，由出席会议的有表决权的债权人过半数通过，并且其所代表的债权额占无财产担保债权总额的二分之一以上。但是，法律另有规定的除外。

1. 债权人会议的表决规则

（1）人数标准与债权额标准的关系。债权人会议的表决通过，按照人数和债权额两个标准分解计算，即所谓"双重表决标准"。这种"双重表决标准"中的人数标准，赋予债权人中的多数人对表决结果的控制权，而债权标准保证占债权额多数的债权人表决结果的控制权。由此形成多数中小债权人与少数大债权人之间的相互制衡局面。这样有利于平衡不同债权人群体的利益诉求，实现破产程序的公平清偿的制度目标。

（2）出席会议的债权人和未出席会议的债权人的关系。关于人数标准与债权额标准的计算基数，破产法采用了兼顾出席会议的债权人和未出席会议的债权人。以出席会议的债权人为基数计算，可以使会议表决不受出席会议人数的制约而顺利召开和通过，有利于提高破产程序的效率。但是，由此产生的后果是未出席会议的债权人被忽视，甚至少数出席会议的债权人代表全体债权人意志的情况，这与破产法公平保护的目标存在一定的冲突。以未出席会议的债权人为基数计算，可能使会议因出席人数不够法定人数而召集无效，以至于拖延进度、增加程序成本的局面。实践中，小债权人对于自己的利益关心程度较低，而且由于出席会议的费用自理，常常许多小债权人不出席会议。如果因为他们不参加会议而导致重整计划不能顺利表决和通过，不利于提高破产程序的效率。由此，在人数标准的计算上，未出席会议的债权人可以忽略不计。而大债权人对于自己的利益关心程度高，主观上不存在出席会议的障碍，如果未能出席会议往往是因为召集人的疏忽和未能及时通知。以申报额作为债权额标准的计算基数，有利于保证大债权人出席，维护程序公正。

法律另有规定指下列情况：

重整计划的通过。出席会议的同一表决组的债权人过半数同意重整计划草案，并且其所代表的债权额占该组债权总额的三分之二以上的，即为该组通过重整计划草案。

和解协议的通过。债权人会议通过和解协议的决议，由出席会议的有表决权的债权人过半数同意重整计划草案，并且其所代表的债权额占无财产担保债权总额的三分之二以上。

（二）决议的撤销

债权人认为债权人会议的决议违反法律的规定，损害其利益的，可以自债权人会议做出决议之日起 15 日内，请求人民法院裁定撤销该决议，责令债权人会议依法重新做出决议。这里所说的"违反法律规定"包括的情况有:决议内容违法;决议程序违法;会议程序违法;其他违法事项,导致产生决议的程序不公,或者导致债权人合法权益受到损害。该撤销请求权期间是除斥期间,超过这一期限提出撤销请求的,法院不予受理。

对债权人提出的裁定请求,人民法院审理后,认为请求有理,应当裁定撤销该决议,并责令债权人会议依法重新做出决议。如果经审理认为并无违法情事,请求无理,应当裁定驳回要求。在审理中,法院除审查请求人的陈述和证据外,还可以进行开庭调查。

(三)决议的效力

债权人会议的决议,对于全体债权人均有约束力。

(四)表决未通过时的裁定

《破产法》规定:"本法第61条第1款第8项、第9项所列事项,经债权人会议表决未通过的,由人民法院裁定。本法第61条第1款第10项所列事项,经债权人会议第二次表决未通过的,由人民法院裁定。对于前两款的裁定,人民法院可以在债权人会议上宣布或者另行通知债权人。"

首先,对于"本法第61条第1款第8项、第9项所列事项",即债务人财产的管理方案和破产财产的变价方案,如债权人会议迟迟不能形成决议,可能造成债务人财产的贬值、管理费用增加甚至丧失变现时机,因此应由人民法院予以裁定。

其次,对于"本法第61条第1款第10项所列事项",即破产财产的分配方案,如债权人会议迟迟不能形成决议,将造成清算分配无法实施。清算分配是破产清算的必经程序,不允许在此问题上久拖不决,所以,经过两次表决能通过的,由人民法院裁定。

(五)不服裁定时的复议申请

《破产法》规定:"债权人对人民法院依照本法第65条第1款做出的裁定不服的,债权额占无财产担保债权总额的二分之一以上的债权人对人民法院依照本法第65条第2款做出的裁定不服的,可以自裁定宣布之日起或者收到通知之日起十五日内向该人民法院申请复议。复议期间不停止裁定的执行。"

任务四 和解和整顿

一、和解

(一)和解制度

和解是指法院受理了破产申请后,为了避免破产宣告或破产分配,由债务人提出和解申请及和解协议草案,债权人会议讨论通过并经人民法院许可的,解决债权人、债务人之间的债权债务问题的制度。

和解的特点:① 债务人已经具备破产原因。② 由债务人提出和解的要求。③ 和解请求以避免破产清算为目的。④ 和解协议采用让步方法了结债务。⑤ 债务人与债权人团体之间达成协议。⑥ 和解程序受法定机关的监督。

我国和解制度的特点。我国现行的和解制度,有以下特点:① 和解申请的主体单一,即只能由债务人提出。② 适用和解的条件较为单纯,即具备破产原因。③ 和解制度的结构简单,即仅规定和解协议的成立、生效和履行。④ 和解协议的内容单纯,即仅涉及债权债务关系。⑤ 参加和解协议的债权人单一,即仅为无财产担保的债权人。⑥ 和解协议未获债权人会议通过时,法院不加干涉。⑦ 和解协议一经法院许可,破产程序即告终结。

(二)和解申请

1. 和解申请人

和解可以视为一个合同订立过程,其中,债务人提出和解协议草案为要约,债权人会议通过该草案为承诺。在通常情况下,债权人不了解债务人经营情况和财务状况,并且处于分散状态,难以充当要约方。提出和解的申请人必须是已经具备破产原因的债务人。实践中,债权人希望和解的,可以与债务人协商,由债务人提出和解申请。

2. 和解申请的分类

根据和解申请提出时,法院是否已经受理针对债务人的破产申请,可将和解申请分为初始和解申请和后续和解申请。初始和解申请,是指债务人在申请人民法院受理破产案件时提出破产申请。此种申请被审理的,破产案件在启动的同时进入和解程序。后续和解申请,指债权人或债务人提出的破产申请被人民法院受理后,人民法院宣告债务人破产前,债务人向人民法院提出的和解申请。此种申请经法院审查受理后,产生阻却破产宣告,破产案件转入和解程序的效果。

3. 申请文件的提交

首先,申请和解的债务人应当遵守有关破产申请的一般规定,向法院提交相关的文件。和解申请为初始申请的,应该按照《破产法》第8条的规定提交相关的文件。如果是后续申请,也必须按照人民法院的规定提交和解申请书。

其次,债务人在申请和解时必须提交和解协议草案。该草案在理论上属于债务人向债权人集体提出的和解要约,因而是和解开始的必要条件。根据司法解释,和解草案应具备如下内容:清产债务的财产来源;清产债务的办法,和解协议通常要规定某些以债权人让步为条件的债务清偿办法;清偿债务的期限,这不仅包括清偿的最后期限,而且包括在分期清偿情况下各阶段的偿债时间和偿债数额。

4. 裁定和解和担保物权的行使

《破产法》规定:"人民法院经审查认为和解申请符合本法规定的,应当裁定和解,予以公告,并召集债务人会议讨论和解协议草案。对债务人的特定财产享有担保权的权利人,自人民法院裁定和解之日起可以行使权利。"

(三)和解协议的成立和生效

1. 和解协议的成立

《破产法》规定:"债权人会议通过和解协议的决议,由出席会议的有表决权的债权人过半数同意,并且其所代表的债权额占无财产担保债权总额的三分之二以上。"

2. 和解协议的生效

《破产法》规定:"债权人会议通过和解协议的,由人民法院裁定认可,终止和解程序,并予以公告。管理人应当向债务人移交财产和营业事务,并向人民法院提交执行职务的报告。"法院适用《破产法》,应于裁定认可和解协议后结案,而无须考虑和解协议何时执行完毕的问题。

（四）和解协议未成立和未生效

《破产法》规定："和解协议草案经债权人会议表决未获得通过，或者已经债权人会议通过的和解协议未获得由人民法院认可的，人民法院裁定终止和解程序，并宣告债务人破产。"和解协议需经过债权人会议通过为成立，经人民法院裁定认可方为生效。和解协议没有获得债权人会议表决通过，即为和解协议未成立。和解协议获得债权人会议表决通过后，没有获得法院认可，则为已经成立的和解协议未生效。

（五）和解协议的法律效果

和解协议一旦生效，发生以下效果：

1. 破产程序中止

2. 和解协议对债务人有约束力

和解协议对债务人的约束力主要表现为：必须严格履行和解协议的偿债条款，不得拒绝履行或迟延履行，不得实施任何有损债权人清偿利益的欺诈性财产处分行为，不得超出和解协议的规定范围对个别债权人实施有损其他债权人利益的额外清偿。

3. 和解协议对和解债权人有约束力

和解债权人是指人民法院受理破产申请时对债务人享有无财产担保债权的人。和解协议对和解债权人的约束力主要表现为：不得超出和解协议的规定数额、时间和方式对债务人进行追索；不得超出和解协议的规定范围向债务人获得有损其他债权人利益的额外清偿。

（六）和解的终结

1. 债务人不能执行和解协议

这属于客观的执行不能，即债务人本身缺乏执行和解协议的能力。

2. 债务人不执行和解协议

这属于主观的执行不能，即债务人拒不执行或者拖延执行。

（七）法庭外和解

《破产法》规定："人民法院受破产申请后，债务人与全体债权人就债权债务的处理自行达成协议的，可以请求人民法院裁定认可，并终结破产程序。"

二、重整

（一）重整概述

重整是指在企业无力偿债的情况下，依照法律规定的程序，保护企业继续营业，实现债务调整和企业整理，使其摆脱困境，走向复兴的再建性债务清理制度。

1. 重整和破产清算的关系

建立重整制度和强调企业再建，并不意味着对破产清算制度的否定。首先，在破产企业中，有一部分是无可拯救的。对于这些企业，如果适用重整程序，只能导致资源浪费和债权人受到损失。破产法律考虑到这种可能，并设立了随时由重整程序转为破产清算程序的规则。其次，破产清算是一种优胜劣汰机制。重整制度的目标只是拯救值得拯救和能够拯救的企业，而不是盲目阻止破产清算的发生和不加区别地保护没有生命力的企业。再次,破产清算制度对重整制度有一种支持的作用。

2. 重整和和解的关系

重整比较复杂,有较多的法律干预,是一种力度较大但费用较高的企业拯救制度,适合规模较大、困境较严重的企业。和解充分尊重当事人意思自治,具有简便灵活的特点,适合规模较小、拯救难度较低的企业。但是二者不存在相互转换的必要。启动和解后,不能转为重整;同样,启动和解后,不能转为重整。

（二）重整的开始

1. 重整申请

（1）重整申请的分类。重整申请是破产申请的一种,是重整利害关系人启动重整程序的法定方式,法院审理重整申请、做出针对债务人的重整裁定后,债务人进入重整程序。根据重整申请提出的时间,可以将重整申请分为初始申请和后续申请。初始重整申请是在人民法院受理破产申请以前提出的对债务人适用重整程序的最初申请,后续重整申请是在人民法院已经受理对债务人适用清算程序的申请后、破产宣告前提出的重整申请。在后续申请的情况下,如果人民法院裁定受理重整申请,则已经启动的破产程序转入重整程序。

（2）初始重整申请。初始重整申请的申请权人仅为债权人和债务人。债权人和债务人都能以债务人不能清偿到期债务为由提出初始重整申请;能够以债务人"有明显丧失清偿能力可能"为由提出初始重整申请的,只能是债务人自己。债权人和债务人可以直接向法院申请重整,申请时提交破产申请书和有关证据。在实践中,可能出现债权人和债务人或者几个不同的债权人在人民法院受理破产申请前分别提出适用重整程序和适用破产清算程序、和解程序的破产申请的情形。这种情况下,人民法院应当优先受理重整申请。

（3）后续重整申请。后续重整申请是在人民法院已经受理债权人提出的对债务人适用破产清算程序的申请、但尚未宣告债务人破产的情况下,赋予债务人一方申请转为重整程序以展开企业拯救的最后机会。适用后续重整申请的条件是:人民法院已经受理破产申请;人民法院已经受理的是债权人提出的破产申请;人民法院已经受理的是债权人提出的破产申请,是以适用破产清算程序为内容;人民法院尚未对债务人做出宣告债务人破产的裁定。因此,有以下情况之一,不适用后续重整申请:人民法院尚未受理破产申请;人民法院已经受理债务人提出的破产清算申请或者和解申请;人民法院已经受理债权人提出的重整申请;人民法院已经对债务人做出宣告债务人破产的裁定。

后续重整申请的申请权人为债务人或者出资额占债务人注册资本1/10以上的出资人。后续重整申请经过人民法院审查后受理的,法院依照《破产法》第71条规定裁定债务人重整,债务人由破产清算程序转入重整程序。

2. 受理

《破产法》规定:"人民法院经审查认为重整申请符合本法规定,应当裁定债务人重整,并予以公告。"

（三）重整期间的营业

1. 重整期间的意义

重整期间是重整程序开始后的一个法定期间,它在美国被称为"冻结期间",在澳大利亚被称为"延缓偿付期间",在法国被称为"观察期间",其目的在于防止债权人在重整管理期间对债务人及其财产采取诉讼或其他程序行动,维持债务人的继续营业,以便保护企业的营运价值和指定重整计划。确定重整期间的法律意义在于确定法律为重整设定的有关营业保护的规定的效力时间。我国《破产法》规定:"自人民法院裁定债务人重整之日起至重整程序终止,为重整期间。"

2. 自动停止

自动停止,又称"中止""冻结""延缓"或"暂停",指在法院受理破产申请后,为进行债权人之间的公平清偿,禁止债权人的个别追讨行为,所有对债务人的诉讼或非诉讼的个别追债行为都必须无条件止息,在重整程序中,除禁止普通债权人的个别追债行为外,为维持债务人营业、保存债务人财产,还将冻结范围扩大至担保物权的行使上,即重整期间,有财产担保的债权人暂停行使在债务人财产上享有的担保物权。

3. 重整期间的管理人

我国《破产法》对于继续营业机构,采用了"管理人监督下的债务人自行管理"。此规定对于企业经营者给予较为高度的信任,有利于提高拯救的效率;但鉴于债务人道德风险的存在,有必要由管理人加以监督。为了加强管理人在业务营运方面的权利,管理人有一定的人事控制权。

4. 重整期间的营业保护

现代破产法以企业再建为立法重心。再建主义以拯救企业为宗旨,自然要设法维持企业的继续营业。重整程序开始后,债务人企业继续营业保护,主要应解决以下两个问题。

(1) 继续营业的机构。我国《破产法》规定了两种方案。第一,经债务人申请,人民法院批准,债务人可以在管理人的监督下自行管理财产和营业事务,此时的继续营业的机构就是企业管理层。第二,如果不采用第一方案,管理人可以聘任债务人的经营管理人员负责营业事务,此时,继续营业的机构就是管理人。

(2) 继续营业机构的权利。继续营业机构的权利包括一般管理职权和与继续营业相关的特别权利。一般管理职权具体包括:决定债务人的内部事务;决定债务人的日常开支和其他必要开支;在第一次债权人会议召开之前,决定继续或者停止债务人的营业;管理和处分债务人的财产;提议召开债权人会议;人民法院认为管理人应当履行的其他职责。与继续营业相关的特别权利:在重整期间,营业机构有权为新借款设定担保,有权决定待履行合同的继续履行或解除,也有权通过清偿或替代担保取回质押物。

5. 继续营业的限制

继续营业可能损及债权人的清偿利益。因此,法律要企业拯救与债权人保护之间有个平衡点。我国《破产法》规定,担保物有损坏或者价值明显减少的可能,足以危害担保权利人权利的,担保权利人可以向人民法院请求恢复行使担保权。在重整期间,债务人的出资人不得请求投资收益分配。在重整期间,债务人的董事、监事、高级管理人员不得向第三人转让其持有的债务人的股权。

6. 重整期间的终止

重整期间的终止有以下四种:重整失败;超过时限;计划被批准;计划未被批准。

（四）重整计划制定和通过

1. 重整计划

重整计划是债务人、债权人和其他利害关系人在协商基础上就债务清偿和企业拯救做出的安排。

2. 重整计划的制备

重整计划的制备有一定时间限制。我国《破产法》规定："债务人或者管理人应当自人民法院裁定债务人重整之日起六个月内，同时向人民法院和债权人会议提交重整计划草案。前款规定的期限届满，经债务人或者管理人请求，有正当理由的，人民法院可以裁定延期三个月。"

关于重整计划的内容，法律规定应当包括以下内容：债务人的经营方案；债权分类；债权调整方案；债权受偿方案；重整计划的执行期限；重整计划执行的监督期限；有利于债务人重整的其他方案。

3. 重整计划的通过和批准

债务人或管理人应当在人民法院指定的期间内向法院提交重整计划草案。人民法院应当自收到重整计划草案之日起30日内召开债权人会议，对重整计划草案进行表决。

债务人或管理人应当向债权人会议就重整计划草案做出说明，并回答询问。

债权人会议应当依照规定的债权分类分成不同的表决组，对重整计划进行分组表决。出席会议的同一表决组的债权人过半数同意重整计划草案，并且其所代表的债权额占该组债权总额的三分之二以上的，即为改组通过重整计划草案。各组均通过的，重整计划通过。

如果重整计划未获通过，法律规定：再表决和强行批准。我国《破产法》第87条规定："部分表决组未通过重整计划草案的，债务人或者管理人可以同未通过重整计划草案的表决组协商。该表决组可以在协商后再表决一次。双方协商的结果不得损害其他表决组的利益。未通过重整计划草案的表决组拒绝再次表决或者再次表决仍未通过重整计划草案，但重整计划草案符合下列条件的，债务人或者管理人可以申请人民法院批准重整计划草案：① 按照重整计划草案，本法第82条第1款第一项所列债权就该特定财产将获得全额清偿，其因延期清偿所受的损失将得到公平补偿，并且其担保权未受到实质性损害，或者该表决组已经通过重整计划草案；② 按照重整计划草案，本法第82条第1款第二项、第三项所列债权将获得全额清偿，或者相应表决组已经通过重整计划草案；③ 按照重整计划草案，普通债权所获得的清偿比例，不低于其在重整计划草案被提请批准时依照破产清算程序所能获得的清偿比例，或者该表决组已经通过重整计划草案；④ 重整计划草案对出资人权益的调整公平、公正，或者出资人组已经通过重整计划草案；⑤ 重整计划草案公平对待同一表决组的成员，并且所规定的债权清偿顺序不违反本法第113条的规定；⑥ 债务人的经营方案具有可行性。人民法院经审查认为重整计划草案符合前款规定的，应当自收到申请之日起三十日内裁定批准，终止重整程序，并予以公告。"

重整计划通过以后，管理人或债务人应当向人民法院提出批准重整计划的申请。如果人民法院认为符合《破产法》的规定，应当裁定批准重整计划。

法院在做出批准重整计划的裁定以前，应当开庭审理，听取管理人、有关当事人意见。

如果法院经审理认为重整计划不符合《破产法》的规定，应当裁定终止重整程序，并宣告债务人破产，由此进入破产清算程序。

（五）重整计划的执行

1. 重整计划的约束力

生效的重整计划对债务人和全体债权人均有约束力。经人民法院裁定批准的重整计划，对债务人和全体债权人均有约束力。债权人未依照《破产法》规定申报债权的，在重整计划执行期间不得行使权利；在重整计划执行完毕后，可以按照重整计划规定的同类债权的清偿条件行使权利。

债权人对债务人的保证人和其他连带债务人所享有的权利，不受重整计划的影响。

2. 重整计划的执行

重整计划由债务人负责执行。人民法院裁定批准重整计划后，已接管财产和营业事务的管理人应当向管理人移交财产和营业事务。

3. 对执行的监督

自人民法院裁定批准重整计划之日起，在重整计划规定的监督期内，由管理人监督重整计划的执行。在监督期内，债务人应当向管理人报告重整计划执行情况和债务人财务状况。

4. 执行完毕

监督期届满时，管理人应当向人民法院提交监督报告。自监督报告提交之日起，管理人的监督职责终止。

管理人向人民法院提交的监督报告，重整计划的利害关系人有权查阅。

经管理人申请，人民法院可以裁定延长重整计划执行的监督期限。

（六）重整计划的终止

（1）重整计划因执行障碍而终止。

（2）重整计划因执行完毕而终止。

任务五　破产宣告和破产清算

一、破产宣告

（一）破产宣告的概念

破产宣告，是法院对债务人具备破产原因的事实做出有法律效力的认定。破产宣告标志着破产案件进入清算程序。

（二）破产宣告的裁定

破产宣告的裁定，是法院对债务人具备破产原因的事实做出认定的法定方式。该裁定书应当自裁定做出之日起 5 日内送达债务人和管理人，自裁定做出之日起 10 日内通知已知债权人，并予以公告。

（三）破产宣告的效果

1. 对破产案件的效果

破产宣告对于破产案件的效果，就是破产案件转入破产清算程序。

2. 对债务人的效果

破产宣告对债务人产生身份上、财产上的一系列法律后果。具体说，主要由以下几项：

（1）债务人成为破产人。

（2）债务人财产成为破产财产。

（3）债务人丧失对财产和事务的管理权。

3. 对债权人的效果

（1）有财产担保的债权人即别除权人可以由担保物获得清偿。

（2）无财产担保的债权人依破产分配方案获得清偿。

二、取回权

（一）取回权概述

1. 取回权概念

取回权，是指对不属于破产人的财产，财产权利人可以不依照破产程序，依法通过破产管理人取回该财产的权利。取回权是为了解决破产管理人占有管理的现实财产，同可供分配的破产财产之间的不一致而设立的权利制度。

2. 取回权的法律特征

（1）取回权的标的物不属于破产人所有，但为破产人占有。这是取回权存在的客观前提。

（2）取回权据以存在的基础权利，必须在破产宣告前已经存在。取回权是破产程序中的特殊的返还请求权，取回权人得以主张的基础权利是对于财产的所有权和其他物权，这些权利必须是在破产人被宣告破产前已经存在。

（3）取回权的行使不依据破产程序。

3. 取回权的种类

取回权按照成立根据的不同，可分为一般取回权和特别取回权。一般取回权，也称典型取回权，是指依据民法中物的返还请求权，当破产人实际占有取回权人的财产时，取回权人可从破产管理人处取回该财产的权利。特别取回权，也称特殊取回权或特种取回权，是指依据《破产法》或者《商事法》的专门规定，对破产人曾经占有或者即将占有的取回权人的财产，取回权人可依法从破产管理人占有管理的财产中，取回其财产的权利。它具体包括代偿取回权、出卖人取回权、行纪人取回权。

（二）取回权的行使

（1）取回权行使的时间

破产宣告后，破产程序终结前，取回权人需随时向破产管理人请求取回财产。

（2）取回权行使的条件

根据取回权类别的不同，取回权行使条件不尽相同。下面简单说一下一般取回权的行使条件和出卖人取回权的行使条件。一般取回权的行使条件：取回权的标的物，须现实存在，并且为破产人或者破产管理人占有；取回权的基础权利应该具有完全对抗力。出卖人取回权的行使条件：买受人受破产宣告前，出卖人已经将出卖标的物发送而买受人尚未收到；买受人受破产宣告时，买受人或者破产管理人尚未付清全部价款；出卖人解除合同；一般为异地买卖。

(3) 行使的方式

取回权不依破产程序而在破产程序之外行使。

三、别除权

(一) 别除权概述

1. 别除权概念

别除权, 是大陆法系《破产法》上的概念, 指债权人不依照破产程序, 而由破产财产中的特定财产单独优先受偿的权利。

2. 别除权的法律特征

(1) 别除权以担保权为基础权利。别除权不是破产法创设的实体权利, 而是破产法给予某些既成的实体权利的特殊待遇。

(2) 别除权以实现债权为目的。

(3) 别除权以破产人的特定财产为标的物。

(4) 别除权的行使不参加集体清偿程序。

(5) 别除权标的物不计入破产财产。

(二) 别除权的行使

(1) 别除权行使的时间。自破产宣告裁定做出之日起, 别除权人可以行使别除权。

(2) 别除权行使的条件。第一, 债权和担保权须合法成立和生效。第二, 债权和担保权须符合破产法的规定。第三, 债权和担保权须已经依法申报并获得确认。

(3) 行使的方法。行使别除权的方法, 不受破产程序的约束。

四、破产债权

(一) 破产债权概述

1. 破产债权概念

破产债权, 是指破产程序开始前成立的、对破产人享有的、必须通过破产清算程序受偿的财产请求权。

2. 破产债权的法律特征

(1) 破产债权基于破产程序开始前成立的原因成立。

(2) 破产债权是对人的请求权。

(3) 破产债权是具有财产给付内容的请求权。

(4) 破产债权必须是能够强制执行的债权。

(5) 破产债权必须是依法申报和确认, 并通过破产清算程序按比例受偿。

(二) 破产债权的范围

破产债权一般包括以下几种:

(1) 进入破产程序之前成立的无财产担保的债权。

(2) 有财产担保而未能受优先受偿的债权。

(3) 附条件的债权。

(4) 附期限的债权。
(5) 债权人对破产的连带债务人的债权。

五、破产抵销权

(一) 破产抵消权概述

1. 破产抵消权概念

破产抵消权,是指在破产宣告时,与破产人互负债务的债权人享有的不依照破产程序,而以其对破产人的债权抵消其对破产人所负的债务的权利。

2. 破产抵消权的法律特征

(1) 破产抵消权的行使主体只能是破产债权人。
(2) 破产抵消权不受债务种类和履行期限的限制。
(3) 破产债权人主张抵消的债务,只能成立于破产宣告前。

3. 破产抵消权的适用范围

(1) 破产债权和破产人债权的抵销。
(2) 破产费用及共益债权与破产人债权的抵销。

(二) 破产抵消权的行使

1. 破产抵消权行使的方式

第一,破产人债权应在破产财产最终分配前行使破产抵消权。第二,破产债权人依法申报债权,并向破产管理人提出行使破产抵消权的请求。第三,破产管理人承认破产债权。

2. 破产抵消权行使的法律效力

破产抵消权一经行使,就产生在相同数额内,破产债权人和破产人的债权归于消灭的法律效力,但超出破产抵消权额以外的债权依然存在。因此,破产债权人行使破产抵消权后,其超出破产抵消权范围外的债权,仍然为破产债权,依照破产程序按比例清偿;破产人超出破产抵消权范围外的债权,仍然为破产财产,破产管理人应该收回。

六、破产财产的变价

(一) 破产财产变价概述

1. 破产财产变价概念

破产财产变价,简称破产变价,是指管理人将非货币的破产财产,通过合法方式加以出让,使之转化为货币形态,以便于清算分配的过程。

2. 破产财产变价的估价

3. 破产财产变价方案

我国《破产法》规定:"管理人应当及时拟订破产财产变价方案,提交债权人会议讨论。管理人应当按照债权人会议通过的或者人民法院依照本法第 65 条第 1 款规定裁定的破产财产变价方案,适时变价出售破产财产。"

(二) 破产财产的变价方式

我国《破产法》规定:"变价出售破产财产应当通过拍卖进行。但是,债权人会议另有决议的除外。破产企业可以全部或者部分变价出售。企业变价出售时,可以将其中的无形资产和其他财产单独变价出售。按照国家规定不能拍卖或者限制转让的财产,应当按照国家规定的方式处理。"

七、破产财产的分配

(一)破产分配概述

1. 破产分配概念

破产分配,又称破产财产的分配,是指破产管理人将变价后的破产财产,根据符合法定顺序并经合法程序确定的分配方案,对全体破产债权人进行公平受偿的程序。

2. 破产分配的法律特征

(1)破产分配的实施者为破产管理人。
(2)破产分配的受偿对象是破产债权人。
(3)破产分配以现存的可供分配的破产财产为限。
(4)破产分配应该依照法定的清偿顺序和程序进行。

(二)破产分配的程序

1. 制定破产分配方案

按照我国《破产法》规定,破产分配方案应当包括以下内容:

(1)参加破产财产分配的债权人名称或者姓名、住所。
(2)参加破产财产分配的债权额。
(3)可供分配的破产财产数额。
(4)破产财产分配的顺序、比例及数额。我国《破产法》规定:"破产财产在优先清偿破产费用和共益债务后,依照下列顺序清偿:① 破产人所欠职工的工资和医疗、伤残补助、抚恤费用,所欠的应当划入职工个人账户的基本养老保险、基本医疗保险费用,以及法律、行政法规规定应当支付给职工的补偿金;② 破产人欠缴的除前项规定以外的社会保险费用和破产人所欠税款;③ 普通破产债权。破产财产不足以清偿同一顺序的清偿要求的,按照比例分配。破产企业的董事、监事和高级管理人员的工资按照该企业职工的平均工资计算。"
(5)实施破产财产分配的方法。

此外,根据司法解释,破产分配方案还应包括以下内容:可供破产分配的财产种类、总值,已经变现的财产和未变现的财产;债权清偿顺序、各顺序的种类与数额,包括破产企业所欠职工工资、劳动保险费用和破产企业所欠税款的数额和计算依据,纳入国家计划调整的企业破产,还应当说明职工安置费的数额和计算依据;破产债权总额和清偿比例;破产分配的方式、时间;对将来能够追回的财产拟进行追加分配的说明。

2. 通过破产分配方案

我国《破产法》第64条规定,债权人会议的决议由出席会议的有表决权的债权人过半数通过,并且其所代表的债权额占无财产担保债权总额的1/2以上。我国《破产法》第59条第3款还规定,别除权人未放弃优先受偿权利的,对破产方案无表决权。经债权人会议通过的破产分配方案,对全体债权人均有约束力。

3. 裁定认可破产财产分配方案

债权人会议通过破产财产分配方案后,由管理人将该方案提请人民法院裁定认可。

4. 执行破产财产分配方案

八、追加分配

(一) 追加分配概述

1. 追加分配概念

追加分配,是指在破产分配完成,破产程序终结以后,对于新发现的属于破产人而可用于破产分配的财产,由法院按照破产程序的有关规则对尚未获得满足的破产请求权进行清偿的补充性程序。这里指的"破产程序终结",是基于我国《破产法》第43条第4款或者第120条规定的事由即债务人财产不足以清偿破产费用、破产人无财产可供分配或者破产财产分配完毕的情形,人民法院裁定的破产程序终结。

2. 追加分配的法律特征

(1) 用于追加分配的财产,是破产程序终结后新发现的财产。
(2) 追加分配受法定除斥期间的限制。
(3) 追加分配由法院负责实施。
(4) 追加分配的方案应符合破产清算的有关规定。

3. 追加分配的财产范围

根据我国《破产法》第123条第1款规定,用于追加分配的财产,主要包括:依据我国《破产法》第31条、第32条、第33条、第36规定追回的财产;破产程序终结后收回的属于破产人的其他财产。

4. 追加分配的除斥期间

追加分配的除斥期间为2年。

5. 分配财产

法院应当通知有权参加分配的债权人,并对追加分配的时间、地点、金额等进行公告。未收到通知的债权人,如果认为自己有权参加分配的,可向法院提出请求。追加分配还应遵守法定的清偿顺序和清偿比例。

九、破产程序的终结

(一) 破产程序终结概述

1. 破产程序终结的事由

破产程序终结,是指破产程序不可逆转地归于结束。破产程序终结,可能意味着破产程序预期目标实现,也可能意味着破产程序预期目标未能实现。

根据我国现行破产法规定或条文本意,破产程序终结的事由有:
① 重整计划执行完毕;② 人民法院裁定认可和解协议;③ 债务人有不予宣告破产的法定事由;④ 债务人财产不足以清偿破产费用;⑤ 破产人无财产可供分配;⑥ 破产财产分配完毕。

2. 破产程序终结的种类

以上六种事由中，前三种发生于破产宣告前，第四种可以发生在破产程序期间的任何时候，最后两种发生在破产宣告后即破产清算程序中。其中，依前三种事由终结破产程序的，除和解协议规定企业自愿解散的个别案件外，债务人的法律人格不消灭，因而无须办理企业注销登记。依后三种事由终结破产程序的，债务人的法律人格消灭，因而必须办理企业注销登记。破产程序终结分两类：维持债务人法律人格的破产程序终结和消灭债务人法律人格的破产程序终结。

（二）消灭债务人法律人格的破产程序终结

有上述后三种事由即债务人财产不足以清偿破产费用、破产人无财产可供分配或者破产财产分配完毕的，管理人有义务提请人民法院裁定终结破产程序。人民法院应当自收到管理人终结破产程序的请求之日起 15 日内做出是否终结破产程序的裁定。如果管理人不履行或者不能履行提请终结的义务，人民法院可以依职权裁定终结。终结破产程序的裁定，应当予以公告。

破产宣告时的终结，通常由人民法院依职权裁定。人民法院在破产宣告时已经发现破产财产不足清偿破产费用的，应当同时裁定破产宣告和终结破产程序。这种情况称为"同时终结"。同时终结也可以由债务人提请人民法院裁定。

（三）破产清算程序终结

（1）破产人无财产可供分配。
（2）破产财产分配完毕。

（四）破产程序终结的裁定

（五）破产程序终结的法律效果

（1）债务人的有关人员在破产程序中承担的各种义务终止。
（2）诉讼或者仲裁未决债权之提存分配额的存续期间开始起算。
（3）管理人办理注销登记的期间开始起算。
（4）法院追加分配财产的期间开始起算。
（5）破产人董事、监事和高级管理人员资格限制期间开始起算。

任务六　破产救济和破产责任

一、破产救济

（一）破产救济的概念

"破产救济"，首先是作为特殊案件适用的一种救济方法，当然破产救济还是一个程序问题，也是一个制度问题。作为救济方法，破产救济是指债务人不能清偿到期债务时，债权人的债权受到不能清偿之侵害，债权人为保护其债权利益，选择向法院申请变卖破产者的破产财团或请求破产预防、破产重整以获得再生偿债的方法。或债务人在不能清偿到期债务时，自愿向法院申请破产保护令以获重生；以及债务人陷入无法挽救困境，在面临承担责任的问题上，债务人请求破产清算还债，以获取清偿剩余债务的免除之方法。或债务人在不能清偿到期债务，并存在权利冲突时，为了策动权利冲突的协调，特别是为了公众权利或公共利益，有关利益代表向法院申请债务破产清算或请求破产预防之方法。另外，在破产救济之程序实施中，相关当事人的权益受到侵害或冲突时，可以获取权益保护之途径。

简而言之，破产救济，即债务人存在不能清偿到期债务的状态，有关利益代表向法院申请债务人破产清算或请求破产预防之方法，及破产程序中有关利益代表的利益之救济途径。破产救济为司法救济的一类，是权利救济与权利冲突协调的一种方法、途径。本质上也是一种债权人、债务人及其他关系人获得救济的权利，如别除权，抵押权受到破产程序之影响，而在破产程序上赋予其救济即抵押权人可以行使别除权。

破产救济作为程序问题是指在行使破产救济方法时应遵循的法律程序，主要包括法院外破产救济程序、破产救济司法程序。破产救济作为制度问题是指破产救济在实体上和程序上的法律规范，主要包括破产法律制度、破产职工救济法律制度、破产法院组织制度及破产行政管理制度等，而核心内容是破产法律制度。

（二）破产救济的综合法律性质

首先，从救济方法来讲，破产程序首先体现为一种司法程序，因此，作为一种司法救济方法为主要方面；当然，以纠纷解决的视角来看，即纠纷解决的过程类型为两条基轴：一是合意性——决定性，并分为根据合意的纠纷解决和根据决定的纠纷解决；二是状况性——规范性，并分为状况性纠纷解决和规范性纠纷解决。

破产救济之纠纷处理过程，同样存在破产和解、破产重整等兼具合意性、决定性、状况性、规范性之特征。因此，上述破产救济也并存私力救济形式。但该私力救济形式应区别于罗马法之债权人自力救济主义；而是在法院干涉或监督之下，由债权人或法院选任的破产管理人进行的破产程序。另外，破产预防中有些国家或地区还规定有商业和解，商业和解还借助商会参与力量，具有公助救济方法的形式特征。

其次，从破产救济程序方面来讲，破产救济程序是一种综合法律程序。针对破产申请是否受理与是否宣告破产的裁定可以上诉，表现为诉讼程序；但是，针对债权确认及财产分配、特别是债务人债权的追收，表现为执行程序；而商业和解又表现为非诉讼程序；管理人的问题，大多国家或地区又由行政机关来负责，表现为行政行为按行政程序处理；破产救济中的社会保障问题也与诉讼程序无关，通过社会保障程序解决。正如美国学者李维森耳在其著作中指出：“要给破产下一个适合于所有审判制度的定义是难乎其难的，因为不同的民族，不同的历史时期，有不同的法律制度体系。"破产定义难乎其难，破产救济之性质就更是这样。

二、破产责任

（一）破产责任的概念

破产责任，也叫破产法律责任，是指为了维护破产法律秩序，遏制破产违法行为而由法律设立的对相关责任人员的制裁机制。

（二）企业管理层的破产责任

我国《破产法》规定："企业董事、监事或者高级管理人员违反忠实义务、勤勉义务，致使所在企业破产的，依法承担民事责任。有前款规定情形的人员，自破产程序终结之日起三年内不得担任任何企业的董事、监事、高级管理人员。"

1. 忠实、勤勉义务

（1）义务主体，是企业的董事、监事和高级管理人员。

（2）义务内容，是指忠实和勤勉义务。

2. 违反忠实、勤勉义务的法律责任

（1）归责原则。确定违反忠实、勤勉义务的法律责任，应当依据过错责任原则。

（2）责任形式。赔偿责任和资格限制。有前款规定的行为，构成犯罪的，依法追究刑事责任。

（三）违反信息披露义务的法律责任

我国《破产法》规定："有义务列席债权人会议的债务人的有关人员，经人民法院传唤，无正当理由拒不列席债权人会议的，人民法院可以拘传，并依法处以罚款。债务人的有关人员违反本法规定，拒不陈述、回答，或者作虚假陈述、回答的，人民法院可以依法处以罚款。"

债务人对债权人的信息披露义务包括：一是列席债权人会议，二是在债权人会议上如实回答询问。违反信息披露义务的法律责任包括违反列席义务的法律责任和违反说明义务的法律责任。

1. 违反列席义务的法律责任

构成此项责任，需要具备以下条件：① 须为有义务列席债权人会议的债务人有关人员。② 须为拒不列席债权人会议。③ 须为无正当理由拒不列席债权人会议。④ 须为经法院传唤后仍然拒不列席债权人会议。

人民法院可以拘传，并依法处以罚款。有前款规定的行为，构成犯罪的，依法追究刑事责任。

2. 违反说明义务的法律责任

构成此项责任，需要具备以下条件：① 须为负有说明义务的债务人有关人员。② 须为拒不列席债权人会议。③ 须为拒不陈述、回答，或者作虚假陈述、回答的方式违反说明义务。

根据《民事诉讼法》规定，对个人的罚款金额，为人民币1 000元以下；对单位的罚款金额，为人民币1 000元以上3万元以下。有前款规定的行为，构成犯罪的，依法追究刑事责任。

（四）违反提交、移交义务的法律责任

我国《破产法》规定："债务人违反本法规定，拒不向人民法院提交或者提交不真实的财产状况说明、债务清册、债权清册、有关财务会计报告以及职工工资的支付情况和社会保险费用的缴纳情况的，人民法院可以对直接责任人员依法处以罚款。债务人违反本法规定，拒不向管理人移交财产、印章和账簿、文书等资料的，或者伪造、销毁有关财产证据材料而使财产状况不明的，人民法院可以对直接责任人员依法处以罚款。"

（1）违反提交的法律责任。有义务列席债权人会议的债务人的有关人员，经人民法院传唤，无正当理由拒不列席债权人会议的，人民法院可以拘传，并依法处以罚款。债务人的有

关人员违反本法规定，拒不陈述、回答，或者作虚假陈述、回答的，人民法院可以依法处以罚款。有前款规定的行为，构成犯罪的，依法追究刑事责任。

（2）违反提交、移交义务的法律责任。债务人违反本法规定，拒不向管理人移交财产、印章和账簿、文书等资料的，或者伪造、销毁有关财产证据材料而使财产状况不明的，人民法院可以对直接责任人员依法处以罚款。有前款规定的行为，构成犯罪的，依法追究刑事责任。

（五）欺诈破产行为的法律责任

我国《破产法》规定："债务人有本法第31条、第32条、第33条规定的行为，损害债权人利益的，债务人的法定代表人和其他直接责任人员依法承担赔偿责任。"

1. 责任主体

债务人的法定代表人和其他责任人员。

2. 违法行为

我国《破产法》第31条、第33条规定的欺诈破产行为和我国《破产法》第32条规定的个别清偿行为。

3. 责任

实施本条规定的违法行为，造成债务人财产减少，应当依法承担民事赔偿责任。有前款规定的行为，构成犯罪的，依法追究刑事责任。

（六）擅离住所地的法律责任

我国《破产法》规定："债务人的有关人员违反本法规定，擅自离开住所地的，人民法院可以予以训诫、拘留，可以依法并处罚款。"

1. 责任主体和违法行为

责任主体，是我国《破产法》规定的企业法定代表人以及依据人民法院的决定承担不擅离义务即"未经人民法院许可，不得离开住所地"的企业财务管理人员和其他管理人员。违反本项义务，擅自离开住所地的，构成妨碍破产程序的违法行为。

2. 法律责任

对于本条规定的违法行为，人民法院可以予以训诫、拘留，可以依法并处罚款。有前款规定的行为，构成犯罪的，依法追究刑事责任。

（七）管理人违反义务的法律责任

我国《破产法》规定："管理人未依照本法规定勤勉尽责，忠实执行职务的，人民法院可以依法处以罚款；给债权人、债务人或者第三人造成损失的，依法承担赔偿责任。"

1. 管理人的勤勉和忠实义务

我国《破产法》第27条规定："管理人应当勤勉尽责，忠实执行职务。"

2. 责任主体和违法行为

责任主体为破产程序中的管理人。

3. 责任形式

① 罚款。② 赔偿。有前款规定的行为，构成犯罪的，依法追究刑事责任。

复习思考题

1. 简述破产法的概念。
2. 简答破产申请的条件和程序。
3. 重整计划的通过和批准需要经过哪些程序?
4. 简答和解协议的法律效力。
5. 出卖人取回权的行使条件有哪些?
6. 简答别除权、取回权的概念和法律特征。
7. 试述我国破产法中引起破产程序终结的原因。

【综合案例】

1. M贸易有限公司(以下简称贸易公司)因经营管理不善,长期亏损,不能清偿到期债务,该贸易公司于2007年7月16日向人民法院提出破产申请。人民法院2007年7月20日裁定受理此案并宣告贸易公司破产,同时指定甲会计师事务所为管理人,管理人接管该企业后,发现以下的情况:

(1) 2007年7月1日与乙企业签订一份买卖合同,按照合同约定,乙企业应先向贸易公司发出100万元的货物,发货后10日内由贸易公司付款,管理人决定继续履行该合同,介于贸易公司临近破产的事实,乙企业要求管理人提供一定的担保后才予以发货,管理人向其出具了某担保公司的担保函件,保证到期支付款项后合同遂继续履行。该货物收回后,变现价款为150万元。

(2) 2007年7月5日与丙服装厂签订了一份加工承揽合同,按照合同约定,贸易公司向丙厂提供一批牛仔布,由丙厂为其加工牛仔裤,约定的违约金为10万元,管理人决定解除该合同,解除该合同给丙厂造成了5万元的损失,该批牛仔布由管理人组织全部运回后变现,变现价值为132万元。

(3) 2007年6月,贸易公司因有逃避纳税的行为,其库房的一批价值为120万元的货物被当地主管税务机关依法采取了税收保全措施,予以扣押。

(4) 人民法院于2007年8月1日通知了所有已知债权人,并进行了公告,确定的债权申报期限为2007年8月1日—2007年9月15日。

(5) 贸易公司为购置办公楼于2006年5月向工商银行信用贷款1 200万元,借款期限为1年,由丁公司为其借款提供连带责任保证,2007年5月,贸易公司不能清偿工商银行的贷款,人民法院受理了贸易公司的破产案件后,工商银行向管理人申报了全部债权,同时,丁公司也以自己将来的求偿权申报了债权。

(6) 管理人发现贸易公司于2006年11月1日无偿转让150万元的财产,遂向人民法院申请予以撤销、追回财产,并于2007年10月1日将该财产全部追回。

除以上事项外,管理人清查的其他财产和负债情况如下:

一、财产变价

(1) 贸易公司以上用工商银行贷款购置的办公楼变现价值为1 500万元,其中用于对所欠招商银行1 000万元贷款的抵押担保,已经办理了抵押登记,该贷款尚未清偿。

(2) 库存商品变现价值500万元。

（3）租用某公司复印机一台，价值 5 000 元。

二、负债

（1）欠供应商货款共计 1 530 万元，其中欠 A 企业 525 万元。

（2）欠发职工工资社会保险费用 200 万元、欠交税款 100 万元。

（3）破产案件的受理费、文件送达费、律师费等费用 15 万元；需要支付甲会计师事务所报酬 30 万元；受无因管理而需支付的费用 12 万元。

（4）管理人执行职务时，贸易公司的库房货物堆积不合理而倒塌，砸中其中一位工作人员造成其人身伤害，需要支付的医药费等相关费用为 20 万元。

要求：根据以上情况，结合《企业破产法》的规定回答下列问题：

（1）乙企业是否有权要求管理人提供担保？并说明理由。

（2）管理人决定解除与丙服装厂的合同后，对于造成的违约金和损失应如何处理？并说明理由。

（3）人民法院受理了贸易公司的破产案件后，税务机关扣押的该批货物应如何处理？并说明理由。

（4）该人民法院确定的债权申报期限是否符合规定？并说明理由。

（5）工商银行和丁公司共同申报债权的方式是否符合规定？并说明理由。

（6）对于甲公司无偿转让的 150 万元财产，管理人的做法是否符合规定？并说明理由。

（7）破产企业的破产费用的数额为多少？共益债务的数额为多少？

（8）请说明贸易公司财产的清偿顺序？

（9）A 企业可以获得的清偿额为多少？

2. 甲企业因不能清偿到期债务，向法院申请破产，法院受理了该破产案件。甲企业是乙企业向银行借款的保证人，银行在得知甲企业破产情况后，决定将其债权作为破产债权申报受偿。丙企业是甲企业的债权人，丙企业由于担心自己的债权得不到全额清偿，一再要求甲企业以部分财产偿还所欠丙企业的未到期债务，甲企业同意了丙企业的要求，并进行了清偿。

要求：根据有关法律规定，分别回答以下问题：

（1）银行能否将其担保债权作为破产债权申请受偿？为什么？

（2）甲企业提前偿还丙企业未到期债务的行为是否符合法律规定？为什么？

项目七

合同法

本章导入案例

【案情简介】

天诚有限责任公司（简称天诚公司）需要××型号水泥 50 吨，遂分别向安华水泥厂、清风水泥厂、建设水泥厂发函称："我公司需要××型号水泥 50 吨，如有货请速回复。"三家水泥厂收到后都分别回复称有货并作了报价，天诚公司经比较后认为建设水泥厂的货物美价廉，所以向建设水泥厂发函称："我公司需要××型号水泥 50 吨，同意你公司报价，货到后付款。"

安华水泥厂在回复并做了报价后立即装载了该型号水泥 50 吨发往天诚公司，天诚公司以双方并未达成合同为由拒绝收货，安华水泥厂起诉至人民法院，要求天诚公司承担违约责任。

建设水泥厂准备发货前，有证据表明天诚公司已宣告破产，进入到破产清算程序，建设水泥厂便拒绝发货。

建设水泥厂发运至天诚公司的水泥，在途中遭遇泥石流、山体滑坡，导致建设水泥厂无法按照约定履行合同。

【问题】

1. 天诚公司第一次分别向三家水泥厂发函的行为属于什么性质？为什么？
2. 三家水泥厂回函的行为属于什么性质？为什么？
3. 安华水泥厂的诉讼请求能否得到法院的支持？为什么？
4. 建设水泥厂发现天诚公司破产，拒绝发货的行为属于什么性质？
5. 建设水泥厂因遭遇泥石流而无法送货是否对天诚公司承担违约责任？为什么？

教学目标

- 掌握合同法的基本概念、原则和适用范围
- 熟悉合同订立的环节，区分合同的变更和转让
- 掌握合同履行中的基本原则和规则

实训目标

- 学写合同的基本条款,辨析合同的效力
- 对合同履行中产生的抗辩权会区分使用
- 掌握免责事由并会灵活运用违约责任

任务一　合同法概述

一、合同概述

(一)合同的概念

合同又称契约,是平等主体的自然人、法人、其他组织之间设立、变更、终止民事权力义务关系的协议。

(二)合同具有以下法律特征

1. 合同是平等主体的自然人、法人、其他组织之间的民事法律行为。签订合同的双方当事人之间的法律地位平等。
2. 合同是两个或两个以上的当事人意思表示一致的法律行为。
3. 合同是设立、变更、终止民事权利义务关系为目的协议。

知识链接

意思表示是行为主体将能够发生民事法律效果的意思表现于外部的发表行为。意思仅仅存于内心,无法产生法律效果,当事人必须将内心的意思借助于语言、文字或肢体语言表现于外部,才会发生法律效果。

(三)合同的分类

依据不同的标准可以将合同分为不同种类:

(1)有名合同与无名合同。以我国法律法规是否对其名称明确规定为标准,将合同分为有名合同与无名合同。

《合同法》分则规定了 15 种有名合同。如买卖合同、赠与合同、运输合同、承揽合同、仓储合同、保管合同、借款合同等,其余则是无名合同,如劳务交换合同等。有名合同是常见合同、典型合同,无名合同是非典型合同。

(2)诺成合同与实践合同。以是否需要实际交付标的物为合同成立的标准,将合同分为诺成合同与实践合同。诺成合同是指只要双方意思表示一致合同即成立。实践合同是指除意思表示一致外,还需交付标的物或完成其他给付成立的合同。

(3)要是合同与非要是合同。以是否须采用法律规定的特定形式将合同区分为要是合同与非要是合同。

要是合同,是指法律要求必须具备一定形式的合同。例如,书面形式、审批等。反之,非要是合同,是指法律不要求必须具备一定形式的合同。

（4）双务合同与单务合同。以双方是否互负义务为标准，将合同分为双务合同与单务合同。双务合同是双方当事人互负义务的合同。单务合同是指仅一方当事人负担义务，对方享有权利。

（5）有偿合同与无偿合同。以当事人的权利获得是否支付代价为标准，可分为有偿合同与无偿合同。有偿合同，是指双方互为给付而取得对价的合同。无偿合同是指一方只为给付而无对价的合同。

（6）主合同与从合同。根据两个合同的从属关系，可以把合同分成主合同和从合同。主合同与从合同具有效力上的从属关系。

课堂实训任务

● 任务 8-1 房东张女士将房屋无偿出租给大学生李某，但要求李某免费做女儿的英语家教，双方订立合同。试讨论此合同是有名合同还是无名合同？

● 任务 8-2 M公司在某抗震救灾义演的募捐现场上当场举牌向当地红十字会捐款 200 万，但事后，M公司仅支付 100 万元。试解析该赠与行为。

● 任务 8-3 大学生林某放暑假回家，将价值 1 万余元的电脑交给同宿舍的李某保管，并允许李某使用。因入室盗窃林某的电脑被偷，请解析本案中李某应否承担责任？

二、合同法概述

（一）合同法的概念及适用范围

根据《合同法》第 2 条规定："本法所称合同是平等主体的自然人、法人、其他组织之间设立、变更、终止民事权利义务关系的协议。婚姻、收养、监护等有关身份关系的协议，适用其他法律的规定。"从本条规定可以看出，这里的民事权利义务关系主要是指财产关系，并将婚姻、收养、监护等身份关系排除在合同法调整之外。合同法只调整平等主体之间的财产关系。

课堂实训任务

● 任务 8-4 2014 年 1 月，高三学生谭某参加了某大学组织的艺术特长生考试，同年 4 月，该大学向谭某收取了艺术特长生押金 5 000 元。双方签订合同，约定段某达到当地普通本科分数线时，该大学应当录取段某。2014 年 7 月，段某参加全国统一高考，达到了当地普通本科分数线，但该大学录取谭某。谭某遂向法院提起诉讼。称该大学拒不履行合同，应当承担违约责任，请求法院依据《合同法》判决该大学履行合同，录取谭某。分析谭某的诉讼请求。

（二）合同法的基本原则

合同法的基本原则，是指合同立法的指导思想以及调整合同主体间合同关系所必须遵循的基本方针、准则，其贯通于合同法律规范之中。合同法的基本原则也是制定、解释、执行和研究合同法的基本依据和出发点。

（1）平等原则。平等原则是指民法赋予民事主体平等的民事权利能力，并要求所有民事主体共同受法律的约束。

（2）自愿原则。是指合同当事人取得权利义务或从事民事活动时应基于其意志的自由，不受国家权力和其他当事人的非法干预。我国《合同法》第4条明确规定："当事人依法享有自愿订立合同的权利，任何单位和个人不得非法干预。"意思自治原则的表现：合同当事人依法享有在缔结合同、选择相对人、决定合同内容以及在变更和解除合同、选择合同补救方式等方面的自由。

（3）公平原则。公平原则要求民事主体本着公正的观念从事活动，正当行使权利和履行义务，在民事活动中兼顾他人利益和社会公共利益。

（4）诚实信用原则。诚实信用原则是指当事人在从事民事活动时，应诚实守信，以善意的方式履行其义务，不得滥用权利及规避法律或合同规定的义务。

（5）合法原则。《合同法》第7条规定，"当事人订立、履行合同，应当遵守法律、行政法规，尊重社会公德，不得扰乱社会经济秩序，损害社会公共利益"。合法原则首先要求当事人在订约和履行中必须遵守法律和行政法规，其次还要求当事人必须遵守社会公德，不得违背社会公共利益。

任务二　合同的订立

一、合同订立的内容与形式

（一）合同订立的概念

合同的订立是指两个或两个以上的当事人，依法经协商一致达成协议的法律行为。订立合同的当事人是具有相应民事权利能力和民事行为能力的自然人、法人或其他组织。当事人也可以依法委托代理人订立合同。

（二）合同的内容

1. 合同应具备的一般条款

合同的订立是经双方当事人协商一致，约定双方当事人享有什么权利，履行什么义务的协议。由于合同的性质、种类不同，合同的具体条款也是不一样的，但概括起来，一般包括以下条款：

（1）当事人的名称或者姓名和住所。这是合同的必备条款。当事人是合同的主体，合同中不写明当事人，就无法确认由谁享受权利，由谁承担义务。

（2）标的。标的是合同当事人的权利义务指向的对象。标的是合同的主要条款，也是合同的必备条款。没有标的，合同不能成立。

（3）数量。数量是标的量的规定，是衡量标的大小、多少、轻重的尺度。是合同的必备条款。标的的数量必须使用国家法定计量单位和统一计算方法。

（4）质量。质量就其本质来说是一种客观事物具有某种能力的属性。标的质量包括产品质量、工程质量和劳务质量等。

（5）价款或者报酬。价款是取得标的物一方当事人向对方用货币支付的价金，是有偿合同的主要条款。价款是标的物本身价值的货币表现形式。

（6）履行期限、地点和方式。合同履行期限，就是合同当事人实现权利和履行义务的时间界限。如交付标的物、价款或完成一定工作的具体时间。履行地点是指合同当事人一方履行义务和另一方当事人接受履行义务的地点。履行地点关系到相关费用的负担，风险的承担，标的物所有权的转移等，也关系到合同当事人责任的承担，是合同是否已经得到适当履行的重要依据。《合同法》第62条规定"履行地点不明确，给付货币一方在接受货币一方所在地履行"。履行方式是合同当事人约定的履行合同义务的具体做法。

（7）违约责任。违约责任是指合同一方当事人或双方当事人违反合同规定，不履行或者不全面、适当履行合同义务，应承担的法律责任。违约责任是促使当事人履行合同义务，使对方免受或少受损失的法律措施，是保证合同履行的主要条款。

（8）解决争议的方法。解决争议的方法是指合同当事人对合同在履行过程中发生争议的解决方式。解决争议的方式有：一是双方通过协商和解；二是由第三人进行调解；三是通过仲裁解决；四是通过诉讼解决。

课堂实训任务

● 任务 8-5　四方有限责任公司欲向汉江边的轻风河沙有限责任公司购买十车河沙。但因合同约定不明，双方就是农用四轮车还是大卡车发生纠纷。请拟订一份买卖合同。

2. 格式条款

依据《合同法》第39条第2款的规定：格式条款是当事人为了重复使用而预先拟定，并在订立合同时未与对方协商的条款。格式条款的运用，可以降低交易成本。

（1）提供格式条款一方的义务。提供格式条款的一方有提示义务。所谓提示义务，就是格式条款制作人对于免责条款要向相对人提示，使对方注意到免责条款。免责条款是免除或者限制自己责任的条款。

知识链接

提示义务分为一般提示义务和特殊提示义务。所谓一般提示义务，就是以社会一般人的认识水平为判断标准。如免责条款用黑体字、大号字，或者在免责条款下面用横线标注等。特殊提示义务是指对因老、弱、病、残而认知事物受到影响的人士要尽特殊提示义务。特殊提示义务，要求格式合同提供人明确向对方指出免责条款，必要的时候还应加以解释。违反特殊提示义务，导致免责条款对相对人不发生效力。

（2）格式条款的解释规则。格式条款的解释对格式条款的理解如果发生争议，要做不利于制作人、提供人的解释。《合同法》第41条规定："对格式条款的理解发生争议的，应当按照通常理解予以解释。对格式条款有两种以上解释的，应当做出不利于提供格式条款一方的解释。格式条款和非格式条款不一致的，应当采用非格式条款。"本法条有两种情况：第一，通常理解是以一般人的正常理解为衡量标准。第二，对格式条款有两种以上解释的，应当做出不利于提供格式条款一方的解释。

（3）格式条款无效的情形。依据《合同法》第40条规定："格式条款具有本法第五十二条和第五十三条规定情形的，或者提供格式条款一方免除其责任、加重对方责任、排除对方主要权利的，该条款无效。"第一种情况，违反《合同法》第52条的规定无效。《合同法》第52条是关于合同无效事由的规定。合同无效的情形包括：一方以欺诈、胁迫手段订立合同，损害国家利益；恶意串通，损害国家、集体或者第三人的利益；以合法形式掩盖非法目的；损害社会公共利益；违反法律、行政法规的强制性规定。第二种情况，违反《合同法》第53条的规定无效。造成对方人身伤害的免责条款无效；因故意或重大过失造成对方财产损失的免责条款无效。如商人贴出告示，"商品出门一律不退"这样的免责条款无效。如果商品有质量问题，应当退货。第三种情况，提供格式条款一方利用格式免责条款免除其责任，加重对方责任，排除对方主要权利的条款无效。

课堂实训任务

任务8-6 洗衣店洗坏衣服，消费者索赔，洗衣单上事先写好了按照价格的3倍赔偿。洗衣费50元，衣服1 000元。请讨论洗衣店应当赔偿消费者多少钱？

任务8-7 某商场门口巨幅宣传海报上写着"假一赔十"，王某从该店买了价值6 000元的手机，经鉴定是假冒产品。请讨论假一赔十的条款是否有效。

（三）合同订立的形式

（1）书面形式。书面形式是指合同书、信件和数据电文（包括电报、电传、传真、电子数据交换和电子邮件等）可以有效地表现所载内容的形式。

（2）口头形式。当事人只用语言为意思表示而不用文字表达协议内容的订立合同的一种形式。口头形式的合同简便易行，但缺点是发生纠纷时难以取证。

（3）其他形式。是指采用除书面形式、口头形式之外的方式来表现合同的内容的形式，如推定形式、默示形式。

知识链接

书面形式又可分为一般书面形式和特殊书面形式。例如，公证形式、鉴证形式、审核登记形式就属于特殊书面形式。

默示形式与明示形式相对应，是指行为人既不用语言表示，也不用行为表示，而是以消极不作为的方式进行意思表示。推定行为人不直接用口头或书面语言进行意思表示，而是通过实施某种行为来进行意思表示，故又称作为默示。

二、合同订立的程序

合同订立的过程可分为要约和承诺两个阶段。

（一）要约

要约是希望和他人订立合同的意思表示。要约的目的，是希望与相对人订立合同。发出要约的人称为要约人，要约所指向的对方当事人则称为受要约人。

1. 要约应具备的条件

要约作为一种意思表示，除了必须具备意思表示的一般要件外，还有其特定的构成要件，包括以下几个方面：

（1）要约必须具有订立合同的意图。即要约应表明，一经受要约人承诺，要约人即受该意思表示约束，与之建立合同关系。

（2）要约是特定当事人以缔结合同为目的的意思表示。要约还必须是向相对人做出的订立合同的意思表示。要约还应以订立合同为直接目的，这也是要约与要约邀请的一个重要区别。

（3）要约应包含在被接受时就受其约束的意旨。要约以追求合同的成立为直接目的，要约是为了唤起承诺，并接受承诺的约束。要约在获得承诺后，当事人双方之间成立合同，合同有法律约束力。

（4）要约的内容应当确定，能够在当事人之间建立起债权债务关系。合同的内容是以条款表现出来的，要约中应包含足以使合同成立的全部必要条款。

2. 要约邀请

要约邀请也称要约引诱，是指希望他人向自己发出要约的意思表示。

根据《合同法》第 15 条，下列行为属要约邀请：

① 寄送的价目表。② 拍卖公告。③ 招标公告。④ 招股说明书。⑤ 商业广告。

知识小结

区分要约与要约邀请主要有以下标准：

（1）根据当事人的意思表示区分。以希望与他人订立合同为目的。而要约邀请希望他人主动向自己发出要约的意思表示。

（2）根据订约提议的内容是否包含了合同的主要条款加以确定。

（3）法律后果不同。要约一经接受，合同即成立。要约邀请经接受，并不导致合同成立。

（4）根据订约提议是向特定人还是不特定人发出区分。要约往往向特定人发出，而向不特定人发出者，大都为要约邀请，如商业广告等。

课堂实训任务

● 任务 8-8　甲对乙说"我正考虑卖掉祖传家具一套，价值 10 万元"，和"我愿卖给你祖传家具一套，价值 10 万元"。试分析以上两句话的性质。

● 任务 8-9　某公司于报纸上发广告称："我公司现有某型号水泥 1 000 吨，系某某水泥厂名牌产品，每吨价格为 300 元，我公司可送货，广告有效期 10 天。"试分析这则广告的性质。

3. 要约生效的时间

《合同法》第 16 条第 1 款规定："要约到达受要约人时生效。"要约的生效时间依要约的形式不同而有所不同。一般地说，口头要约自受要约人了解时方能发生法律效力，因为口头要约被受要约人了解才算送达。书面要约自要约到达受要约人时发生法律效力。到达，是指到达受要约人所能控制的地方，比如，要约信件、电报送到受要约公司的传达室。至于受要约人的法定代表人或负责人是否看到要约，不影响要约的生效。如果受要约人的法定代表人或负责人看到要约,要约才生效,要约的有效期会无限制的延长,受要约人事实上会控制要约的有效期。这样就会使要约人处于非常不利的地位。数据电文是一种书面形式。采用数据电文形式订立合同,收件人指定特定系统接收数据电文的,该数据电文进入该特定系统的时间,视为到达时间;未指定特定系统的,该数据电文进入收件人的任何系统的首次时间,视为到达时间。

> 课堂实训任务

任务 8-10 甲于 3 月 1 日向乙发出一商业要约,以优惠价购买乙的某种商品,假设该要约 3 月 5 日到达乙的信箱,恰巧乙外出办事,3 月 7 日回来后才发现该要约函。问:该要约何时生效?

4. 要约的撤回、撤销与失效

(1) 要约的撤回。要约的撤回,是指要约人阻止要约发生效力的意思表示。我国对要约的生效采到达主义,如果不采到达主义,就不存在撤回的问题。《合同法》第 17 条规定:"要约可以撤回。撤回要约的通知应当在要约到达受要约人之前或者与要约同时到达受要约人。"要约撤回有两种情况。其一,撤回通知先于要约到达受要约人,此时不会给受要约人造成任何损害,自应允许以撤回通知抵销要约,要约不发生效力。其二,撤回通知与要约同时到达受要约人,此时,受要约人也不会因信赖要约而行事,不会产生损害,撤回通知也足以抵销要约。

(2) 要约的撤销。撤销的含义:要约的撤销,是要约人消灭要约效力的意思表示。《合同法》第 18 条规定:"要约可以撤销。撤销要约的通知应当在受要约人发出承诺通知之前到达受要约人。"要约的撤销采用通知的方式。要约到达受要约人后,要约对要约人产生约束力,此时不发生撤回的问题。

> 课堂实训任务

任务 8-11 甲于 3 月 1 日向乙发出一商业要约普通信函,以优惠价购买乙的某种商品。逢甲于 3 月 2 日市场行情突变,于是甲 3 月 3 日发出撤回原要约的信函,以特快专递寄出,3 月 4 日到达乙处。问:3 月 5 日到达乙处的要约有无效力?

设上例中,乙收到要约时准备于 3 月 8 日下午发出承诺。3 月 5 日,甲发现市场行情突变,于是当日发出撤销要约的通知,以特快专递邮出,于 3 月 8 日早上到达乙处。问:乙能否在 3 月 8 日下午发出承诺。

知识小结

要约撤销和要约撤回的区别是:目的上,要约的撤销在于消灭要约的效力;要约的撤回在于阻止要约生效。时间上,要约的撤销是在要约生效之后,承诺发出之前;要约的撤回是在要约生效之前。如果承诺生效,则合同成立,要约既不能撤回,也不能撤销,否则就等于允许当事人撕毁合同。

根据《合同法》第 19 条的规定,有以下情况要约不得撤销:

其一，要约人确定了承诺期限。要约规定了承诺期限，就等于法律推定要约人具有放弃撤销权的表示。实践中对于承诺期限的表达方式多种多样。比如："请按要求在3天内将水泥送至工地""请在15天内答复""3个月内款到即发货"等都属于规定了承诺期限。其二，以其他形式明示要约不可撤销。例如，"我方将保持要约中列举的条件不变，直到你方答复为止""这是一个不可撤销的要约"等。其三，受要约人有理由认为要约是不可撤销的，并已经为履行合同做了准备工作。一般来说，要约中要求受要约人以行为作为承诺的，受要约人就有理由认为要约是不可撤销的。像"款到即发货""如同意，请尽快发货"等。

（二）承诺

承诺是受要约人同意要约的意思表示。性质上，承诺是一种意思表示而非法律行为，故须适用意思表示的有关规则。

1. 承诺应具备的条件

根据合同法的规定及理论通说，承诺须具备以下要件：

（1）承诺必须有受要约人做出。

（2）承诺必须向要约人做出。

（3）承诺的内容必须与要约的内容相一致。

（4）承诺必须在合理期限内向要约人发出。

2. 承诺生效的法律效果

简言之，承诺的效力表现为：承诺生效时合同成立。具体而言，在诺成合同，承诺生效合同即告成立；在实践合同，若交付标的物先于承诺生效，承诺同样使合同成立，若交付标的物后于承诺生效，则合同自交付标的物时成立。因此，承诺生效的时间在合同法上具有重要意义。

3. 承诺生效的时间

《合同法》第26条规定："承诺通知到达要约人时生效。承诺不需要通知的，根据交易习惯或者要约的要求做出承诺的行为时生效。采用数据电文形式订立合同的，承诺到达的时间适用本法第十六条第二款的规定。"

知识链接

关于承诺生效的时间，大陆法系采到达主义；英美法系采"投邮规则"（称投邮主义）。我国《合同法》采到达主义。

4. 承诺的撤回和承诺的迟延

承诺可以撤回。承诺在生效之前可以撤回，撤回承诺的通知应当在承诺通知到达要约人之前或与承诺通知同时到达。

受要约人超过承诺期发出承诺的，除要约人及时通知受要约人该承诺有效以外，为新要约。

受要约人在承诺期限内发出承诺，按照通常情形能够及时到达要约人，但因其他原因承诺到达要约人时超过承诺期限的，除要约人及时通知受要约人因承诺超过期限不接受该承诺的以外，该承诺有效。

5. 新要约

依据《合同法》第 30 条规定，承诺的内容应当与要约的内容一致，受要约人对要约的内容做出实质性变更的，为新要约。

知识小结

所谓实质性变更，是指这种变更提出了不同于要约的权利义务。《合同法》第 30 条规定："承诺的内容应当与要约的内容一致。受要约人对要约的内容做出实质性变更的，为新要约。有关合同标的、数量、质量、价款或者报酬、履行期限、履行地点和方式、违约责任和解决争议方法等的变更，是对要约内容的实质性变更。"增加要约人义务的，为实质性变更。改变了合同成立的时间、地点、条件的为实质性变更。"

非实质性变更，是指虽有表面上变更，但这种变更没有实质改变要约的内容，即没有提出新的权利义务或者虽有变更但没有增加要约人的负担。非实质性的变更主要有以下几项：

（1）在承诺中提出了要约人的法定义务。
（2）在承诺中增加了说明性条款。
（3）承诺在授权范围内对要约作了修改。

课堂实训任务

任务 8-12 甲公司给乙公司发出要约，要卖给乙公司 50 吨枣庄小枣。要约中条款齐全，乙公司表示接受，同时提出，甲公司发货时应附有产地证明书。请问：乙公司在表示接受的同时，增加了附产地证明书的要求是实质性变更，还是非实质性变更？

三、缔约过失责任

缔约过失责任是指当事人在订立合同过程中，因违反诚实信用原则负有的先合同义务，导致合同不成立，或者合同虽然成立，但不符合法定的生效条件而被确认无效、被变更或被撤销，给对方造成损失时所应承担的民事责任。

所谓先合同义务，又称先契约义务或缔约过程中的附随义务，是指自缔约当事人因签订合同而相互接触磋商，至合同有效成立之前，双方当事人依诚实信用原则负有协助、通知、告知、保护、照管、保密、忠实等义务。

我国《合同法》第 42 条确立了缔约过失责任制度，该条规定："当事人在订立合同过程中有下列情形之一，给对方造成损失的，应当承担损害赔偿责任：① 假借订立合同，恶意进行磋商；② 故意隐瞒与订立合同有关的重要事实或者提供虚假情况；③ 有其他违背诚实信用原则的行为。"可见缔约过失责任实质上是诚实信用原则在缔约过程中的体现。

课堂实训任务

● **任务 8-13** 甲乙两人各开一酒店，两酒店相邻，生意都很兴隆。后甲因周转困难欲将酒店转手给丙，丙出价 80 万元。乙知道后担心财力雄厚的丙接收后对自己不利，于是乙积极与甲磋商，并出价 100 万决心买下酒店。甲见乙出价高，遂终止于丙的磋商。乙见丙退出，即对甲提出自己无意买下该酒店。问：甲应当如何维权？

任务三　合同的效力

一、有效合同

一般情况下,合同成立即生效。有时,合同成立,但其效力要经过合同法的评议,结果可能为有效合同、无效合同、可撤销合同或效力待定合同等。比如实践性合同,尽管当事人达成了一致意见,但合同尚不能生效,须交付标的物,合同才能生效。

合同效力是指依法成立的合同对当事人具有法律约束力。合同有效,当事人应按合同约定履行债务,实现债权,合同具有履行效力。

知识链接

合同的订立、成立与效力是三个不同的概念。合同订立是一个达成合意的过程,最终合意达成即为合同成立,但也可能虽然合同经过订立而没有成立,此时当事人的权利义务关系主要按照缔约过失责任制度加以调整,即合同成立强调结果。而合同成立并不意味着合同就一定有效,因为合同成立只是代表当事人之间达成合意的事实,其效力要经过合同法的评议,结果可能是有效合同、无效合同、可撤销合同及效力待定合同。

(一)合同生效的一般要件

1. 行为人具有相应的民事行为能力
2. 意思表示真实
3. 不违反法律或者社会公共利益
4. 合同标的须确定和具有可能性

(二)合同生效

合同的生效是指当合同具备一定的要件之后,便产生法律上的效力。主要包括三种情况:一是依法成立的合同,自成立时生效。这是合同生效时间的一般规定,即如果没有法律、行政法规的特别规定和当事人的约定,合同成立的时间就是合同生效的时间。二是法律、行政法规规定应当办理批准、登记等手续生效的,(如办理抵押物登记的抵押合同)自批准、登记时生效。三是双方当事人在合同中约定合同生效时间的,以约定为准。

(三)两种特殊的合同生效

1. 附条件的合同

合同法规定,当事人对合同的效力可以约定附条件。附生效条件的合同,自条件成立时生效。附解除条件的合同,自条件解除时生效。当事人为自己的利益不正当地阻止条件成就的,视为条件成就;不正当地促成条件成就的,视为条件不成就。

附条件合同的条件必须符合如下要求:

第一、条件必须是将来发生的事实,也就是说,条件不是现实存在的,而是属于尚未发生的客观不确定的事实,可能实现也可能不实现,条件具有不确定性。

第二、应是发生与否具有不确定性的事实。若将来确定会发生的事实作为条件，就属于附期限的合同。

第三、若将肯定不会发生的事实作为解除条件的，视为未附条件。

第四、条件必须是合法的。当事人不得以有损社会公共利益和公共秩序的事实或有损他人合法权益的事实作为合同的附条件。按照最高人民法院的司法解释，附条件的民事行为，如果所附条件违反法律规定，应当认定民事行为无效。

> **课堂实训任务**
>
> ● 任务 8-14　甲乙二人于 2015 年 1 月约定，如果北京 2008 年申办奥运成功，甲将赠与乙 20 万元。本案赠与合同的效力如何？
>
> ● 任务 8-15　甲乙二人订立房屋租赁合同，约定若甲父死亡，则甲提供房屋供乙居住。本案租赁合同的效力如何？
>
> ● 任务 8-15　甲将房屋出租给乙住，约定一旦自己结婚或自己母亲由外地搬来，甲将收回出租的房屋供自己使用。本案租赁合同的效力如何？
>
> ● 任务 8-16　如在上述房屋租赁合同中，为了能够长期租赁甲的房屋，乙多次在甲的恋爱中制造障碍，或谋害其母使其不能与甲同住，是自己的租赁合同得以延续。该合同效力如何？

2. 附期限的合同

合同法规定，当事人对合同的效力可以约定附期限。附生效期限的合同，自期限届至时生效。附终止期限的合同，自期限届满时失效。

期限作为合同的附款，必须是将来事实，确定发生的事实和合法的事实，已经发生的事实，不可能发生的事实，以及不法事实，均不能被设定为期限。附期限同附条件的主要区别在于，条件属于不确定状态，而期限则属于确定状态。当事人在合同中约定，经一定期限届满时，合同生效的，为附生效期限的合同。

知识链接

根据《民法通则》的有关规定，民法所称的期间按照公历年、月、日计算；规定按照小时计算期间的，从规定时开始计算，规定按照日、月、年计算期间的，开始的当天不算入，从下一天开始计算；期间的最后一天是星期日或者其他法定休假日的，以休假日的次日为期间的最后一天；期间的最后一天的截止时间为二十四点。民法所称的"以上""以下""以内""届满"，包括本数；所称的"不满""以外"，不包括本数。

二、无效合同

合同无效是指合同因欠缺一定生效要件而致合同当然不发生效力。

（一）合同无效的情形

（1）一方以欺诈、胁迫的手段订立合同，损害国家利益；

（2）恶意串通，损害国家、集体或者第三人利益；

（3）以合法形式掩盖非法目的；
（4）损害社会公共利益；
（5）违反法律、行政法规的强制性规定。

（二）无效合同的法律后果

《合同法》第 58 条规定："合同无效或者被撤销后，因该合同取得的财产，应当予以返还；不能返还或者没有必要返还的，应当折价补偿。有过错的一方应当赔偿对方因此所受到的损失，双方都有过错的，应当各自承担相应的责任。"第 59 条规定："当事人恶意串通，损害国家、集体或者第三人利益的，因此取得的财产收归国家所有或者返还集体、第三人。"

课堂实训任务

● 任务 8-17 澳门商人李某与张某想在中国内地办一家赌场，二人均知道在内地开设赌场是违法的，遂对外以合作开发游乐场的名义悄悄运作赌场，该公司登记成立后，由李某担任该公司董事长，张某负责运作，便开始进行赌场的建设工作。以该公司名义向建设银行贷款 1 200 万元。后事情败露，请问中国建设银行是否可以请求人民法院认定该贷款合同无效并收回其贷款？

三、可变更、可撤销合同

可变更、可撤销合同是指合同因欠缺生效要件，一方当事人可依照自己的意愿请求人民法院或仲裁机构变更合同的内容或者使合同的效力归于灭失的合同。

（一）可撤销合同的类型

（1）因重大误解订立的合同。所谓重大误解是指当事人在意思表示时，行为人因对行为的性质、对方当事人、标的物的品种、质量、规格和数量等的错误认识，使行为的后果与自己的意思相悖，并造成较大损失。

（2）在订立合同时显失公平的。所谓合同显失公平是指一方当事人利用优势或者利用对方没有经验，致使双方的权利与义务明显违反公平、等价有偿原则。

显失公平的合同具有如下法律特征：一是合同对双方当事人明显不公平；二是一方获得的利益超过了法律所允许的限度；三是受害的一方是在缺乏经验或紧迫的情况下是实的行为。

（3）因欺诈而订立的。所谓欺诈是指行为人一方当事人故意告知对方虚假情况，或者故意隐瞒真实情况，诱使对方当事人做出错误意思表示。

（4）因胁迫而订立的。所谓胁迫是指以给公民及其亲友的生命健康、荣誉、名誉、财产等造成损害或者以给法人的荣誉、名誉、财产等造成损害为要挟，迫使对方做出违背真实的意思表示。

（5）乘人之危而订立的。所谓乘人之危是指一方当事人乘对方处于危难之机，为牟取不正当利益，迫使对方做出不真实的意思表示，严重损害对方利益。

（二）撤销权消灭

撤销权不能永久存续。有下列情形之一的，撤销权消灭：

（1）除斥期间经过。具有撤销权的当事人自知道或者应当知道撤销事由之日起 1 年内没有行使撤销权,则撤销权消灭。

(2)明示或者默示放弃撤销权。具有撤销权的当事人知道撤销事由后明确表示或者以自己的行为表示放弃撤销权。如被欺诈的一方当事人在知道被欺诈的真相后,仍然表示要履行合同,这是明示放弃撤销权;再如被欺诈的一方是卖方,在知道欺诈的真相后,又收取对方货款、给对方发货,这是默示放弃撤销权。

(三)可撤销合同的法律后果

合同被撤销后,自始无效。因该合同取得的财产,应当予以返还;不能返还或者没有必要返还的,应当折价补偿。有过错的应当赔偿对方因此所受到的损失,双方都有过错的,应当各自承担相应的责任。

课堂实训任务

任务 8-18 某商场新近一种电视机,价格定位 3 998 元。柜台组长在制作价签时,误将 3 998 元写为 998 元。消费者赵某发现该电视机物美价廉,遂信用卡支付购买了一台电视机。一周后该商场发现价格有误,遂找到赵某,要求赵某补交余款或退还电视机。而赵某认为买卖关系已经结束,所以拒绝商店的要求。请问该买卖合同的效力如何?

四、效力待定合同

效力待定合同又称为可追认的合同,是指合同订立后尚未生效,须权利人追认才能生效的合同。

效力待定合同的情形:

(1)限制民事行为能力人订立的与其年龄、智力、精神状况不相适应的合同。

(2)无权代理人订的合同。行为人没有代理权、超越代理权或者代理权终止后以被代理人名义订立的合同未经被代理人追认,对被代理人不发生效力,由行为人承担责任。合同被追认之前,善意相对人有撤销的权利。此处所谓"善意",是指相对人在与无权代理人订立合同时,不知道同时也没有义务知道无权代理人无代理权。撤销应当以通知的方式做出。

(3)无处分权人订立的合同。无处分权人与相对人订立的合同,如果未获追认或者无处分权人在订立合同后也未获得处分权,那么该合同不发生法律效力。

课堂实训任务

任务 8-19 15 岁的中学生在新华书店购买价值 50 元的英汉字典,试讨论该买卖合同的效力。

任务四 合同的履行

一、合同履行概述

(一)合同履行的概念

合同履行是指合同生效后,双方当事人按照合同规定的各项条款,完成各自承担的义务和实现各自享有的权利,使双方当事人的合同目的得以实现的行为。

（二）合同履行的原则

1. 全面履行原则

指合同的债务人应当按照法律的规定和合同的约定,全面、适当地履行合同义务。债务人不履行或者不适当履行主给付义务、从给付义务、附随义务的,构成不完全履行,应承担违约责任。

2. 诚实信用履行原则

依照《合同法》第60条第2款的规定,依据合同的性质、目的和交易习惯,履行通知、协助、保密等附随义务。一方不履行义务或者履行不当的,对方应当采取措施避免或者减少损失,否则无权就扩大的损失要求赔偿。

课堂实训任务

任务8-20　甲乙二人基于买卖合同约定,付款方甲应当向乙支付货款1 000 010元,乙方收到货款后发货。结果甲方只支付了100万元整,乙方以少10元钱为由拒绝发货。试分析此行为。

二、合同履行的规则

（一）当事人就有关合同内容约定不明确时的履行规则

合同生效以后,当事人就质量、价款或报酬、履行地点等内容没有约定或者约定不明确的,可以按照如下顺序加以确定:

1. 协议补充

当事人对合同内容没有约定或约定不明的,通过协商的方法订立补充协议。

2. 按照合同有关条款或交易习惯确定

合同的当事人没有约定或约定不明确的合同内容不能达成补充协议,可以结合合同的其他条款的相关内容确定,或者依照一般交易通常的交易习惯确定。

课堂实训任务

任务8-21　四方有限责任公司欲向汉江边的轻风河沙有限责任公司购买十车河沙,但因合同约定不明,双方就是农用四轮车还是大卡车发生纠纷。试讨论如何确定运输工具?

3. 补充性规定

《合同法》第62条规定:当事人就有关合同内容约定不明确,依照本法第61条的规定仍不能确定的,适用下列规定:

（1）质量要求不明确的,按照国家标准、行业标准履行;没有国家标准、行业标准的,按照通常标准或者符合合同目的的特定标准履行。

（2）价款或者报酬不明确的,按照订立合同时履行地的市场价格履行;依法应当执行政府定价或者政府指导价的,按照规定履行。

（3）履行地点不明确,给付货币的,在接受货币一方所在地履行;交付不动产的,在不动产所在地履行；其他标的，在履行义务一方所在地履行。

（4）履行期限不明确的，债务人可以随时履行，债权人也可以随时要求履行，但应当给对方必要的准备时间。

（5）履行方式不明确的，按有利于合同目的实现的方式履行。依照诚实信用原则，按有利于合同目的履行，被推定为当事人的必然选择。

（6）履行费用负担不明确的由履行义务的一方负担，是因为履行费用由履行义务者承担是通常情形，对一份双务合同来说，义务人的履行费用，通常是获取利益或利润的成本。

（二）执行政府定价或者政府指导价的合同的履行规则

我国《价格法》第3条第1款规定："国家实行并逐步完善宏观经济调控下主要由市场形成价格的机制。价格的制定应当符合价值规律，大多数商品和服务价格实行市场调节价，极少数商品和服务价格实行政府指导价或者政府定价。"市场调节价是价格的基本形式，但国家为了社会公共利益，也对少数商品的价格进行直接干预，制定政府定价和政府指导价。

政府定价，是指依照《价格法》的规定，由政府价格主管部门或者其他有关部门，按照定价权限和范围制定的价格。

政府指导价，是指依照《价格法》的规定，由政府价格主管部门或者其他有关部门，按照定价权限和范围规定基准价及其浮动幅度，指导经营者制定的价格。政府定价与政府指导价都是具有强制性的价格。合同当事人都必须执行。

《合同法》第63条规定："执行政府定价或者政府指导价的，在合同约定的交付期限内政府价格调整时，按照交付时的价格计价。逾期交付标的物的，遇价格上涨时，按照原价格执行；价格下降时，按照新价格执行。逾期提取标的物或者逾期付款的，遇价格上涨时，按照新价格执行；价格下降时，按照原价格执行。"该条有一点规律，是要执行对违约者不利的价格。

（三）涉及第三人履行合同

1. 向第三人履行的合同

向第三人履行的合同，又称为第三人利益订立的合同，是指当事人约定，由债务人向第三人履行义务，第三人因此直接取得请求权的合同。比如，投保人和保险人订立保险合同，约定保险人向作为第三人的被保险人、收益人履行，而被保险人、收益人直接享有保险金请求权。保险合同即为最典型的向第三人履行的合同。

向第三人履行的合同具有如下法律特征：① 第三人不是合同的当事人。这种合同的主体不变，仍然是原合同中的债权人和债务人，第三人只是作为接受债权的人，因此，第三人不为合同当事人。② 合同的当事人合意由第三人接受债务人的履行。这种合同往往是基于债权人方面的各种原因，所以，债权人应当经过债务人的同意，向第三人履行的约定而生效力。③ 债务人必须向债权人指定的第三人履行合同义务，否则，不能产生履行的效力。④ 向第三人履行原则上不能增加履行难度和履行费用，如果增加履行费用，可以由双方当事人协商确定，协商不成，而是债权人的原因所致，债务人并无过错，故从公平和诚实信用的角度讲，应当由债权人承担增加的费用。

向第三人履行的合同，可以产生以下法律效力：① 第三人可以向债务人请求履行。如果第三人拒绝受领的，债务人应当将该情况及时通过债权人，并协商解决方法，由此所受的损失由债权人承担。② 债务人未向第三人履行债务或者履行债务不符合约定的,应当向债权人承担违约责任。③ 债务人基于对债权人的抗辩,可用以对抗第三人。比如,债务人因债权人原因而产生的同时履行抗辩权、不安抗辩权等,可以对抗第三人,而不向其履行。

2. 由第三人履行的合同

由第三人履行的合同,又称第三人代为履行的合同,是指经当事人约定,由第三人代替债务人履行义务,第三人没有因为履行债务而成为当事人的合同。我国《合同法》第65条规定:"当事人约定由第三人向债权人履行债务的,第三人不履行债务或者履行债务不符合约定,债务人应当向债权人承担违约责任。"

由第三人履行的合同,其法律特征在于:① 由第三人履行的合同,该第三人并没有成为合同的当事人,合同的当事人仍然是原债权人和债务人。如果第三人没有履行,债务人应向债权人承担责任。② 合同当事人经过协商一致同意由第三人向债权人履行债务,至于第三人是否履行,应由债务人和第三人进行协商。③ 第三人代为履行不能损害债权人的利益。④ 合同债务可以由第三人代为履行,即必须由债务人亲自履行的债务不能由第三人代为履行的除外。

由第三人履行的合同的法律后果可分为:① 债权人应当接受第三人的履行,由于债务人已经与债权人约定由第三人履行债务,如果债权人不接受第三人的履行视为债务人已经履行了债务而债权人违约。② 第三人违约时,债务人应当向债权人承担违约责任,因此,第三人代为履行中的第三人只是替代债务人履行债务,并不是合同的当事人。

三、抗辩权的行使

抗辩权是指债权人行使债权时,债务人根据法定事由对抗债权人行使请求权的权利。《合同法》规定了同时履行抗辩权、先履行抗辩权和不安抗辩权。

(一) 同时履行抗辩权

指当事人互负债务,没有先后履行顺序的,应当同时履行,一方在对方履行前有权拒绝其履行要求。一方在对方履行债务不符合约定时,有权拒绝其相应的履行要求。

(二) 不安抗辩权

是指当事人互负债务,有先后履行顺序的,先履行的一方有确切证据表明另一方丧失履行债务能力时,在对方没有履行或者没有提供担保之前,有权中止合同履行的权利。可以中止履行的情形包括:其经营状况严重恶化;转移财产、抽逃资金,以逃避债务;谎称有履行能力的欺诈行为;其他丧失或者可能丧失履行能力的情况。

(三) 顺序履行抗辩权

顺序履行抗辩权是指在双务合同中应当先履行的一方当事人未履行或者不适当履行,到了履行期限对方当事人有不履行、部分履行的权利。

课堂实训任务

任务 8-22 甲方、乙方在1月20日签订了合同,由甲方卖给乙方一台价款为620万元的机器,交货时间为1月23日,付款时间为2月25日。1月25日甲方交货后,乙方认为机器质量很好,又于25日与乙方签订合同,再购买一台机器。发货日期为3月25日。至3月25日,甲方公司以乙方公司未支付第一份合同的货款为由拒绝第二份合同的发货,因为乙方欠缺信用。

任务8-23 甲商场在乙处定制100套服装,每套1 000元,未约定履行先后顺序。若乙未向甲交付服装即请求甲支付价款,甲应如何应对?

任务8-24 若上例中乙仅向甲交付90套衣服但请求甲支付10万元,甲应如何应对?

知识小结

项目	同时履行抗辩权	不安履行抗辩权	顺序履行抗辩权
行使主体	合同双方当事人任意一方	履行义务在先的一方	履行义务在后的一方
适用情形	双方无先后履行顺序,一方未履行或未按约定履行	履行义务在先的一方有证据证明另一方不能履行	履行顺序在先的一方当事人未履行合同或未按约定履行

四、合同的保全

合同的保全,是指法律为防止因债务人的财产不当减少而给债权人的债权带来损害,允许债权人行使撤销权或代位权,以保护其债权。

（一）代位权

1. 代位权的概念

据《合同法》第73条之规定:当债务人怠于行使其到期债权,对债权人造成损害的,债权人可以向人民法院请求以自己的名义代位行使债务人的债权,但该债权专属于债务人自身的除外。

2. 行使代位权条件

（1）债权人对债务人的债权合法。

（2）债务人怠于行使其到期债权,对债权人造成损害。

（3）债务人的债权已经到期。

（4）债务人的债权不是专属于债务人自身的债权。专属于债务人自身的债务是指基于抚养关系、扶养关系、赡养关系、继承关系产生的给付请求权和劳动报酬、退休金、养老金、抚恤金、安置费人身伤害赔偿请求权等权利。

代位权的行使范围以债权人的债权为限。债权人行使代位权的必要费用,由债务人负担。

知识链接

依照《合同法解释（一）》第13条:合同法第73条规定的"债务人怠于行使其到期债权,对债权人造成损害的",是指债务人不履行其对债权人的到期债务,又不以诉讼方式或者仲裁方式向其债务人主张其享有的具有金钱给付内容的到期债权,致使债权人的到期债权未能实现。

次债务人（即债务人的债务人）不认为债务人有怠于行使其到期债权的情况的，应当承担局长责任。

课堂实训任务

任务 8-25　乙欠甲债务 2 000 元到期未还，乙无其他财产，但丙欠乙退休金 3 000 元，乙到期未主张。问：甲能否对丙行使代位权？

任务 8-26　乙欠甲债务 10 万元到期未还，丙欠乙 11 万元货款也到期，乙一直未向丙主张，但乙拥有汽车若干辆，价值在 50 万元以上。问：甲能否对丙行使代位权？

（二）撤销权

《合同法》第 74 条规定："因债务人放弃其到期债权或者无偿转让财产，对债权人造成损害的债权人可以请求人民法院撤销债务人的行为。债务人以明显不合理的低价转让财产，对债权人造成损害，并且受让人知道该情形的，债权人也可以请求人民法院撤销债务人的行为，撤销权的行使范围以债权人的债权为限。债权人行使撤销权的必要费用，由债务人负担。"

撤销权自债权人知道或者应当知道撤销事由之日起一年内行使。自债务人的行为发生之日起 5 年内没有行使的，消灭。除斥期间不适用中止、中断。

课堂实训任务

任务 8-27　乙欠甲 10 万元，到期未还。乙的财产仅有一辆汽车而已，价值 15 万左右，一日，乙赠汽车给丙，丙不知情。试问甲能否行使撤销权？

任务五　合同的担保

一、合同担保概述

合同担保是指依照法律规定或当事人约定而设立的确保合同义务履行和权利实现的法律措施。担保方式为保证、抵押、质押、留置和定金五种方式。担保活动应当遵循平等、自愿、公平、诚实信用的原则。担保合同是主合同的从合同，主合同无效，担保合同无效。担保合同另有约定的，按照约定。

二、保证

（一）保证与保证人

保证，是指保证人和债权人约定，当债务人不履行债务时，保证人按照约定履行债务或者承担责任的行为。

保证人的资格有无，关系到保证合同效力有无。可以担当保证人的范围有自然人、法人、其他组织，而不需要保证人具有完全的代偿能力。

课堂实训任务

任务 8-28 甲欠乙 10 万元,甲之友丙与乙签订了保证合同,此时丙自有财产不足 10 万元。后甲不能清偿,乙诉至法院要求丙清偿 10 万元。丙在答辩状声称:本人自有财产不足清偿,请求免除保证责任。问:法院应如何处理?

2. 不能担当保证人的范围

(1)国家机关原则上不能,但经国务院批准为适用外国政府、国际经济组织贷款而转贷的可以。

(2)事业单位、社会团体。公益类法人一般不能当保证人,但从事经营活动的事业单位、社会团体可以担当保证人。

(3)企业法人的职能部门不能担当保证人,因为其不具有民事主体资格。

(4)企业法人的分支机构在法人的书面授权范围内可以当保证人。授权不明的,担保有效。无授权或超出授权范围的部分,无效。

(二)保证的内容

保证合同应当包括以下内容:① 被保证的主债权种类、数额;② 债务人履行债务的期限;③ 保证的方式;④ 保证担保的范围;⑤ 保证的期间;⑥ 双方认为需要约定的其他事项。保证合同不完全具备前款规定内容的,可以补正。

(三)保证的方式

保证的方式有一般保证和连带责任保证两种:

(1)一般保证。一般保证是当事人在保证合同中约定,当债务人不能履行债务时,由保证人承担保证责任的保证。一般保证的保证人只是在主债务人不履行时,有代为履行的义务,具有补充性。一般保证中保证人对主债务人有求偿权。

(2)连带责任保证。连带保证责任是当事人在保证合同中约定保证人与债务人对债务承担连带责任的保证。而连带责任保证中的保证人与主债务人为连带责任人,债权人在保证范围内,既可以向债务人求偿,也可以向保证人求偿,无论债权人选择谁,债务人和保证人都无权拒绝。

连带责任保证的担保力度较强,对债权人很有利,而保证人的负担相对较重;而一般保证的担保力度相对较弱,保证人的负担也就相对较轻。如果当事人对保证方式没有约定或者约定不明确的,按照连带责任保证承担保证责任。

(四)保证责任

(1)保证责任。保证担保的范围包括主债权及利息、违约金、损害赔偿金和实现债权的费用。保证合同另有约定的,按照约定。当事人对保证担保的范围没有约定或者约定不明确的,保证人应当对全部债务承担责任。

(2)保证期间。是指依合同约定或法律规定,保证人承担保证责任的期限。如果超过了这个期限,保证人就不再承担保证责任。

一般保证的保证人与债权人约定保证期间的,按照约定执行。未约定保证期间的,保证期间为主债务履行期届满之日起 6 个月。在合同约定的保证期间或法定的保证期间,债权人未对债务人提起诉讼或者申请仲裁的,保证人免除保证责任;连带责任保证的保证人与债权人未约定保证期间的,债权人有权自主在债务履行期届满之日起 6 个月内要求保证人承担保证责任,在合同约定的保证期间和法律规定的保证期间,债权人未要求保证人承担保证责任的,保证人免除保证责任。

三、抵押

（一）抵押的概念

抵押,是指债务人或者第三人不转移对财产的占有,将该财产作为债权的担保。债务人不履行债务时,债权人有权依照本法规定以该财产折价或者以拍卖、变卖该财产的价款优先受偿。

（二）抵押物

抵押人只能以法律规定可以抵押的财产提供担保,抵押所担保的债权不得超出其抵押物的价值。

按我国《担保法》第 34 条规定,下列财产可作担保物:
（1）抵押人所有的房屋和其他地上定着物;
（2）抵押人所有的机器、交通运输工具和其他财产;
（3）抵押人依法有权处分的国有的土地使用权、房屋和其他地上定着物;
（4）抵押人依法有权处分的国有机器、交通运输工具和其他财产;
（5）抵押人依法承包并经发包方同意抵押的荒山、荒沟、荒丘、荒滩等荒地的土地使用权;
（6）依法可以抵押的其他财产。

不可抵押的财产包括:
（1）土地所有权;
（2）耕地、宅基地、自留地、自留山等集体所有的土地使用权,但本法第 34 条第（5）项、第 36 条第 3 款规定的除外;
（3）学校、幼儿园、医院等以公益为目的的事业单位、社会团体的教育设施、医疗卫生设施和其他社会公益设施;
（4）所有权、使用权不明或者有争议的财产;
（5）依法被查封、扣押、监管的财产;
（6）依法不得抵押的其他财产。

（三）抵押物的登记、实现

依照法律规定需要办理抵押物登记的抵押物,应当到有关部门办理抵押物登记。抵押合同自登记之日起生效。

抵押物的实现方式主要有抵押物折价拍卖、变卖等方式。抵押登记具有公信力与对抗效力,在同一财产上为两个以上的债权人设立抵押的,其清偿顺序是:先登记的优先于后登记的;已登记的优先于未登记的;反之,都未登记的,同一顺序按照债权比例清偿。为债务人实现抵押担保后,有权向债务人追偿。

课堂实训任务

任务 8-29　某乡镇企业为购置设备,向银行贷款 30 万元,企业以自有的工具车一辆作价 10 万元抵押,另由乡财政所做保证。贷款到期后,企业仅归还 15 万元,其余贷款及利息无法偿付。问银行可以提出何种诉讼请求?

四、质押

质权是一种动产质权,对不动产不能设定质权。因此分为动产质权和权利质权。

(一) 动产质权的概念

动产质押,是指债务人或者第三人将其动产移交债权人占有,将该动产作为债权的担保。债务人不履行债务时,债权人有权依照本法规定以该动产折价或者以拍卖、变卖该动产的价款优先受偿。

前款规定的债务人或者第三人为出质人,债权人为质权人,移交的动产为质物。

质押合同应当包括以下内容:① 被担保的主债权种类、数额;② 债务人履行债务的期限;③ 质物的名称、数量、质量、状况;④ 质押担保的范围;⑤ 质物移交的时间;⑥ 当事人认为需要约定的其他事项。质押合同自质物移交于质权人占有时生效。

(二) 权利质押

权利质押是指债务人或第三人将其特定的权利凭证交付给债权人占有作为履行债务的担保。

下列权利可以质押:

(1) 汇票、支票、本票、债券、存款单、仓单、提单;

(2) 依法可以转让的股份、股票;

(3) 依法可以转让的商标专用权、专利权、著作权中的财产权;

(4) 依法可以质押的其他权利。

以汇票、支票、本票、债券、存款单、仓单、提单出质的,应当在合同约定的期限内将权利凭证交付质权人。质押合同自权利凭证交付之日起生效。

课堂实训任务

任务 8-30　甲欠乙 10 万元,以汽车一辆出质给乙。乙置车与院外,无任何保险措施。两周后,该车被盗,无保险。问:本案中车辆被盗的损失如何承担?

五、留置

(一) 留置的概念

留置,是指债权人按照合同约定占有债务人的动产,债务人不按照合同约定的期限履行债务的,债权人有权依照本法规定留置该财产,以该财产折价或者以拍卖、变卖该财产的价款优先受偿。

留置担保的范围包括主债权及利息、违约金、损害赔偿金、留置物保管费用和实现留置权的费用。因保管合同、运输合同、加工承揽合同发生的债权,债务人不履行债务的,债权人有留置权。

（二）留置权的实现

留置权人与普通债权人相比，可就留置物享有优先受偿权，但是，行使前必须忍耐不少于两个月的宽限期。

（1）当事人可在合同中自由约定宽限期，但该宽限期不得少于两个月。若约定宽限期，待宽限期过后，债权人无须通知，即可直接行使留置权。

（2）当事人未约定宽限期的，债权人需在主债权届满后，确定至少两个月的宽限期，并通知债务人履行；宽限期过后仍未履行的，才可行使留置权。

（3）债权人未尽通知义务而直接变现留置物，应负赔偿责任。

课堂实训任务

任务 8-31　甲委托乙修理彩电一台，约定修好的次日甲付费。3 个月内，甲不付费的，乙可行使留置权。乙于 6 月 1 日修好彩电，并告知甲。9 月 2 日过后，甲未付费，问乙如何行使权利？

任务 8-32　上例中甲乙并无 3 个月的宽限期约定。乙于 6 月 1 日修好后告知甲。8 月 2 日过后，甲仍未付费。乙立即申请一拍卖机构拍卖掉彩电。问：乙的做法是否于法有据？乙需承担什么责任？

知识小结

	抵押权	质押权	留置权
性质	约定担保	约定担保	法定担保
适用范围	不动产及其他财产	动产质权和权利职权	因保管、运输、加工承揽等合同
担保权人权利	抵押物的保全；抵押处分；优先受偿权	质权人占有质物；收取孳息；质权的保全；优先受偿	留置权人留置标的物；收取孳息；优先受偿
担保人的权利	收取业务孳息	因质权人保管不善产生追偿权，质物返还请求权	保管留置物，返还留置物

六、定金

（一）定金的概念

定金是指当事人可以约定一方向对方给付一定数量的货币作为债权的担保。定金应当以书面形式约定。

（二）定金的效力

定金合同从实际交付定金之日起生效。当事人在定金合同中应当约定交付定金的期限，定金合同从实际交付定金之日起生效。属于实践性合同。定金数额由当事人约定，但不得超过主合同标的额的 20%。

（三）定金罚则

债务人履行债务后，定金应当抵作价款或者收回。

给付定金的一方不履行约定债务的，无权要求返还定金；收受定金的一方不履行约定债务的，应当双倍返还定金。

课堂实训任务

● 任务 8-32　甲乙二人于 6 月 1 日签订了一份 30 万元购销合同，内有定金条款，约定甲给付定金 10 万元。后甲在 6 月 15 日交付 5 万元给乙。乙予以接受。问：该定金合同何时成立？定金数额是多少？若交付定金数额为 10 万元呢？

● 任务 8-33　甲乙二人订立的合同中约定，甲交付给乙 10 万元定金。若甲违约，应如何处理？若乙违约，应如何处理定金？

任务六　合同的变更和转让和终止

一、合同的变更

（一）合同变更的概念

变更是指合同内容的变化，是在主体不变、标的不变、法律性质不变的条件下，在合同没有履行或没有完全履行之前，由于一定的原因，由当事人对合同约定的权利义务进行局部调整。这种调整，通常表现为对合同某些条款的修改或补充。如买卖合同标的物数量的增加或减少、交货时间的提前、延期，运输方式和交货地点改变等都可视为合同的变更。

（二）合同变更的条件

（1）原已存在有效的合同关系。合同的变更，是改变原合同关系，没有原合同关系便无变更的对象，所以，合同变更以原已存在合同关系为前提。同时，原合同关系若非合法有效，如合同无效、合同被撤销、追认权人拒绝追认效力未定的合同，也无合同变更的余地。

（2）合同内容发生变化。合同内容的变化包括：标的物数量的增减；标的物品质的改变；价款或者酬金的增减；履行期限的变更；履行地点的改变；履行方式的改变；结算方式的改变；所附条件的增添或除去；单纯债权变为选择债权；担保的设定或取消；违约金的变更；利息的变化。

（3）经当事人协商一致，或依法律规定。《合同法》第 77 条第 1 款规定："当事人协商一致，可以变更合同。"合同变更通常是当事人合意的结果。此外，合同也可能基于法律规定或法院裁决而变更，如《合同法》第 54 条规定，一方当事人可以请求人民法院或者仲裁机关对重大误解或显失公平的合同予以变更。

（4）法律、行政法规规定变更合同应当办理批准、登记等手续的，应遵守其规定。

（三）合同变更的效力

合同变更的实质在于使变更后的合同代替原合同。因此，合同变更后，当事人应按变更后的合同内容履行。

合同变更原则上是针对将来发生的效力，未变更的权利义务继续有效，已经履行的债务不因合同的变更而失去合法性。

合同的变更不影响当事人要求赔偿的权利。原则上，提出变更的一方当事人对对方当事人因合同变更所受损失应负赔偿责任。

二、合同的转让

合同的转让，是指在合同依法成立后，改变合同主体的法律行为。即合同当事人一方依法将其合同债权和债务全部或部分转让给第三方的行为。

合同的转让是合同主体的变更，合同的内容并没有发生改变。合同转让根据其转让的内容可以分为债权转让，债务转移和债权债务一并转让三种。

（一）债权转让

1. 债权转让的概念

指不改变合同的内容，债权人通过与第三人订立合同的方式将债权移转于第三人。债权人转让权利称为让与人，接受权利的人称之为受让人。

2. 债权转让的限制

（1）根据合同性质不得转让。一般指合同基于特定当事人的身份关系不得转让，如抚养费等；

（2）根据双方当事人的约定权利不能转让；

（3）依照法律规定不得转让。

3. 债权转让的效力

《合同法》第八十条规定：债权人转让权利的，应当通知债务人。未经通知，该转让对债务人不发生效力。只要对债务人履行了通知义务即可（通知的义务履行的方式可以是书面的，也可以是口头的），不必要征得债务人的同意。债务人的同意并不是这种转让行为发生法律效力的前提。

（二）债务的转移

合同债务的转移是指在不改变合同义务的前提下，经债权人同意，债务人将合同的义务全部或部分转移给第三人。

债务人将合同的义务全部或者部分转移给第三人，应当经债权人的同意；否则债务人转移合同义务的行为对债权人不发生效力，债权人有权拒绝第三人向其履行，同时有权要求债务人履行义务并承担不履行或迟延履行合同的法律责任。

课堂实训任务

任务 8-33　2007 年，经甲介绍，乙与甲的岳父承包的某配件厂口头约定，乙向配件厂供 1380、401 两种型号的特种铝锭。约定后乙向配件厂供 401 型铝锭 548 千克，单价 14.05 元/千克，价款 79 532 元，供 1380 型铝锭 13 441.3 千克，单价 13.05 元/千克，价款 181 459.35 元，总价款 260 991.55 元。货款通过甲结算后转给乙，至 2008 年 12 月 11 日，配件厂尚欠乙货款 11.1 万元。2008 年 12 月 11 日，乙与甲一起到配件厂结算，配件厂会计与他们结算后，因配件厂无钱支付货款，乙要求配件厂出具欠条，配件厂未出具，甲向乙出具了"今欠乙铝锭款壹拾壹万壹仟元整"欠条，并署上自己的名字。2009年1月20日，因甲与某配件厂都未履行还款义务，乙以甲及某配件厂为共同被告进行起诉，甲抗辩说，我虽然愿意承担债务，但是乙必须先找配件厂要债才行。乙将甲及配件厂一同诉至人民法院，问：应当由谁偿还乙的债务？

（三）合同的债权债务一并转让

债权债务的转让，是指合同当事人一方将其债权债务一并转移给第三人，由第三人概括地接受原当事人的债权和债务的法律行为。《合同法》第88条规定："当事人一方经对方同意，可以将自己在合同中的权利和义务一并转让给第三人。"

合同的一方当事人将权利义务一并转让时，除了应当征得另一方当事人的同意外，还应当遵守有关权利、义务转让的其他规定：

（1）不得转让法律禁止转让的权利；

（2）转让合同权利义务时，从权利和从债务一并转让，受让人取得与债权有关的从权利和从债务，但该从权利和从债务专属于让与人自身的除外；

（3）转让合同权利和义务不影响债务人抗辩权的行使；

（4）债务人对让与人享有债权的，可以依照有关规定向受让人主张抵消；

（5）法律行政法规规定应当办理批准、登记手续的，应当依照其规定办理。

三、合同的权利义务终止

（一）合同权利义务终止的概念

合同是有期限的民事法律关系，不可能永恒存在，有着从设立到终止的过程。合同的权利义务终止，指依法生效的合同，因具备法定情形和当事人约定的情形，合同债权、债务归于消灭，债权人不再享有合同权利，债务人也不必再履行合同义务。

（二）合同权利义务终止的具体情形

根据《合同法》的规定，有下列情形之一的，合同权利义务终止：

1. 债务已经按照约定履行

债务按照合同约定得到履行，一方面可使合同债权得到满足，另一方面也使得合同债务归于消灭，产生合同的权利义务终止的后果。

债务已经按照约定履行，指债务人按照约定的标的、质量、数量、价款或者报酬、履行期限、履行地点和方式全面履行。以下情况也属于合同按照约定履行：

（1）当事人约定的第三人按照合同内容履行。

合同是债权人与债务人之间的协议，其权利义务原则上不涉及合同之外的第三人，合同债务当然应当由债务人履行，但有时，为了实现当事人特定目的，便捷交易，法律允许合同债务由当事人约定的第三人履行，第三人履行债务，也产生债务消灭的后果。比如债务人乙和债权人甲约定，由第三人丙偿还乙欠甲的10万元人民币的债务，丙将10万元人民币偿还给甲后，该合同的权利义务亦终止。

(2) 债权人同意以其他种给付代替合同原定给付。

债务人应当按照合同约定的内容履行，但有时，实际履行债务在法律上或者事实上不可能，比如，债务履行时，法律规定该履行需经特许，债务人无法得到批准许可，或者标的物已灭失，无法交付；或者实际履行费用过高，比如交付货物的运输费用大大提高，甚至超过合同标的的价格，实际履行极不经济。比如，债务人乙按照合同约定，应当向债权人甲交付100吨吉林产圆粒大米，由于乙收购遇到困难，不能交付，但乙有100吨天津圆粒大米，质量与合同约定的吉林大米基本相同，甲同意交付天津大米以代替吉林大米的交付，乙交付了天津大米，债务即消灭。有时代物履行可能会有差价，支付差价后，也产生债务消灭的后果。

(3) 当事人之外的第三人接受履行。

债务人应当向债权人履行债务，债权人受领后产生债务消灭的后果。有时，当事人约定由债务人向第三人履行债务，债务人向第三人履行后，也产生债务消灭的后果。比如债务人乙欠债权人甲1万元人民币，债权人甲又欠第三人丙的钱，债权人甲请求债务人乙直接将欠款付给丙，乙同意，并按照其欠甲款的数额将钱付给了丙，从而消灭了其对甲的债务。

（三）合同解除

合同的解除，指合同有效成立后，当具备法律规定的合同解除条件时，因当事人一方或双方的意思表示而使合同关系归于消灭的行为。

1. 约定解除

根据合同自愿原则，当事人在法律规定范围内享有自愿解除合同的权利。当事人约定解除合同包括两种情况：第一种情况是约定解除：即在合同成立以后，在未履行或未完全履行之前，当事人双方可以通过协商解除合同。第二种情况是约定解除，是指当事人双方可以在合同中约定解除合同的条件，当解除合同条件成立时，合同解除。

2. 法定解除

合同的法定解除是指在发生了法律规定的情形时，享有解除权的一方当事人依法行使解除权解除合同，终止合同的权利义务。

法定解除合同的情形有以下几种：

(1) 当事人因不可抗力致使不能实现合同目的时可以解除合同。

(2) 在履行期限届满以前，当事人一方向另一方明确表示或者以自己的行为表明不履行主要债务时另一方可以解除合同。

(3) 当事人在迟延履行主要债务，经催告后在合理期间内仍未履行是可以解除合同。

(4) 当事人一方延迟履行债务或者有其他违约行为致使不能实现合同目的可以解除合同。

(5) 法律规定的其他形式。

合同解除后尚未履行的，中止履行；已经履行的，根据履行情况和合同的性质，当事人可以要求恢复原状、采取其他补救措施，并有权要求赔偿损失。

（四）债务相互抵销

债务相互抵销，指当事人互负到期债务，又互享债权，以自己的债权充抵对方的债权，使自己的债务与对方的债务在等额内消灭。

债务相互抵销应当具备以下条件：

（1）必须是当事人双方互负债务，互享债权。抵销发生的基础在于当事人双方既互负债务，又互享债权，只有债务而无债权或者只有债权而无债务，均不发生抵销。

（2）当事人双方互负的债权债务，须均合法，其中一个债为不法时，不得主张抵销。

（3）按照合同的性质或者依照法律规定不得抵销的债权不得抵销。例如，劳动合同不能抵消。

抵销制度，一方面免除了当事人双方实际履行的行为，方便了当事人，节省了履行费用。另一方面，当互负债务的当事人一方财产状况恶化，不能履行所负债务时，通过抵销，起到了债的担保作用。

课堂实训任务

任务 8-34　甲在合同约定的还款日期，应支付给乙 10 万元人民币货款，与此同时乙欠甲 5 万元人民币，并已到清偿日期，此时，甲乙之间的债务应如何抵消？

（五）债务人依法将标的物提存

1. 提存的概念

提存，指由于债权人的原因，债务人无法向其交付合同标的物时，债务人将该标的物交给提存机关而消灭合同的制度。比如，债务人乙在合同约定的履行期限，准备向债权人甲交付货物，但却无法找到债权人，乙根据法律有关规定，将该货物交给提存机关，货物被提存后，债务即消灭。

2. 提存的效力

债务人与债权人之间：债消灭。提存人与提存部门之间：后者负妥善保管义务。① 提存费用由债权人负担；② 提存物风险负担归债权人；③ 提存物孳息归债权人；④ 提存物所有权归债权人；⑤ 保管部门因保管不善致保管物毁损的对债权人负赔偿责任。

债权人对债务人负有到期债务的，在债权人未履行债务或者提供担保之前，提存部门根据债务人的要求应当拒绝其领取提存物。

3. 提存的除斥期间

债权人领取提存物的权利，自提存之日起 5 年内不行使则消灭；提存物扣除提存费用后归国家所有。

（六）法律规定或者当事人约定终止的其他情形

除了前述合同的权利义务终止的情形以外，还出现了法律规定的终止的其他情形的，合同的权利义务也可以终止。比如，《民法通则》第 69 条规定：代理人死亡、丧失民事行为能力，作为被代理人或者代理人的法人终止，委托代理终止。本法第 411 条规定：委托人或者受托人死亡、丧失民事行为能力或者破产的，委托合同终止。

当事人也可以约定合同的权利义务终止的情形，比如，当事人订立的附解除条件的合同，当解除条件成就时，债权债务关系消灭，合同的权利义务终止。当事人订立附终止期限的合同，期限届至时，合同的权利义务终止。比如，赠与人与受赠人约定，赠与人每月负担受赠人的生活费至其 18 周岁，受赠人 18 周岁前参加工作的，自参加工作之日，赠与合同终止。如果受赠人 17 周岁参加工作，赠与人与受赠人之间的合同的权利义务终止。

任务七 违约责任

一、违约责任的概念和特征

违约责任是违反合同的民事责任的简称,是指合同当事人一方不履行合同义务或履行合同义务不符合合同约定所应承担的民事责任。

二、承担违约责任的形式

违约责任的形式,即承担违约责任的具体方式。《合同法》第 107 条规定:当事人一方不履行合同义务或者履行合同义务不符合约定的,应当承担继续履行、采取补救措施或者赔偿损失等违约责任。除此之外,违约责任还包括违约金和定金责任。

(一)继续履行

(1) 继续履行的概念。继续履行也称强制实际履行,是指违约方根据对方当事人的请求继续履行合同规定的义务的违约责任形式。继续履行是一种独立的违约责任形式,不同于一般意义上的合同履行。继续履行以对方当事人请求为前提条件,法院不得自行判决。

(2) 继续履行的适用。继续履行的适用,因债务性质的不同而不同。

金钱债务:无条件适用继续履行。金钱债务只存在迟延履行,不存在履行不能。因此,应无条件适用继续履行的责任形式。

非金钱债务:有条件适用继续履行。对非金钱债务,原则上可以请求继续履行,但下列情形除外:法律上或者事实上不能履行;债务的标的不适用强制履行或者强制履行费用过高;债权人在合理期限内未请求履行。

(二)采取补救措施

(1) 采取补救措施的含义。当事人履行合同义务时,质量不符合约定的,应当按照当事人的约定承担违约责任。

(2) 关于采取补救措施的具体方式,我国相关法律做了如下规定:修理、更换、重作、退货、减少价款或者报酬等,补足商品数量、退还货款和服务费用、赔偿损失。

(三)赔偿损失

赔偿损失,在合同法上也称违约损害赔偿,是指违约方以支付金钱的方式弥补受害方因违约行为所减少的财产或者所丧失的利益的责任形式。赔偿损失具有根本救济功能,任何其他责任形式都可以转化为损害赔偿。赔偿损失是以支付金钱的方式弥补损失。但在特殊情况下,也可以以其他物代替金钱作为赔偿。赔偿损失是对守约方所遭受损失的一种补偿,而不是对违约行为的惩罚。违约赔偿的范围和数额,可由当事人约定。当事人既可以约定违约金的数额,也可以约定损害赔偿的计算方法。

(四)违约金

违约金的概念和性质。违约金是指当事人一方违反合同时应当向对方支付的一定数量的金钱或财物。违约金具有惩罚性和补偿性。

（五）定金责任

所谓定金，是指合同当事人为了确保合同的履行，根据双方约定，由一方按合同标的额的一定比例预先给付对方的金钱或其他替代物。债务人履行债务后，定金应当抵作价款或者收回。给付定金的一方不履行约定债务的，无权要求返还定金；收受定金的一方不履行约定债务的，应当双倍返还定金。据此，在当事人约定了定金担保的情况下，如一方违约，定金罚则即成为一种违约责任形式。

三、违约的免责事由

（一）免责事由的概念

免责事由也称免责条件，是指当事人对其违约行为免于承担违约责任的事由。合同法上的免责事由可分为两大类，即法定免责事由和约定免责事由。

（二）不可抗力

（1）不可抗力的概念。根据我国法律的规定，所谓不可抗力，是指不能预见、不能避免并不能克服的客观情况。不可抗力的要件为：不能预见，即当事人无法知道事件是否发生、何时何地发生、发生的情况如何。对此应以一般人的预见能力为标准加以判断；不能避免，即无论当事人采取什么措施，或即使尽了最大努力，也不能防止或避免事件的发生；不能克服，即以当事人自身的能力和条件无法战胜这种客观力量；客观情况，即外在于当事人的行为的客观现象。

（2）不可抗力主要包括以下几种情形：自然灾害，如台风、洪水、冰雹；政府行为，如征收、征用；社会异常事件，如罢工、骚乱。

（3）不可抗力的免责效力。因不可抗力不能履行合同的，根据不可抗力的影响，违约方可部分或全部免除责任。但有以下例外：金钱债务的迟延责任不得因不可抗力而免除。迟延履行期间发生的不可抗力不具有免责效力。

（三）免责条款

免责条款是指当事人在合同中约定免除将来可能发生的违约责任的条款，其所规定的免责事由即约定免责事由。值得注意的是：免责条款不能排除当事人的基本义务，也不能排除故意或重大过失的责任。

课堂实训任务

任务 8-35　某农场与某土产公司签订了一项香蕉买卖合同，并约定在买方所在地交货，但在运输途中由于天气原因耽搁，致使到货时已腐烂过半，请问损失由谁承担？

复习思考题

1. 简述合同的概念和适用范围。
2. 简述要约和要约邀请的区别。
3. 简述无效合同、效力待定合同和可变更可撤销合同的法律规定。

4. 简述双务合同中同时履行抗辩权、后履行抗辩权、不安抗辩权的区别。
5. 简述合同变更和合同转让的区别。
6. 简述合同终止的情形。

专项实训项目

活动目标和要求

《合同法》授课完毕，利用两个课时组织模拟法庭，介绍简易法庭程序，提前分组并分配扮演角色。使学生能够掌握草拟合同的写作技巧，能够辨析合同的效力，区分不同的担保形式，掌握合同约定不明时履行的基本规则。正确判断并利用违约责任和免责条款以保障自己的合法权益。

实训组织

将教室课桌椅摆放成法庭的形式，利用多媒体的资源投射国徽的标志。检查学生的准备情况。

实训内容及成果

由学生扮演法官、书记员、当事人、鉴定人和代理人等。当堂进行法庭辩论，由学生分组进行讨论并最终形成判决书。教师参照学生表现情况评分。

实训材料一

李林决定购买汽车一辆，与 2014 年 7 月 5 日向盛达汽车销售公司发函，称以 20 万元的价格订购东风汽车一辆，货到后于 10 日内验货付款。7 月 10 日盛达公司回复称接受李林来函的内容，但另行要求李林支付定金 2 万元，违约金为货款的 30%，这份合同由盛达公司单方面签章后于当日寄出。7 月 13 日李林收到合同后签字并寄出，4 月 16 日盛达公司收到该合同。

李林为了筹集 20 万元资金，向张扬借款 5 万元，并将自己的一幅名家书法抵押给张扬，双方签订了抵押合同但是未对抵押物作登记。由于张扬担心李林无法到期还款，于是李林的父亲以其所居住的学校校舍作抵押，并办理了抵押登记。李林又像周杰借款 5 万元，将该名家书法又质押给周杰，双方签订了质押合同，李林像周杰交付了该书法作品。

李林得款后，购买了该汽车，但仍欠盛达公司 10 万元。后该汽车发生了交通事故，产生纠纷。李林无力还款。

张扬在保管过程中不慎将名家书法损坏，送到专业装裱处修理，修理费用 5 000 元，因张扬无力支付修理费，装裱处对该画行使了留置权，后以 5 000 元卖出。

庭审辩论和组织讨论的焦点问题

- 李林与盛达公司的买卖合同成立的时间和地点。
- 李林无法支付 10 万元货款，盛达公司如何维护自己的权益？
- 抵押和质押的效力问题。
- 这幅名画的所有权归属问题。

实训材料二

世纪商贸有限责任公司在经营过程中发生如下业务：

1. 2015 年 4 月 2 日，世纪商贸公司书面授权，委托本公司员工张三去 M 公司购买空调

100台，声明每台定价不得超过4 000元，并将空白合同书和定金10万元交付于张三。

2. 同年4月5日，张三来到M公司，向其出具了盖有公司印章的委托授权书和合同书，欲向M公司购买100台空调。

3. 4月10日，经双方磋商，M公司坚持空调最低价为每台4 200元，张三便和M商场签订了合同。合同约定：由世纪商贸公司向M商场购买空调100台，每台单价4 200元，并当日向M公司支付定金10万元，M商场于4月18日交货，货到后验货付款。如果合同任何一方违约都要向对方支付7万元的违约金。

4. 双方签订合同后，M商场4月11日将货物交由顺通运输公司承运，运送途中，顺通运输公司司机李某私自拿走一台空调，以4 200元的价格卖给搭顺风车同往的张某。其余货物按期交付至世纪公司。

5. 4月18日，司机李某将4 200元交付给世纪商贸公司，世纪商贸公司收下货款，并未表示异议。但是，以张三签订合同的价款与最初所授权价款不符合为由拒绝支付多出的货款。

6. M商场得知，世纪商贸公司对A农贸市场有一笔50万元的到期货款未收回。M商场遂起诉至人民法院，要求行使代位权。并要求世纪商贸公司偿还货款，并支付逾期付款的违约金。

↘ 庭审辩论和组织讨论的焦点问题
- 世纪商贸公司能否主张与M商场签订的合同无效。
- 司机李某将一台空调卖给张某的行为效力问题。
- M商场能否要求世纪商贸公司承担违约责任，世纪商贸公司怎样承担责任？
- M商场能否行使代位权。

项目八

商标法和专利法

本章导入案例

【案情简介】

中国纺织品公司某省纺织分公司在其经销的丝绸衬衣绣有一朵荷花,并用"荷花"作为其商标名称,2014年2月向商标局提出注册申请并公告。2014年4月28日,中国丝绸公司某省公司向商标局提出异议,认为公告的纺织分公司的"荷花"商标与其在丝绸内衣上使用的莲花牌注册商标极为相似,图形均为一朵花,看起来一模一样。商标局经过审查后,裁定异议成立,驳回了纺织分公司的申请,该分公司不服,打算请求复审。

【问题】

根据上述材料,结合商标法的有关内容,回答下列问题:

1. 向商标局申请商标注册一般应提交哪些文件?
2. 假设纺织分公司与某省丝绸公司在同一天提出了商标注册申请,请问商标局应如何受理?
3. 假设你是省纺织分公司的法律顾问,对于该公司要求复审的建议应在何时怎样提出?简要回答。
4. 何为近似商标?你认为争议双方的商标是近似商标吗?

教学目标

- 掌握商标的概念、分类和专利的主体、客体和内容
- 熟悉商标注册的原则、条件和程序
- 掌握专利权授予的原则、条件和程序

实训目标

- 学会依法向商标局申请商标和向专利局申请专利
- 掌握商标专用权的法律保护和商标侵权行为
- 掌握专利实施的强制许可和专利权保护的相关规定

任务一 商 标 法

一、商标法的概述

(一) 商标的概念

商标,是指商品的生产经营者或者服务提供者为了将自己的商品或者服务与他人的商品或者服务区别开来而使用的一种标记,此种标记的要素可以是文字、图形、字母、数字、三维标志、颜色组合和声音等,以及上述要素的组合。

(二) 商标的特征

(1) 商标是具有显著性的标志,既区别于具有叙述性、公知公用性质的标志,又区别于他人商品或服务的标志,从而便于消费者识别。

(2) 商标具有独占性。使用商标的目的是为了区别与他人的商品来源或服务项目,便于消费者识别。所以,注册商标所有人对其商标具有专用权、独占权,未经注册商标所有人许可,他人不得擅自使用,否则,即构成侵犯注册商标所有人的商标权,违反我国商标法律规定。

(3) 商标具有价值。商标代表着商标所有人生产或经营的质量信誉和企业信誉、形象,商标所有人通过商标的创意、设计、申请注册、广告宣传及使用,使商标具有了价值,也增加了商品的附加值。商标的价值可以通过评估确定。商标可以有偿转让;经商标所有权人同意,许可他人使用。

(4) 商标具有竞争性,是参与市场竞争的工具。生产经营者的竞争就是商品或服务质量与信誉的竞争,其表现形式就是商标知名度的竞争,商标知名度越高,其商品或服务的竞争力就越强。

(三) 商标的分类

按照不同的标准,商标可以分为不同的种类。

1. 按照商标的构成要素划分

根据商标不同的构成要素,商标可以分为文字商标、图形商标、组合商标、颜色商标、非形象商标等。

文字商标,是指仅由文字组成的商标,文字既可以是汉字、少数民族文字,也可以是外文字、数字。

图形商标,是指仅由图形组成的商标。优点是不受语言限制且形象生动,给人印象深刻,故特征显著,易于识别。缺点是不便呼叫,交易中心不便相互交流。

组合商标,是指由文字、图形组合而成的商标。注册后作为一个完整的整体对待,不可随意变更其组合或排列。

非形象商标,是指以音响、气味等通过听觉、嗅觉才能感知的商标,对于非形象商标,仅声音商标依法受我国商标法保护。

2. 按照商标的结构形态划分

以商标的结构形态为标准,商标可以分为平面商标和立体商标。

平面商标，是由二维要素组成的视觉商标。平面商标由文字、平面图形、字母、数字、颜色组合，或者上述要素的组合而成的商标，平面商标的构成是一种艺术创造。

立体商标，是指由三维标志构成的商标，如麦当劳的金色拱门标志。

3. 按照商标适用对象划分

以商标使用对象为标准，商标划分为商品商标和服务商标。

商品商标，指适用于有形商品上的商标。

服务商标，指服务行业使用的商标，如金融、运输、广播、建筑等服务行业上使用的商标。

4. 按照商标的使用目的划分

以商标的使用目的为标准，商标分为联合商标、防御商标和证明商标。

联合商标是指同商标所有人在同一种或者类似商品上注册若干个近似商标。联合商标的注册不是为了每一个商标都使用，而是为了保护正商标，防止他人使用影射、近似或者雷同的商标。

防御商标，是指驰名商标或者已为公众熟知的商标所有人在不同类别的商品或者服务项目上注册若干个相同商标，其目的在于扩大商标专用权的范围，保护驰名商标。

证明商标是指由对某种商品或者服务具有监督能力的组织所控制，而由该组织以外的单位或者个人使用其商品或者服务，用以证明该商品或者服务的原产地、原料、制造方法、质量或者其他特定品质的标志。

课堂实训任务

任务 8-1　某公司有一注册商标"苹果"被核定适用于洗衣机上。为了有效保护该商标，该公司在洗衣机上有申请注册了"红苹果""青苹果""黄苹果"三件商标。分析这三件商标属于联合商标还是防御商标？

5. 按是否注册划分

以是否注册为标准，商标分为注册商标和非注册商标。

注册商标，是指经商标局依法核准注册的商标，包括商品商标、服务商标、集体商标和证明商标。注册商标的商标注册人依法享有商标的专用权。

非注册商标，是指未经商标局核准注册的商标。对于有些商品，非注册商标虽然可以使用。但商标使用人不享有商标专用权。

（四）商标法的概念

商标法是确认商标专用权，规定商标注册、使用、转让、保护和管理的过程中发生的各种社会关系的法律规范的总称。我国商标法主要包括《中华人民共和国商标法》和《中华人民共和国商标法实施条例》。

二、商标注册制度

商标注册是指商标申请人为了取得商标专用权，将其使用或者准备使用的商标，依照法律规定的条件、原则和程序，向商标局提出注册申请，经商标局审核予以注册的各项法律行为的总称。在我国，商标只有经过注册才能受到商标法的保护，商标所有人才能享有商标专用权。

（一）商标注册原则

（1）诚实信用原则。申请注册和使用商标，应当遵循诚实信用原则。商标使用人应当对其使用商标的商品质量负责。

（2）一件商标一份申请原则

一件商标一份申请原则，即一份申请只能请求注册一件商标，不能在一份申请中提出注册两件或者两件以上的商标，但允许申请注册的同一商标适用于不同类别的商品上。

（3）自愿注册为主、强制注册为辅的原则

我国对大部分商品或者服务项目使用的商标，采用自愿注册原则，即商标所有人根据其意愿，自主决定是否申请商标注册。未注册商标虽然可以在市场上使用，但并不受商标法保护，其所有人不享有该商标的专用权。与此同时，对部分商品实行强制注册原则。根据《商标法》的规定，国家规定必须使用注册商标的商品，必须申请商标注册，未经核准注册的，不得在市场上销售。根据相关法律的规定，烟草制品必须使用注册商标。

（4）申请在先为主、使用在先为辅的原则

两个或者两个以上的商标注册申请人，在同一种商品或者类似商品上，以相同或者近似的商标申请注册的，初步审定并公告申请在先的商标；同一天申请的，初步审定并公告使用在先的商标驳回其他人的申请，不予公告。

（5）优先权原则。在实行申请在先原则的情形下，申请日期的确定具有很重要的意义。申请日期一般以商标局收到申请文件的日期为准。申请人享有优先权的，优先权日为申请日。商标法规定了两种可以享有优先权的情况：其一，商标注册申请人自其商标在外国第一次提出申请之日起 6 个月内，又在中国就相同商品以同一商标提出商标注册申请的，依照该国同中国签订的协议或者共同参加的国际条约，或者按照相互承认优先权的原则，可以享有优先权；其二，商标在中国政府主办的或者承认的国际展览会展出的商品上首次使用的，自该商品展出之日起 6 个月内，该商标的注册申请人可以享有优先权。

课堂实训任务

任务 8-2　甲厂自 1995 年起在其生产的炊具上使用"红灯笼"商标，并于 1997 年 8 月向商标局提出该商标的注册申请。乙厂早在 1997 年 6 月向商标局申请为炊具产品注册"红灯笼"商标。分析该"红灯笼"商标授予给谁？

（二）商标注册的实体条件

1. 申请注册的商标应当具备法定的构成要素

任何能够将自然人、法人或者其他组织的商品与他人的商品区别开来的标志，包括文字、图形、字母、数字、三维标志、颜色组合和声音等，以及上述要素的组合，均可以作为商标申请注册。视觉不能感知的声音可以申请商标注册，但气味等其他不具有可视性的标志不能在我国申请商标注册。

2. 申请注册的商标应当具有显著特征

商标的显著特征可以通过两种途径获得：一是标志本身固有的显著特征，如立意新颖、设计独特的商标；二是通过使用获得显著特征，如直接叙述商品质量等特点的叙述性标志经过使用取得显著特征，并便于识别的商标。

3. 申请注册的商标不得侵犯他人的在先权利或合法利益

4. 申请注册的商标不得使用法律禁止使用的标志

下列标志不得作为商标使用：

（1）同中华人民共和国的国家名称、国旗、国徽、军旗、军徽、军歌、勋章等相同或者近似的，以及同中央国家机关名称、标志、所在地特定地点的名称或者标志性建筑物的名称、图形相同的；

（2）同外国的国家名称、国旗、国徽、军旗等相同或者近似的，但经该国政府同意的除外；

（3）同政府间国际组织的名称、旗帜、徽记等相同或者近似的，但经该组织同意或者不易误导公众的除外；

（4）与表明实施控制、予以保证的官方标志、检验印记相同或者近似的，但经授权的除外；

（5）同"红十字""红新月"的名称、标志相同或者近似的；

（6）带有民族歧视性的；

（7）带有欺骗性，容易使公众对商品的质量等特点或者产地产生误认的；

（8）有害于社会主义道德风尚或者有其他不良影响的。

县级以上行政区划的地名或者公众知晓的外国地名，不得作为商标。但是，地名具有其他含义或者作为集体商标、证明商标组成部分的除外；已经注册的使用地名的商标继续有效。

商标中有商品的地理标志，而该商品并非来源于该标志所标示的地区，误导公众的，不予注册并禁止使用；但是，已经善意取得注册的继续有效。

禁止作为商标注册但可以作为未注册商标或其他标志使用的标志包括：

（1）仅有本商品的通用名称、图形、型号的；仅直接表示商品的质量、主要原料、功能、用途、重量、数量及其他特点的；其他缺乏显著特征的。前款所列标志经过使用取得显著特征，并便于识别的，可以作为商标注册。

（2）以三维标志申请注册商标的，仅由商品自身的性质产生的形状、为获得技术效果而需有的商品形状或者使商品具有实质性价值的形状，不得注册。

课堂实训任务

任务8-3　2010年3月，佛山酒厂生产出一种新型优质白酒，在没有申请商标注册之前，使用"粮食牌"商标在市场上销售白酒。试分析：该商标的使用违法吗？

任务8-4　长寿县灯具厂于2004年4月向商标局申请为其产品注册"长寿"商标。4月10日，商标局审查后认为"长寿"系县级以上行政区划名称而驳回申请。试分析：该酒厂能否注册"长寿"商标。

任务8-5　某厂去年以来生产土豆片、锅巴等小食品，使用"香脆"二字但未注册商标。现某厂决定提出"香脆"商标注册申请，使用商品仍为土豆片、锅巴。试分析：该厂提出"香脆"商标注册申请能否被批准?

(三)商标注册的程序条件

1. 申请人提交申请文件

商标注册的申请是取得商标专用权的前提。需要取得商标专用权的自然人、法人或者其他组织应提交规定的申请文件。国内申请人申请商标注册,可以委托国家工商管理局认可的商标代理机构代办商标注册申请,也可以直接向国家商标局申请商标注册。外国人或者外国企业也可以在中国申请商标注册,但应当按照所属国同中国签订的协议或者共同参加的国际条约办理。或者按对等原则办理,并且应当委托国家认可的组织代理。这些申请文件包括申请书、商标图样和其他有关文件。

2. 对申请注册的商标进行审查

商标局在收到商标注册申请人的申请文件后,依法对申请注册的商标先后进行形式审查和实质审查。形式审查的主要内容包括商标申请人的申请资格和申请程序;商标的申请日期;是否符合一件商标一份申请原则;商标申请的有关文件、商标图样是否送齐以及申请注册费用是否缴纳等。经形式审查,申请手续齐备且按规定填写的,编定申请号发给受理通知书。形式审查后,商标局进行实质审查。实质审查的内容是:申请注册的商标是否符合法律规定的实体条件,如是否具备法定要素、是否具备显著性、是否违反商标禁用条款、是否与其他商标混同等。

3. 初步审定并公告

对申请注册的商标经过审查,凡符合《商标法》有关规定的,由商标局初步审定,予以公告。凡不符合《商标法》有关规定的,商标局驳回其申请,不予以公告。

4. 异议

对初步审定公告的商标,自公告之日起3个月内,在先权利人、利害关系人可以向商标局提出异议。异议的理由是该初步审定的商标违反商标法的规定。如果异议经商标局调查核实并裁定成立,则该初步审定的商标不予以注册。

5. 驳回商标注册申请的复审

对驳回申请、不予公告的商标,商标局应当书面通知商标注册申请人。商标注册申请人不服的,可以自收到通知之日起十五日内向商标评审委员会申请复审。商标评审委员会应当自收到申请之日起九个月内做出决定,并书面通知申请人。有特殊情况需要延长的,经国务院工商行政管理部门批准,可以延长三个月。当事人对商标评审委员会的决定不服的,可以自收到通知之日起三十日内向人民法院起诉。

6. 核准注册

初步审定并公告的商标在异议期内没有人提出异议或者经裁定异议不成立的,商标局予以核准注册,发给商标注册证,并予以公告。自此,商标所有人开始享有商标专用权。

三、商标权人的权利和义务

(一)商标权人的权利

(1)商标专用权。商标专用权是指商标权人对其注册商标享有的专有使用的权利。其具体内容包括两个方面的内容：① 商标使用权，是指商标权人有权在其核准注册的商品上使用其注册商标的权利；② 禁止权，是指商标权人有权禁止任何人未经其许可而使用与其注册商标相混同的商标。

（2）商标转让权。商标转让权，是指商标权人根据《商标法》规定的程序将商标所有权转让给他人的法律行为。转让注册商标的，转让人和受让人应当签订转让协议，并共同向商标局提出申请。转让注册商标的，商标注册人对其在同一种商品上注册的近似的商标，或者在类似商品上注册的相同或者近似的商标，应当一并转让。对容易导致混淆或者有其他不良影响的转让，商标局不予核准，书面通知申请人并说明理由。受让人应当保证使用该注册商标的商品质量。

（3）商标权的使用许可。商标注册人可以通过签订商标使用许可合同，许可他人使用其注册商标。许可人应当监督被许可人使用其注册商标的商品质量。被许可人应当保证使用该注册商标的商品质量。经许可使用他人注册商标的，必须在使用该注册商标的商品上标明被许可人的名称和商品产地。许可他人使用其注册商标的，许可人应当将其商标使用许可报商标局备案，由商标局公告。商标使用许可未经备案不得对抗善意第三人。

（4）标记权。商标注册人使用注册商标，有权标明"注册商标"字样或者注册标记。在商品上不便表明的，可以在商品包装或者说明书以及其他附着物上标明。

（5）商标权的变更。注册商标所有人需要改变注册商标的文字、图形从而导致商标权客体变更的，应当重新提出注册申请。但是变更有关注册人的名称、地址或者其他注册事项，不属于商标权的变更，因此应办理变更申请。

（6）请求保护权。当商标权人的商标权受到侵害时，商标权人可以向人民法院起诉，也可以请求工商行政管理部门处理。

（二）商标权人的义务

1. 按照规定正确使用注册商标

商标权人应当在核准的范围内使用其注册商标，不得将注册商标用在未经核准使用的商品或者服务项目上，不得自行改变注册商标的文字、图形或者其组合，不得自行改变注册人的名义、地址或者其他注册事项，不得连续3年停止使用注册商标，不得自行转让注册商标。

2. 对使用注册商标的商品质量或者服务质量负责的义务

3. 依法缴纳有关费用的义务

商标权人应依法缴纳商标权的有关费用，如授权注册费、续展注册费、转让注册费等。

四、注册商标的期限和续展

（一）注册商标的期限

注册商标的期限是指注册商标具有法律效力的期限，也叫注册商标的有效期。注册商标的有效期为十年，自核准注册之日起计算。

（二）注册商标的续展

注册商标的续展，是指延长注册商标有效期的法律程序。注册商标的期限届满，注册商标可以续展。注册商标有效期满，需要继续使用的，商标注册人应当在期满前十二个月内按照规定办理续展手续；在此期间未能办理的，可以给予六个月的宽展期。每次续展注册的有效期为十年，自该商标上一届有效期满次日起计算，续展的次数不受限制。商标局应当对续展注册的商标予以公告。期满未办理续展手续的，注销其注册商标。

五、商标权的无效和终止

（一）商标权无效

1. 商标权的无效

商标权的无效是指已经注册的商标因不符合商标法规定的条件，而由商标局或者商标评审委员会宣告商标权无效的法律制度。

2. 商标权无效的原因

商标权无效的原因包括：① 已经注册的商标违反商标注册的实体条件和以欺骗手段取得商标注册的；② 已经注册的商标违反在先权利的。

3. 商标权无效的程序

对于存在商标权无效情形的，由商标局依职权主动宣告该注册商标无效；其他单位或者个人可以请求商标评审委员会宣告该注册商标无效。对于不当注册的商标，自商标注册之日起五年内，在先权利人或者利害关系人可以请求商标评审委员会宣告该注册商标无效。对恶意注册的，驰名商标所有人不受五年的时间限制。

4. 商标权无效的法律后果

商标权被宣告无效的，由商标局予以公告，该注册商标专用权视为自始即不存在。宣告注册商标无效的决定或者裁定，对宣告无效前人民法院做出并已执行的商标侵权案件的判决、裁定，调解书和工商行政管理部门作出并已执行的商标侵权案件的处理决定，以及已经履行的商标转让或者使用许可合同，不具有追溯力；但是，因商标注册人恶意给他人造成的损失，应当给予赔偿。

（二）商标权的终止

1. 商标权的终止

商标权终止是指由于法定事由的发生，注册商标权人丧失其商标专用权，不再受法律保护的制度。

2. 商标权终止的原因

注册商标可因注销或撤销而导致商标专用权终止。

（1）注销，是指商标局因商标权人自行放弃或保护期限届满而商标权人未为续展等事由而将注册商标从《商标注册簿》中予以涂销的法律制度。商标局对注册商标予以注销，并进行公告。

注销的事由主要有以下几个方面：

① 注册商标有效期届满，而且宽展期已过，商标申请人仍未能提出续展申请的，或者提出续展申请而未获批准的，该商标权自保护期限届满之日起即行终止。

② 主动放弃，即商标权人通过办理注销注册商标的登记手续，放弃商标权。商标注册人申请注销其注册商标或者注销其商标在部分指定商品上的注册的，应当向商标局提交商标注销申请书，并交回原《商标注册证》。商标注册人申请注销其注册商标或者注销其商标在部分

指定商品上的注册的,该注册商标专用权或者该注册商标专用权在该部分指定商品上的效力自商标局收到其注销申请之日起终止。

③ 其他事由,主要指原商标权主体消灭的情形。一种情形是商标权人主体消灭且无继受人的。当商标权人为自然人死亡且无继承人,或商标权人为企业或其他组织终止且无继受主体时,商标权随之消灭。另一种情形是原商标权人有继受主体,但继受主体未在原主体死亡或终止后一年内办理注册商标的移转手续的,任何人均可提出注销该注册商标。一旦主体消灭或继受主体未在规定时间内提出移转手续的,该商标专用权自主体消灭之日起终止。

(2) 撤销是指商标权人未按法律规定的要求使用注册商标,商标局依职权撤销该注册商标的制度。

撤销的事由包括以下几个方面:
① 自行改变注册商标的;
② 自行改变注册商标的注册人名义、地址或者其他注册事项的;
③ 自行转让注册商标的;
④ 连续三年停止使用的;
⑤ 使用注册商标,其商品粗制滥造,以次充好,欺骗消费者的。

依《商标法》及其实施条例的规定,有上述第 1 项、第 2 项、第 3 项、第 5 项行为之一的,由工商行政管理部门责令商标注册人限期改正;拒不改正的,报请商标局撤销其注册商标。有上述第 4 项行为的,任何人都可以向商标局申请撤销该注册商标。

商标局因上述情形撤销注册商标的,由商标局予以公告;该注册商标专用权自商标局的撤销决定做出之日起终止。当事人对商标局撤销注册商标的决定不服的,可以自收到通知之日起 15 日内向商标评审委员会申请复审,由商标评审委员会作出决定,并书面通知申请人。当事人对商标评审委员会的决定不服的,可以自收到通知之日起 30 日内向人民法院起诉。

《商标法》第 46 条还规定,对于被撤销的或者期满不再续展的商标,自撤销或者注销之日起一年内,商标局对与该商标相同或者近似的商标注册申请,不予核准。这样规定的目的主要是维持商标的功能与保护消费者的利益,防止商品(服务)出处的混淆。但如果商标连续三年停止使用的,则不在禁止之列。

3. 商标权终止的法律后果

商标权终止后,该商标不再受到《商标法》的保护。但是,自注册商标终止之日起 1 年内,商标局对该商标相同或者近似的商标,不予以注册,以避免市场上的商品混淆。因连续 3 年停止使用而被撤销的商品除外。

六、商标使用的管理

商标使用的管理,是指商标行政管理部门为维护社会经济秩序,保护商标权人的合法权益和消费者的利益,依法对商标注册、使用、印制等行为进行的监督、检查、控制、协调、服务等管理活动的总称。

(一) 商标使用的管理机关

国务院工商行政管理部门商标局主管全国商标注册和管理的工作。地方各级工商行政管理部门负责本行政区域内的商标管理工作。

（二）注册商标的使用管理

商标管理机关有权对注册商标的适用予以管理，主要包括以下几个方面：商标使用的范围是否属于商标局核定的商品范围的管理；商标标记的使用是否为规范的管理；商标注册人是否及时变更商标注册事项的管理；商标注册人是否自行转让注册商标的管理；商标注册人是否存在连续3年停止使用的情况的管理；国家规定必须使用注册商标的商品是否使用注册商标的管理；已被撤销或者注销的注册商标的管理；对使用注册商标的商品质量的管理。

（三）未注册商标的使用管理

我国实行自愿注册原则，商标所有人欲取得商标专用权的应申请注册。商标所有人如不申请注册，即不能获得商标专用权，但其商标仍然可以使用。但使用未注册商标应遵守如下规定：① 不得违反《商标法》禁用条款的规定；② 不得冒充注册商标；③ 使用未注册商标的商品不得粗制滥造，以次充好欺骗消费者。

对于违反《商标法》关于未注册商标使用禁止性规定的上述三种行为，由地方工商行政管理部门予以制止，限期改正，并可以予以通报或者处以罚款。

七、注册商标专用权的保护

（一）注册商标专用权的保护范围

根据《商标法》的规定，注册商标的专用权，以核准注册的商标和核定使用的商品为限。

（1）核准注册的商标。未注册的商标一般情况下是不受法律保护的，未注册商标的使用人不享有该商标的专用权，无权依照《商标法》的规定禁止他人使用，而只有有限的不受他人不正当干扰的使用权。

（2）核定使用的商品或服务。在核定使用的商品或服务上使用注册商标是法律保护的基本条件，他人未经许可不得在相同或类似商品或服务上使用相同或近似的商标。

（3）注册商标在有效期限内。注册商标的有效期限为10年，可无限续展。注册商标超过有效期限没有续展的，即不再受法律保护。

（二）商标侵权行为

商标侵权行为是指未经商标注册人的许可，在同一种商品或者类似商品上使用与其注册商标相同或者近似的商标。

有下列行为之一的，均属侵犯注册商标专用权：

（1）未经商标注册人的许可，在同一种商品上使用与其注册商标相同的商标的；

（2）未经商标注册人的许可，在同一种商品上使用与其注册商标近似的商标，或者在类似商品上使用与其注册商标相同或者近似的商标，容易导致混淆的；

（3）销售侵犯注册商标专用权的商品的；

（4）伪造、擅自制造他人注册商标标识或者销售伪造、擅自制造的注册商标标识的；

（5）未经商标注册人同意，更换其注册商标并将该更换商标的商品又投入市场的；

（6）故意为侵犯他人商标专用权行为提供便利条件，帮助他人实施侵犯商标专用权行为的；

（7）给他人的注册商标专用权造成其他损害的。

课堂实训任务

任务 8-6 A 公司从 2008 年起在其生产经营的运动裤上使用蓝天商标，2006 年 B 服装公司也开始使用蓝天商标，2012 年 3 月，B 服装公司的蓝天商标经国家商标局核准注册，其核定商品为服装。2013 年 1 月，B 服装公司发现 A 公司在运动服上使用蓝天商标，认为 A 公司侵权。试分析：A 公司侵权了吗？

（三）商标侵权行为的法律责任

（1）民事责任。商标侵权人承担的民事责任主要是停止侵害和赔偿损失。赔偿额为侵权人在侵权期间因侵权行为所获得的利益或者被侵权人在被侵权期间所受到的损失。侵权人所得利益或被侵权人所受损失难以确定的，应当参照该商标许可使用费的倍数合理确定。对恶意侵犯商标专用权，情节严重的，可以在按照上述方法确定数额的 1 倍以上 3 倍以下确定赔偿数额。赔偿数额应当包括权利人为制止侵权行为所支付的合理开支。如果被侵权人因被侵权所受到的实际损失、侵权人因侵权所获得利益、注册商标许可使用费难以确定的，有人民法院根据侵权行为的情节判决给予 300 万元以下的赔偿。但对于销售不知道是侵犯注册商标专用权的商品，能证明该商品是自己合法取得并说明提供者的，不承担赔偿责任。

（2）行政责任。对于商标侵权行为，工商行政管理机关可以根据具体情况进行处罚，追究侵权人的行政责任。这些处罚措施包括：责令立即停止销售；收缴并销毁侵权商标标识；消除现存商品上的侵权商标；收缴专门用于商标侵权的模具、印版和其他作案工具；采取上述措施不足以制止侵权行为或者侵权商标与商品难以跟力的，责令并监督立即销毁侵权物品。工商行政管理机关认定侵权行为成立，违法经营额 5 万元以上的，可以处违法经营额 5 倍以下的罚款，没有违法经营额或者违法经营额不足 5 万元的，可以处 25 万元以下的罚款。对 5 年内实施两次以上商标侵权行为或者有其他严重情节的，应当从重处罚。销售不知道是侵犯注册商标专用权的商品，能证明该商品是自己合法取得并说明提供者的，由工商行政管理部门责令停止销售。

（3）刑事责任。未经商标注册人许可，在同一种商品上使用与其注册商标相同的商标，伪造、擅自制造他人注册商标标识或者销售伪造、擅自制造的注册商标标识，销售明知是假冒注册商标的商品，构成犯罪的，依照刑法的规定追究刑事责任。

（四）驰名商标

1. 驰名商标的概念和特征

驰名商标是指在中国为相关公众广为知晓并享有较高声誉的商标。

驰名商标具有以下的特征：

（1）产生的地域效力——中国。驰名商标的地域范围是在中国境内，至于在国外是否驰名，是否为他人所知，不影响驰名商标的判断。

（2）知晓程度——为相关公众广为知晓。

相关公众是指包括与使用商标所标示的某类商品或者服务有关的消费者，生产前述商品或者提供服务的其他经营者以及经销道中所涉及的销售者和相关人员等。相关公众是量的规定，广为知晓是度的要求。

（3）品质要求——应享有较高声誉。"享有较高声誉"表明了公众对其的积极评价和质量上的高要求。

（4）形式要求——是否注册商标皆可。可以是注册商标，也可以是非注册商标，这一认定标准与国际公约和国际惯例相一致了。这体现了对驰名商标的保护条件的降低，弥补了驰名商标保护中商标注册制度的固有缺陷，向完善驰名商标的保护迈出了积极的一步。

2. 驰名商标的认定

根据《商标法》的有关规定，认定驰名商标应当考虑下列因素：① 相关公众对该商标的知晓程度；② 该商标使用的持续时间；③ 该商标的任何宣传工作的持续时间、程度和地理范围；④ 该商标作为驰名商标受保护的记录；⑤ 该商标驰名的其他因素。

3. 驰名商标的保护

（1）扩大驰名商标的保护范围。就不相同或者不相类似商品申请注册的商标是复制、摹仿或者翻译他人已经在中国注册的驰名商标，误导公众，致使该驰名商标注册人的利益可能受到损害的，不予注册并禁止使用。

（2）对未注册的驰名商标予以保护。就相同或者类似商品申请注册的商标是复制、摹仿或者翻译他人未在中国注册的驰名商标，容易导致混淆的，不予注册并禁止使用。

（3）放宽驰名商标注册的显著性条件。显著性是商标申请的必备要件，不具备显著性不能成为注册商标。但是由于驰名商标为公众所熟知，即使设计简单，不具备显著性，也具有可识别性。因此，法律放宽对于驰名商标注册的显著性条件。

（4）驰名商标所有人享有特别期限的排他权。对于已经注册的与驰名商标相冲突的商标，自商标注册之日起 5 年内，驰名商标所有人或者利害关系人可以请求商标评审委员会裁定撤销该注册商标。对恶意注册的，驰名商标所有人不受 5 年的时间限制。

（5）注册的驰名商标与他人在先的注册商标发生冲突时，驰名商标所有人有权继续使用其商标。一般情况下，当两个商标发生冲突时，在后注册的商标无效。但是，如果该商标为驰名商标，驰名商标所有人有权继续使用其商标。

任务二 专 利 法

一、专利法概述

（一）专利的概念

专利一词是由英语 Patent 翻译而来的。一般来说，专利是指专利权，它是国家专利主管机关按照法律规定，授予专利申请人或者专利申请人的继受人在一定期限内对其发明创造所享有的专有权。

（二）专利法的概念

专利法是确认发明人（其权利继受人）对其发明享有专有权，规定专利权的取得与消灭、专利权的实施与保护，以及其他专利权人的权利和义务的法律规范的总称。我国现行的专利法包括《中华人民共和国专利法》《中华人民共和国专利法实施细则》和《最高人民法院审理专利纠纷案件适用法律问题的若干规定》等规范性法律和文件。

二、专利权的主体、客体

（一）专利权的主体

专利权的主体是指可以申请并取得专利权的单位和个人。根据《专利法》的规定，可以申请并获得专利权的单位和个人包括以下几类：

（1）非职务发明人。发明人、设立人既非执行本单位的任务，也非主要利用本单位的物质条件所完成的发明创造，为非职务发明创造。该发明人、设立人为非职务发明人。在非职务发明创造的情形下，发明创造的专利申请权归发明人或设计人享有，在该申请被批准后，专利权也由其享有。

（2）职务发明人。在职务发明创造的情形下，发明创造的专利申请权属于发明人或设计人的所属单位，在申请被批准后，专利权也归该单位所有。所谓职务发明创造，是指执行本单位的任务或者主要利用本单位的物质技术条件完成的发明创造。具体来说，包括以下几种情况：在本职工作中做出的发明创造；履行本单位交付的本职工作之外的任务所做出的发明创造；退职、退休或者调动工作后 1 年内做出的、与其在原单位承担的本职工作或者原单位分配的任务有关的发明创造；主要利用本单位的资金、设备、零部件、原材料或者不对外公开的技术资料等完成的发明创造。

（3）共同发明创造中的专利权主体。两个以上的人共同完成发明创造的，其专利申请权的归属依据其协议约定，如协议未约定的，则归各方共有。当该专利申请被批准后，专利权归申请人享有。

（4）合法的权利受让人。专利申请权可以转让。因此，在获得专利权之前，申请人可以将其专利申请权转让给他人，则该受让人将依法取得专利申请权，从而在申请被批准后成为专利权人。

（5）外国人。在中国境内没有经常居所或者营业所的外国人可以在我国申请专利成为专利权的主体，但必须符合一定的条件，即其所属国与中国签订了有关申请专利的双边协议或者共同参加了有关国际条约或者符合互惠原则。

> **课堂实训任务**
>
> **任务 8-7** 甲公司职工乙退休一年后作出了一项与其在原单位承担的本职工作有关的发明。分析该发明是职务发明吗？
>
> **任务 8-8** 甲公司指派其研究人员乙和丙共同研究开发一项技术，该技术开发完成后，甲公司决定就该项技术申请专利。试分析：若该技术被授予专利权，则该专利权的主体是谁？

（二）专利权的客体

专利权的客体，是指根据《专利法》的规定能够授予专利权的各种对象具体来说，是符合下列各项要求的发明创造。

（1）发明创造。能成为专利权客体的首先必须是发明创造，包括发明、实用新型和外观设计。

发明，是指对产品、方法或者其改进所做出的新的技术方案。发明包括产品发明、方法发明和对已有产品和方法进行改进而做出的发明。实用新型，是指对产品的形状、构造或者其结合所提出的适于实用的新的技术方案。外观设计，是指对产品的形状、图案或其结合以及色彩与形状、图案的结合所做出的富有美感并适于工业上应用的新设计。

（2）合法的发明创造。发明创造只有合法，才能被授予专利权并给予专利保护。根据《专利法》的规定，对违反国家法律、社会公德或者妨害公共利益的发明创造不授予专利权。

（3）属于专利授权的范围。下列七项内容不属于专利授权的范围：① 科学发现；② 智力活动的规则和方法；③ 疾病的诊断和治疗方法；④ 动物和植物品种；⑤ 用原子核变换方法获得的物质；⑥ 对平面印刷品的图案、色彩或者两者的结合做出的主要起表示作用的设计；⑦ 对违反法律、行政法规的规定获取或者利用遗传资源，并依赖该遗传资源完成的发明创造。但是动物和植物品种的生产方法，可以获得专利。

课堂实训任务

任务 8-9 王某经营私营点，该店处于繁华街段，顾客很多。经过长期观察，王某发现，各种商品的排放位置不同，就会引起销售额的变化。于是，经过研究，王某发明了一种最大限度地增加营业额的商品排放方法，并就此方法申请专利。请问：王某的申请可否得到商标局的批准？

三、专利权的取得

（一）专利权申请的原则

1. 一项发明一项专利原则

一项发明一项专利原则，是指一项发明创造只能申请一项专利，但属于一个总的发明构思的两项以上的发明或者实用新型，用于同一类别并且成套出售或者使用的产品的两项以上的外观设计，可以作为一件申请提出。

2. 申请在先原则

申请在先原则，是指两个以上的申请人分别就同样的发明创造申请专利的，专利权授予最先申请的人。国务院专利行政部门收到专利申请文件之日起为申请日，如果申请文件是邮寄的，则以寄出的邮戳日为申请日。

3. 优先权原则

申请人自发明或者实用新型在外国第一次提出专利申请之日起 12 个月内，或者自外观设计在外国第一次提出专利申请之日起 6 个月内，又在中国就相同主题提出专利申请的，依照该外国同中国签订的协议或者共同参加的国际条约，或者依照相互承认优先权的原则，可以享有优先权。这就是外国优先权制度。申请人自发明或者实用新型在中国第一次提出专利申请之日起 12 个月内，又向国务院专利行政部门就相同主题提出专利申请的，可以享有优先权。这就是本国的优先权制度。

（二）专利权取得的实体条件

1. 发明和实用新型专利授权的条件

根据《专利法》的规定，授予专利权的发明和实用新型必须具备新颖性、创造性和实用性。

（1）新颖性。新颖性，是指在申请日以前没有同样的发明或者实用新型在国内外出版物上公开发表过、在国内公开使用过或者以其他方式为公众所知，也没有同样的发明或者实用新型在申请日以前向国务院专利行政部门提出过申请并且记载在申请日以后公布的专利申请文件或者公告的专利文件中。

但是根据《专利法》的规定，申请专利的发明创造在申请日以前6个月内，有下列情形之一的，不丧失新颖性：① 在中国政府主办或者承认的国际展览会上首次展出的；② 在规定的学术会议或者技术会议上首次发表的；③ 他人未经申请人同意而泄露其内容的。

（2）创造性。创造性是指同申请日以前已有的技术相比，该发明有突出的实质性特点和显著的进步，该实用新型有实质性的特点和进步。具体来说，就是与现有技术相比，在技术上有不同程度的本质性区别特征并且有所改进。

（3）实用性。实用性，是指该发明或者实用新型能够制造或者使用，并且能够产生积极效果。实用性的条件要求该发明创造在工业上具有可重复性和批量生产的可能或者使用的可能，并且与现有技术相比能够对经济、技术或者社会的发展产生积极的效果。

根据《专利法》的规定，授予专利权的外观设计，应当具备新颖性，既不属于现有设计且没有抵触申请；富有美感、适于工业上的应用；不得与他人在申请日以前已经取得的合法权利相冲突；与现有设计或者现有设计特征的组合相比，具有明显区别。

课堂实训任务

任务 8-10　张某研究开发了一台无级变速设备，于1994年9月5日向中国专利局提出了发明专利申请。刘某也独立开发了与之大致相同的无级变速设备，于1994年3月6日在机械工业部举办的技术会议上首次展出了该设备，并与1994年9月6日向中国专利局提出了发明专利申请。试分析：张某的专利申请具有新颖性还是刘某的专利申请具有新颖性？

（三）专利权取得的程序

1. 专利权的申请

申请发明或者实用新型专利的，应当提交请求书、说明书及其摘要和权利要求书等文件。

（1）请求书。请求书是申请人请求国务院专利行政部门对发明或者实用新型授予专利权的一种书面文件。请求书应当写明发明或者实用新型的名称，发明或者设计人的姓名，申请人姓名或者名称、地址，以及其他事项。

（2）说明书。说明书是对发明创造内容的具体说明。说明书应当对发明或者实用新型做出清楚、完整的说明，以所属技术领域的技术人员能够实现为准，必要时应当有附图。

（3）摘要。摘要是说明书的摘要，简要说明发明创造的要点，以利于技术信息的查阅和传播。

（4）权利要求书。权利要求书是申请人请求确定其专利保护范围的重要法律文件。权利要求书应当以说明书为依据，清楚、简要地限定要求专利保护的范围。

申请外观设计专利的，其申请文件为请求书以及该外观设计的图片或者照片等文件。

（1）请求书。请求书内容大体上与发明、实用新型专利的请求书相通，只是应专门说明外观设计所使用的产品和所属类别。

（2）图片或者照片。它能清楚地表达外观设计申请人的要求和申请专利的外观设计的特征，必要时应当写明对外观设计的简要说明，以利于对外观设计进行解释。

2. 专利权的审查

（1）发明专利申请的审查。我国《专利法》对于发明专利申请，采用"早期公开、延迟审查"的审批制度，具体要经过以下几个阶段：

① 初步审查。初步审查又称形式审查。国务院专利收到发明专利申请后，对申请文件是否齐全、填写是否符合规定、各种证件是否完备、书写是否规范，以及是否属于授予专利权的范围等进行形式审查。

② 早期公开。国务院专利行政部门收到发明专利申请后，经初步审查认为符合专利法规定的，自申请日起满18个月，即行公布。

③ 实质审查。实质审查，主要是对申请专利发明的新颖性、创造性、实用性等实质性条件进行的审查。发明专利申请自申请日起三年内，国务院专利行政部门可以根据申请人随时提出的请求，对其申请进行实质审查，申请人无正当理由逾期不请求实质审查的，该申请即被视为撤回。国务院专利行政部门认为必要的时候，可以自行对发明专利申请进行实质审查。发明专利的申请人请求实质审查时，应当提交在申请日前与其发明有关的参考资料。

④ 驳回。国务院专利行政部门对发明专利申请进行实质审查后，认为不符合专利法规定的，应当通知申请人，要求其在指定的期限内陈述意见，或者对其申请进行修改；无正当理由逾期不答复的，该申请即被视为撤回，发明专利申请经申请人陈述意见或者进行修改后，国务院专利行政部门仍然认为不符合专利法规定的，应当予以驳回。

（2）实用新型和外观设计专利申请的审查。我国对实用新型和外观设计专利申请采用初审登记制，即只要经过初步审查，未发现驳回理由的，国务院专利行政部门就授予其专利权。国务院专利行政部门经过初步审查，如果发现不符合《专利法》规定的，应将审查意见通知申请人，要求其在指定期限内陈述意见或者补正。申请人期满未答复的，其申请被视为撤回。申请人陈述意见或者补正后。国务院专利行政部门仍然认为不符合《专利法》规定的，应当予以驳回。

（3）专利权的复审。申请人对国务院专利行政部门驳回其专利申请的决定不服的，可以自收到通知之日起3个月内向专利复审委员会请求复审。专利复审委员会复审后，做出决定，并通知专利申请人。

专利申请人对专利复审委员会的复审决定不服的，可以自收到通知之日起3个月内向人民法院起诉。

3. 专利权的授予

对于经过实质审查的没有发现驳回理由的发明专利申请，以及经过初步审查没有发现驳回理由的实用新型和外观设计专利申请，国务院专利行政部门做出授予专利权的决定，发给相应的专利证书，并予以登记和公告。

四、专利权人的权利和义务

在国务院专利行政部门授予专利权后，专利申请人在法律上成为专利权人，享有《专利法》所规定的各项权利，承担《专利法》规定的相关义务。

(一)专利权人的权利

（1）独占实施权。独占实施权是指专利权人有权独占实施其享有专利权的发明创造，并获得利益。具体的实施方式包括制造、使用、销售和进口专利产品，使用专利方法。

（2）禁止权。专利权人有权禁止任何其他人实施其专利技术。

（3）许可权。专利权人有权许可他人实施其专利，并收取实施许可费。在专利实施许可中，双方当事人应订立合同，并在合同生效之日起3个月内向国务院专利行政部门备案。

（4）转让权。转让权是指专利权人将其专利申请权和专利权转让给他人的行为。根据《专利法》第10条的规定，专利申请权和专利权可以转让。转让专利申请权和专利权的，当事人应当订立书面合同，并经国务院专利行政部门登记后生效。中国单位或者个人向外国人转让专利权的，必须经过国务院有关主管部门批准。

（5）标记权。专利权人有权在其专利产品或者该产品包装上标明专利标记和专利号。

（6）请求保护权。在发生专利侵权的情况下，专利权人有权请求专利管理机关进行处理，也可以直接向人民法院起诉。

(二)专利权人的义务

1. 按规定缴纳专利年费

专利年费，是专利权人自获得专利授权的年度起，直到专利保护期限届满为止，每年都要缴纳的一定费用。根据《专利法》第43条的规定，专利权人应当自被授予专利权的当年开始缴纳年费。专利权人未按规定缴纳年费的，可能导致专利权终止。

2. 不得滥用专利权

滥用专利权，是指专利权人行使其权利的方式超出法律许可的范围，从而损害他人的知识产权和其他合法权益的行为。专利权人应当在法律允许的范围内选择其利用专利权的方式，并适度地行使自己的权利。

五、专利权的期限、无效和终止

(一)专利权的期限

专利权的期限，是指专利权受到法律保护的时间。根据《专利法》的规定，发明专利的期限为20年，实用新型和外观设计的专利权的期限为10年，均自申请日起计算。

(二)专利权的无效

专利权的无效是指已经取得的专利权因不符合《专利法》的规定，根据有关单位或者个人的请求，经专利复审委员会审核后被宣告无效。

根据《专利法》的规定，自国务院专利行政部门公告授予专利权之日起，任何单位或者个人认为该专利权的授予不符合《专利法》有关规定的，都可以请求专利复审委员会宣告该专利无效。专利复审委员会对宣告专利权无效的请求应当及时审查和做出决定，并通知申请人和专利权人。宣告专利权无效的决定，由国务院专利行政部门登记和公告。

有关当事人对专利复审委员会宣告专利权无效或者维持专利权的决定不服的，可以在收到通知之日起3个月内向人民法院起诉。宣告无效的专利权视为自始即不存在。宣告专利权无效的决定，对在宣告专利权无效之前人民法院做出并已执行的专利侵权的判决、裁定，已经履行或者强制执行的专利侵权纠纷处理决定,以及已经履行的专利实施许可合同和专利权转让合同,不具有追溯力。但是,因专利权人的恶意给他人造成的损失,应当给予赔偿。

(三) 专利权的终止

专利权的终止是指专利权自行失去法律效力。一旦专利权终止,该项发明创造即进入了公有领域,成为社会的共同财富,而不为特定人所专有。

专利权因下列原因而终止:① 专利期限届满;② 没有按照规定缴纳专利年费;③ 专利权人以书面声明放弃其专利权;④ 专利权人死亡而又无继承人;⑤ 专利权被专利复审委员会宣告无效。专利权终止后,由国务院专利行政部门登记并公告。

六、专利权实施的强制许可

专利权的强制许可是指国家专利行政部门依照法定条件和法定程序,不经专利权人同意而准许其他单位和个人实施其专利的行政强制措施。

根据我国《专利法》的规定,专利权强制许可分为三类:

1. 为防止专利权滥用和垄断行为的专利权强制许可

根据《专利法》的规定,此种强制许可主要有两种情形:专利权人自专利权被授予之日起满三年,且自提出专利申请之日起满四年,无正当理由未实施或者未充分实施其专利的;专利权人行使专利权的行为被依法认定为垄断行为,未消除或者减少该行为对竞争产生的不利影响的。

2. 为保护公共利益的专利权强制许可

在国家出现紧急状态或者非常情况时,或者为了公共利益的目的,国务院专利行政部门可以给予实施发明专利或者实用新型专利的强制许可。另外,为了公共健康目的,对取得专利权的药品,国务院专利行政部门可以给予制造并将其出口到符合中华人民共和国参加的有关国际条约的规定的国家或地区的强制许可。

3. 从属专利的强制许可

《专利法》第51条规定,一项取得专利权的发明或者实用新型比前面已经取得专利权的发明或者实用新型具有显著经济意义的重大技术进步,其实施又有赖于前一发明或者实用新型的实施的,国务院专利行政部门根据后一专利权人的申请,可以给予实施前一发明或者实用新型的强制许可。

国务院专利行政部门做出的给予实施强制许可的决定,应当及时通知专利权人,并予以登记和公告。给予实施强制许可的决定,应当根据强制许可的理由规定实施的范围和时间。强制许可的理由消除并不再发生时,国务院专利行政部门应当根据专利权人的请求,经审查后做出终止实施强制许可的决定,取得实施强制许可的单位或者个人不享有独占的实施权,并且无权允许他人实施。

七、专利权的保护

(一) 专利权的保护范围

专利权的保护范围是指专利权效力所及的发明创造范围。根据《专利法》的规定,发明或者实用新型专利权的保护范围以其权利要求的内容为准,说明书及附图可用于解释权利要求的内容。外观设计专利权的保护范围以表示在图片或者照片中的该外观设计专利产品为准。

（二）侵犯专利权的行为

专利侵权行为分为直接侵权行为和间接侵权行为两类。

（1）直接侵权行为，是指直接由行为人实施的侵犯他人专利权的行为。

其表现形式包括：① 制造发明、实用新型、外观设计专利产品的行为；② 使用发明、实用新型专利产品的行为；③ 许诺销售发明、实用新型、外观设计专利产品的行为；④ 销售发明、实用新型或者外观设计专利产品的行为；⑤ 进口发明、实用新型、外观设计专利产品的行为；⑥ 使用专利方法以及使用、许诺销售、销售、进口依照该专利方法直接获得产品的行为；⑦ 假冒他人专利的行为。为生产经营目的使用、许诺销售或者销售不知道是未经专利权人许可而制造并售出的专利产品或者依照专利方法直接获得的产品，能证明其产品合法来源的，仍然属于侵犯专利权的行为，需要停止侵害但不承担赔偿责任。

（2）间接侵权行为，是指行为人本身的行为并不直接构成对专利权的侵害，但实施了诱导、怂恿、教唆、帮助他人侵害专利权的行为。这种侵权行为通常是为直接侵权行为制造条件，常见的表现形式有：行为人销售专利产品的零部件、专门用于实施专利产品的磨具或者用于实施专利方法的机械设备；行为人未经专利权人授权或者委托，擅自转让其专利技术的行为等。实物中，通常根据《民法通则》第130条的规定，将间接侵权行为认定为共同侵权。

（三）不视为侵犯专利权的行为

不视为侵犯专利权实际上是法律规定的对专利权的限制。在法定情形下，行为人虽然未经专利权人许可而实施了权利人的专利，但不作为侵犯。

不视为侵犯专利权的行为，主要有以下五类：

（1）专利权人权利用尽后的使用。专利产品或者依照专利方法直接获得的产品，由专利权人或者经其许可的单位、个人售出后，使用、许诺销售、销售、进口该产品的，不视为侵犯专利权。

（2）先用权原则。行为人在专利申请日前已经制造相同产品、使用相同方法或者已经作好制造、使用的必要准备，并且仅在原有范围内继续制造、使用，不视为侵犯专利权。

（3）临时通过中国领陆、领水、领空的外国运输工具，依照其所属国同中国签订的协议或者共同参加的国际条约，或者依照互惠原则，为运输工具自身需要而在装置和设备中使用有关专利的，不视为侵犯专利权。

（4）专为科学研究核试验而使用有关专利的。

（5）为提供行政审批所需要的信息，制造、使用、进口专利药品或者专利医疗器械的，以及专门为其制造、进口专利药品或者专利医疗器械的，不视为侵犯专利权。

（四）侵犯专利权行为的法律责任

根据《专利法》的规定，侵权行为人应当承担的法律责任包括民事责任、行政责任与刑事责任。

1. 行政责任

对专利侵权行为，管理专利工作的部门有权责令侵权行为人停止侵权行为、责令改正、罚款等，管理专利工作的部门应当事人的请求，还可以就侵犯专利权的赔偿数额进行调解。

2. 民事责任

（1）停止侵权。停止侵权，是指专利侵权行为人应当根据管理专利工作的部门的处理决定或者人民法院的裁判，立即停止正在实施的专利侵权行为。

（2）赔偿损失。侵犯专利权的赔偿数额，按照专利权人因被侵权所受到的损失或者侵权人获得的利益确定；被侵权人所受到的损失或侵权人获得的利益难以确定的，可以参照该专利许可使用费的倍数合理确定。

（3）消除影响。在侵权行为人实施侵权行为给专利产品在市场上的商誉造成损害时，侵权行为人就应当采用适当的方式承担消除影响的法律责任，承认自己的侵权行为，以达到消除对专利产品造成的不良影响。

3. 刑事责任

依照专利法和刑法的规定，假冒他人专利，情节严重的，应对直接责任人员追究刑事责任。

复习思考题

1. 简述商标申请的条件和程序。
2. 侵犯注册商标专用权的行为有哪些？
3. 简述专利申请的条件和程序。
4. 简述商标权和专利权的内容。
5. 专利实施的强制许可的情形有哪几种？
6. 专利侵权行为的情形有哪些？

专项实训项目

活动目标和要求

《商标法》和《合同法》授课完毕，利用两个课时组织模拟法庭，介绍简易法庭程序，提前分组并分配扮演角色。使学生掌握依法向商标局申请商标和向专利局申请专利环节，掌握商标专用权的法律保护和商标侵权行为，掌握专利实施的强制许可和专利权保护的相关规定

实训组织

将教室课桌椅摆放成法庭的形式，利用多媒体的资源投射国徽的标志。检查学生的准备情况。

实训内容及成果

由学生扮演法官、书记员、当事人、鉴定人和代理人等。当堂进行法庭辩论，由学生分组进行讨论并最终形成判决书。教师参照学生表现情况评分。

实训材料一

甲公司与乙公司联合经营，生产新型建筑外墙漆项目，联营协议约定两公司共同投资共同经营共负盈亏。两公司于 2012 年 1 月投入生产并于 2015 年申请注册"大力"牌商标，作为其产品的注册商标。某丙在 2012 年 7 月至 11 月期间擅自委托丁公司与戊公司制作了 200 个印有"大力"牌的油漆桶，丙将其出卖获利 4 000 元。庚厂与辛厂联合以 20 元一个的价格

从市场上购入印有"大力"牌注册商标的油漆桶，回厂后在桶内装入劣质油漆销售获利 20 万元。甲公司发现市场上有人制作销售假冒"大力"牌注册商标的油漆后立即要求工商行政部门进行调查。经工商行政管理部门调查市场上除有上述假冒油漆外还有辰厂生产的印有"大力"牌商标的油漆，但是辰厂与甲公司于 2013 年 6 月与人签订了注册商标使用许可合同。

庭审辩论和组织讨论的焦点问题

- "大力牌"注册商标专用权的归属问题。
- 某丙的行为性质。
- 丁公司、戊公司、庚厂与辛厂的行为分别属于什么性质的行为？
- 辰厂的行为性质？
- 对于商标侵权的第一审案件管辖法院的问题？

实训材料二

2012 年 1 月 21 日，甲研究所与乐嘉家用电器厂签订了一份关于开发节能燃气灶的技术合同。合同约定，甲研究所组织技术开发，开发时间是合同签订后 12 个月，开发费用总额为 10 万元，乐嘉家用电器厂在合同签订后 10 日内预付给甲研究所 6 万元，余额待乐嘉家用电器厂验收后 10 日内付清，乐嘉家用电器厂须有 3 名技术人员负责协助性工作。甲研究所没有按期完成开发工作每超过半个月按合同总额的 2%作为罚金支付给乐嘉家用电器厂。李明是甲研究所的工作人员，他参与了节能灶的开发工作。2012 年 3 月李明调至乙研究所，李明利用乙研究所的设备以及技术资料继续研制开发更为节能的节能灶，然后李明在某技术会议上介绍了该种节能灶的核心技术。同年 12 月，太太家用电器厂依据相关报道很快研制出样品，进行了批量生产并将李明绘制的产品设计图的主要部分用于推销。2013 年 2 月，乙研究所决定将节能灶向国家专利局申请发明专利。乙研究所通过邮寄向国家专利局寄出了附有李明绘制的产品设计图的专利申请文件，邮戳日期为 2013 年 2 月 10 日。2013 年 2 月 15 日国家专利局收到申请文件，2013 年 12 月 23 日国家专利局授予乙研究所专利。2014 年 1 月 13 日乙研究所将该专利转让给德日家用电器厂并约定德日家用电器厂不得对节能灶专利权的有效性提出异议。甲研究所得知后向国家专利局申请宣告该专利无效并将乙研究所和德日家用电器厂告上法庭。

庭审辩论和组织讨论的焦点问题

- 乙研究所是否有权就节能灶申请专利？
- 乙研究所取得专利权后能否要求太太家用电器厂停止侵害并赔偿损失？
- 假设太太家用电器厂并未改变产品设计图上的署名，李明能否要求太太家用电器厂停止侵害并赔偿损失？
- 假设乙研究所取得的专利权合法有效，那么乙研究所取得的专利权的保护期限问题？
- 乙研究所与德日家用电器厂的技术转让合同效力的效力问题？

项目九

反不正当竞争法

本章导入案例

【案情简介】

梅姝有限公司生产"晶歌太空水"。由于水质好、工艺高,所以梅姝有限公司的"晶歌太空水"在当地销路很好,颇有知名度。思兰公司是后起之秀,生产"思琪活性水"。为了扩大在当地的知名度,思兰公司在当地电台及媒体连续发布了三个广告。广告内容引自某业内专家于2015年发表的名为"健康工程"引出"饮水革命"一文,文章称:"纯净水"真的纯净吗?纯净水往往偏酸性,分子集团大,无氧,是不能产生生命活力的。尤其老人、小孩、孕妇长期饮用易患骨质疏松、神经麻痹等症状。我公司生产太空水则有效克服了上述弊病等。

由于思兰公司的宣传,经营梅姝有限公司"晶歌太空水"的客户纷纷要求退货,解除订单,梅姝有限公司效益明显下滑。于是梅姝有限公司向工商行政管理机关反映要求处理。后经查,思兰公司所使用的广告宣传内容确实引自某业内专家发表的文章,但是该专家的观点仅为学术上的争议。在同期,还有其他专家撰文批评该专家的观点,认为纯净水并无上述缺点。

教学目标

- 理解不正当竞争行为的概念及调整对象
- 掌握不正当竞争行为的构成要点
- 理解限制竞争行为的概念和特征

实训目标

- 能够准确判定不同的不正当竞争行为形式
- 能够对社会关系中的不同不正当竞争行为进行判断、比较和分析
- 能够对引起不正当竞争行为的法律事实进行解释

任务一 反不正当竞争法的概述

一、不正当竞争的概念

不正当竞争，是指经营者违反本法规定，损害其他经营者的合法权益，扰乱社会经济秩序的行为。即不正当竞争行为，是指经营者违反法律规定，损害其他经营者的合法权益，扰乱社会经济秩序的行为。

二、反不正当竞争法的特征

知识链接

反不正当竞争法是调整在制止不正当竞争过程中发生的社会关系的法律规范的总称。我国于1993年9月2日通过了《中华人民共和国反不正当竞争法》共五章33条。我国反不正当竞争法的立法目的是为了保障社会主义市场经济健康发展，鼓励和保护正当竞争，制止不正当竞争，保护经营者和消费者的合法权益。反不正当竞争法的基本原则包括自愿、公平、平等、诚实信用、遵守公认商业道德以及不得滥用竞争权利等原则。

不正当竞争行为在现实生活中纷繁复杂、形式多样，纵观各类不正当竞争行为，一般都具有以下基本特征：

（一）反不正当竞争法在市场经济中具有崇高的法律地位

反不正当竞争法是规范市场经济运行的基本法律，素有"经济宪法"之称。竞争是市场经济的产物，竞争推动商品经济的发展。竞争又会导致优胜劣汰，对于经营者来说，乃是个利害攸关、生死存亡的问题。经营者为了使自己在市场风浪中不被淘汰，就会绞尽脑汁参与竞争，甚至不择手段，因此，有竞争存在，就不可避免发生不正当竞争行为。如果任其泛滥，市场运转就会失调，导致国民经济遭到破坏。反不正当竞争法是通过强制的手段，保护公平竞争，制止不正当竞争行为，维护社会经济秩序，保障市场经济的正常运行。

（二）反不正当竞争法是合法经营者的保护神

反不正当竞争法又被称为保护诚实商人的法律。经营者的合法经营受许多法律的调整，各个法律从不同角度保护合法的经营者，反不正当竞争法对合法经营的保护，不是建立在对实体权利保护的基础上，而是建立在法律原则予以承认的一种谅解的基础上，即凡与诚信营业惯例相悖的行为均予以禁止。

（三）反不正当竞争法被称为"兜底"的法律

反不正当竞争法涉猎面广，常常与物权法、知识产权法、债权法相交融。别的法不管的，它往往也要管。禁止不正当竞争法实际上保护着专利法、商标法等专门法律所保护不到的那些应予保护的权利。反不正当竞争法的制定，对于维护社会经济秩序、鼓励和保护公平竞争，制止不正当竞争，保护合法经营者的权益，保护广大消费者的权益，保障社会主义市场经济的健康发展，都具有重要意义。

三、反不正当竞争法的立法目的、适用范围

我国的反不正当竞争法除了包括《中华人民共和国反不正当竞争法》，另外还有国家工商行政管理局针对几种特殊的不正当竞争行为，发布了相关的行政规章《关于禁止公用企业限制竞争行为的若干规定》《关于禁止有奖销售活动中不正当竞争行为的若干规定》《关于禁止仿冒知名商品特有名称、包装、装潢的不正当竞争行为的若干规定》《关于禁止侵犯商业秘密行为的若干规定》《关于禁止商业贿赂行为的暂行规定》。此外，在其他法规中，也有涉及竞争规范的内容，如商标法、专利法、著作权法、价格法、广告法、招标投标法等。

（一）反不正当竞争法的立法目的

《反不正当竞争法》第一条规定："为保障社会主义市场经济健康发展，鼓励和保护公平竞争；制止不正当竞争，保护经营者和消费者的合法权益，料定本法。"由此我国反不正当竞争法的立法目的可以分为三个层次：① 制止不正当竞争行为，这是该法的直接目的；② 保护经营者和消费者的合法权益，这是该法直接目的的必然延伸；③ 鼓励和保护公平竞争，保障社会主义市场经济的健康发展。

（二）反不正当竞争法的适用范围

反不正当竞争法适用在中国境内进行市场交易活动的一切经营者。就是说，凡在中华人民共和国领域内从事市场交易的经营，不论是中国经营者，还是外国经营者，都要遵守。这里的经营者，是指从事商品经营或者营利性服务的法人，其他经济组织和个人。"

具体包括：① 向市场提供实体商品；② 劳务性活动或服务；③ 非专门从事商品或营利服务。以主体划分为：① 法人；② 不是法人的其他组织；③ 公民。

1896 年德国首先在其国内颁布了《反不正当竞争法》，该法在 1909 年修正案中把不正当竞争行为定义为"行为人在营业中为竞争的目的而违背善良风俗的行为"。主要针对在商标领域中仿冒行为以及产品名称、包装和装潢等方面的混淆行为。

任务二　不正当竞争行为的表现形式

不正当竞争行为在现实生活中纷繁复杂、形式多样，我国采用列举式和概括式相结合的方法对不正当竞争行为加以规定，即在立法中除了对不正当竞争行为进行概括定义以外，又

通过列举具体竞争行为的方式，来补充概括意义上对不正当竞争行为的定义。我国的反不正当竞争法列举出十一种行为，其中四种属于限制竞争行为，另外七种属于不正当竞争行为，现将其分述如下：

一、限制竞争行为

限制竞争行为是指妨碍甚至完全阻止、排除市场主体进行竞争的协议和行为。在我国，限制竞争行为的实施者通常为两类主体，一是公用企业或其他依法具有独占地位的经营者，二是政府及其所属部门。限制竞争行为有以下四种具体表现形式：

想一想

市交管局规定，全市货运车辆必须在指定的两种品牌中选择安装一款车辆运行记录器，否则不予年检。其指定品牌为本地的"思娜"牌和外地的"卓越"牌，这种做法合法吗？

（一）公用企业或其他依法具有独占地位的经营者的限制竞争行为

根据《反不正当竞争法》第6条的规定：公用企业或者其他依法具有独占地位的经营者，不得限定他人购买其指定的经营者的商品，以排挤其他经营者的公平竞争。为了使该条规定具有可操作性，国家工商行政管理局发布了《关于禁止公用企业限制竞争行为的若干规定》，依照该规定：公用企业，是指涉及公用事业的经营者，包括供水、供电、供热、供气、邮政、电讯、交通运输等行业的经营者。

公用企业和依法具有独占地位的企业不得实施下列限制竞争的行为：① 限定用户、消费者只能购买和使用其附带提供的相关产品，而不得购买和使用其他经营者提供的符合技术标准要求的同类商品；② 限定用户、消费者只能购买和使用其指定的经营者生产或者经销的商品，而不得购买和使用其他经营者提供的符合技术标准要求的同类商品；③ 强制用户、消费者购买其提供的不必要的商品及配件；④ 强制用户、消费者购买其指定的经营者提供的不必要的商品；⑤ 以检验商品质量、性能等为借口，阻碍用户、消费者购买、使用其他经营者提供的符合技术标准要求的其他商品；⑥ 对不接受其不合理条件的用户、消费者拒绝、中断或者削减供应相关商品，或者滥收费用；⑦ 其他限制竞争的行为。

（二）政府及其所属部门限制竞争行为

根据《反不正当竞争法》第7条的规定，政府及其所属部门不得滥用行政权力，限定他人购买其指定的经营者的商品，限制其他经营者正当的经营活动。政府及其所属部门不得滥用行政权力，限制外地商品进入本地市场，或者本地商品流向外地市场。

行政性强制经营行为是指政府及其所属部门滥用行政权力，对市场经营活动进行非法干涉，强制经营者从事或者不从事某种经营活动的行为。这种行为，违反了依法行政的原则，损害了法律保护的市场竞争秩序。同时，由于这种行为是政府及其所属部门所为，又滋生着官商结合、权钱交易等腐败因素，其危害性极大。地区封锁行为，是指地方政府及其所属部门以行政权力为后盾，无法律依据地限制商品在本地和外地之间正常流通，以牟取地方利益的行为。这种行为，人为地分割市场，影响全国性市场经济体系结构的统一和完善，必须予以禁止。

（三）搭售或附加其他不合理条件的行为

《反不正当竞争法》第12条规定：经营者销售商品，不得违背购买者的意愿搭售商品或附加其他不合理的条件。该条涉及的是附条件交易行为。根据民法通则以及合同法的有关规定，在交易中一方或双方均可附加一定的条件，但附加条件必须合理合法。否则，可能导致合同无效，或导致受害一方依竞争法提起诉讼。搭售是附加不合理条件行为中的一种，是指经营者出售商品时，违背对方的意愿，强行搭配其他商品的行为。在制定反不正当竞争法时，搭售行为相当普遍，因此被作为限制竞争的方式之一而特别予以禁止。其他不合理条件，是指搭售以外的不合理的交易条件，如限制转售区域、限制技术受让方在合同技术的基础上进行新技术的研制开发等。

（四）招标投标中的串通行为

《反不正当竞争法》第15条规定：投标者不得串通投标，抬高标价或者压低标价。投标者和招标者不得相互勾结，以排挤竞争对手的公平竞争。招标投标是一种竞争性缔约方式。在招标投标过程中，如果招标人与投标人或投标人之间相互串通，使招标投标的竞争性降低或丧失，就完全失去了招标投标制度的意义和作用。因此《反不正当竞争法》将其作为限制竞争行为予以禁止。《招标投标法》使反不正当竞争法中关于禁止串通招标投标的规定更加完备，更易于操作。

课堂实训任务

任务9-1　辉韵县某自来水厂自2015年元月至于2016年5月，在没有取得用户同意的情况下，开展自来水设施维修服务，并强行按每户每月20元收取代维费，代维费随同水费一并收取。该自来水厂在没有进行维修服务的情况下，也要对用户收取代维费，对拒绝缴纳代维费的用户则采取停止供水等措施。三年共收取代维费15万元。试分析自来水厂的做法，并依法说明原因。

二、不正当竞争行为

不正当竞争行为，是指经营者在市场竞争中，采取非法的或者有悖于公认的商业道德的手段和方式，与其他经营者相竞争的行为。我国的反不正当竞争法列举出十一种行为，其中四种属于限制竞争行为，七种属于不正当竞争行为，现将这七种行为分述如下：

(一)混淆行为

混淆行为是指经营者在市场经营活动中,以种种不实手法对自己的商品或服务作虚假表示、说明或承诺,或不当利用他人的智力劳动成果推销自己的商品或服务,使用户或者消费者产生误解,扰乱市场秩序、损害同业竞争者的利益或者消费者利益的行为。

根据《反不正当竞争法》第5条的规定,下列行为均属于混淆行为:

(1)假冒他人的注册商标。注册商标权是知识产权的重要权利之一。《商标法》对注册商标权的内容、行使方式、保护范围作了专门规定。《反不正当竞争法》将假冒他人的注册商标作为不正当竞争行为予以禁止,其立法意图是编织更严密的法网,使这种行为受到来自《商标法》和《反不正当竞争法》两方面的防范和制裁。因此,在法律责任上,《反不正当竞争法》规定对此种行为依据《商标法》加以处罚。若不能适用《商标法》制裁,而行为人确实对他人注册商标造成损害的,可依据《反不正当竞争法》追究法律责任。

(2)与知名商品相混淆。根据《反不正当竞争法》第5条规定,擅自使用知名商品特有的名称、包装、装潢,或者使用与知名商品近似的名称、包装、装潢,造成和他人的知名商品相混淆,使购买者误认为是该知名商品的,构成不正当竞争行为。所谓"知名商品",是指在市场上具有一定知名度,为相关公众所知悉的商品。所谓知名商品特有的名称,是指知名商品独有的与通用名称有显著区别的商品名称。

法律、行政规章之所以对知名商品特有的名称、包装、装潢进行保护,是因为商品特有的名称、包装、装潢是权利人创造性劳动的成果,在使用过程中,权利人投入一定的人力财力进行宣传,才使其由普通商品成为知名商品。他人擅自制造、使用、销售知名商品特有的名称、包装、装潢,目的在于利用其良好的商品信誉和一定的知名度推销自己的商品或牟取其他非法利益,其不正当属性是显而易见的。知名商品特有的名称、包装、装潢的归属,在有多人主张权利时,应当依照使用在先的原则予以认定。

(3)擅自使用他人的企业名称或姓名,引人误认为是他人的商品。企业名称及自然人个人的姓名,是其拥有者最具特色的、最基本的识别性符号。企业名称权及姓名权是受法律保护的人格权中重要的组成部分。在市场经营活动中,企业名称和生产经营者的姓名是区分商品生产者、经营者或服务的提供者来源的重要标志,它能反映出该企业或该生产经营者的商品声誉及商业信誉。他人若要使用（无论出于什么目的）必须取得合法所有人的书面同意。擅自使用行为不仅侵犯他人的合法在先权利，也是对消费者的欺骗，对市场竞争规则的破坏。因此，反不正当竞争法予以明文禁止。

（4）伪造、冒用各种质量标志和产地的行为。根据有关法律和行政规章的规定，我国质量标志主要包括产品质量认证标志及名优标志。

产品质量认证标志，是指企业通过申请，经国际国内权威认证机构认可，颁发给企业的表示产品质量已达认证标准的一种标志。使用认证标志，可提高商品的竞争力，增强用户的信任度。未经认证而伪造、冒用认证标志不仅践踏国家商品质量认证制度、使其形同虚设，而且还可能使含有事故隐患的商品流入市场，危及用户和消费者的生命或财产安全。反不正当竞争法将此种行为作为严重违法行为予以禁止。

想一想

J厂生产"回力牌"旅游鞋获国家优质产品奖。L厂生产的"回力牌"旅游鞋外观与J厂相同，所使用外包装盒也相同，包装盒上也标有获国家优质产品奖和J厂厂址的文字。L厂的行为属于什么性质的行为？

名优标志是一种荣誉性质量标志。目前国家给予产品的名优标志有金质奖章荣誉标志、银质奖章荣誉标志、"优"字标志三种。只有按照法定程序，经专门机构认定，方可获得并使用。伪造、冒用名优标志，有悖于诚实信用的商业道德，是十足的欺骗性行为，因而为《反不正当竞争法》所禁止。

产地名称是表示某项产品来源于某个国家或地区的说明性标志。当产品质量、特点与其产地存在某种固定联系时，产地名称所反映的不仅是产品与其产地之间的外部联系，同时还揭示出产品质量与产地之间的内在联系。

（二）商业贿赂行为

商业贿赂是指经营者为争取交易机会，暗中给予交易对方有关人员或者其他能影响交易的相关人员以财物或其他好处的行为。商业贿赂的形式不胜枚举。在我国相当长一段时间内，以回扣、折扣、佣金、咨询费、介绍费等名义争取交易机会的现象非常普遍，如何判断其是否违法，我们必须以法律为标准，分析其实质特征，从而得出正确结论。

《反不正当竞争法》第8条规定，经营者不得采用财物或者其他手段进行贿赂以销售或者购买商品。在账外暗中给予对方单位或者个人回扣的，以行贿论处；对方单位或者个人在账外暗中收受回扣的，以受贿论处。经营者销售或者购买商品，可以以明示方式给对方折扣，可以给中间人佣金。经营者给对方折扣、给中间人佣金的，必须如实入账。接受折扣、佣金的经营者必须如实入账。

其行为要点：① 行为的主体是经营者和受经营者指使的人（包括其职工）；其他主体可能构成贿赂行为，但不是商业贿赂。② 行为的目的是争取市场交易机会，而非其他目的（如政治目的、提职、获取职称等）。③ 有私下暗中给予他人财物和其他好处的行为，且达到一定数额。如若只是许诺给予财物，不构成该行为；给予的财物或好处数额过小，如为联络感情赠送小礼物，亦不构成该行为。④ 该行为由行贿与受贿两方面构成。一方行贿，另一方不接受，不构成商业贿赂；一方索贿，另一方不给付，也不构成商业贿赂。

（三）虚假宣传行为

虚假宣传行为是指经营者利用广告和其他方法，对产品的质量、性能、成分、用途、产地等所做的引人误解的不实宣传。以广告或其他方式销售商品,是现代社会最常见的促销手段。但各类虚假广告和其他虚假宣传,或乱人视听,有害社会主义精神文明;或直接误导用户及消费者,使其做出错误的消费决策,引发了大量社会问题;或侵犯其他经营者,特别是同行业竞争对手的合法利益,造成公平竞争秩序的混乱。广告法、反不正当竞争法均将此类行为作为必须禁止的违法行为予以规范。

《反不正当竞争法》第9条规定,经营者不得利用广告和其他方法,对商品的质量、制作成分、性能、用途、生产者、有效期限、产地等作引人误解的虚假宣传。广告的经营者不得在明知或者应知的情况下,代理、设计、制作、发布虚假广告。

《广告法》第3条规定,广告应当真实合法,符合社会主义精神文明建设的要求。第4条规定,广告不得含有虚假的内容,不得欺骗和误导消费者。

其行为要点:① 行为的主体是广告主、广告代理制作者和广告发布者。在某些情况下,三者身份可能重叠。② 上述主体实施了虚假宣传行为。③ 上述虚假广告或虚假宣传达到了引人误解的程度,因而具有社会危害性。④ 主观方面,广告商在明知或应知情况下,方对虚假广告负法律责任;对广告主,则不论其主观上处于何种状态,均必须对虚假广告承担法律责任。

(四)侵犯商业秘密行为

(1)商业秘密的概念。商业秘密是指不为公众所知悉,能为权利人带来经济利益,具有实用性并经权利人采取保密措施的技术信息和经营信息。商业秘密权是权利人劳动成果的结晶,商业秘密权是权利人拥有的一种无形财产权,反不正当竞争法将侵犯商业秘密行为作为不正当竞争行为予以禁止是十分必要的。商业秘密不同于专利和注册商标,它可以为多个权利主体同时拥有和使用,只要获得及使用手段合法。如自主研究开发,或者通过反向工程破译他人商业秘密等。

(2)侵犯商业秘密行为。侵犯商业秘密行为是指以不正当手段获取、披露、使用他人商业秘密的行为。《反不正当竞争法》第10条以及国家工商行政管理局《关于禁止侵犯商业秘密行为的若干规定》指出,经营者不得采用下列手段侵犯商业秘密:① 以盗窃、利诱、胁迫或者其他不正当手段获取权利人的商业秘密;② 披露、使用或者允许他人使用以前项手段获取的权利人的商业秘密;③ 根据法律和合同,有义务保守商业秘密的人(包括与权利人有业务关系的单位、个人,在权利人单位就职的职工)披露、使用或者允许他人使用其所掌握的商业秘密。第三人明知或应知前款所列违法行为,获取、使用或者披露他人的商业秘密,视为侵犯商业秘密。在实践中,第三人的行为可能与侵权人构成共同侵权。

(3)行为要点:

① 认定是否构成侵权,必须首先依法确认商业秘密确实存在。

② 行为主体可以是经营者,也可以是其他人。反不正当竞争法规范的各种不正当竞争行为的实施者,绝大多数要求其具有经营者的身份,而侵犯商业秘密的人则不受该限制。

③ 客观上,行为主体实施了侵犯他人商业秘密的行为。实施的方式有盗窃、利诱、胁迫或不当披露、使用等。

④ 以非法手段获取、披露或者使用他人商业秘密的行为已经或可能给权利人带来损害后果。

(五) 低价倾销行为

低价倾销行为是指经营者以排挤竞争对手为目的，以低于成本的价格销售商品。低价倾销违背企业生存原理及价值规律，在市场竞争中往往引发价格大战、中小企业纷纷倒闭等恶性竞争事件，甚至导致全行业萎缩的严重后果。1998年，上海市场牛奶经销商为争夺市场低价倾销，造成行业亏本经营、不堪支撑就是明证。后由政府有关部门依法出面干预，才使牛奶市场竞争秩序重新走上正轨。为了防患于未然，反不正当竞争法及价格法都禁止经营者为打击竞争对手而以低于成本价销售商品。

《反不正当竞争法》第11条规定，经营者不得以排挤竞争对手为目的，以低于成本的价格销售商品。《价格法》第14条规定，经营者不得为排挤竞争对手或独占市场，以低于成本的价格倾销，扰乱正常的生产经营秩序，损害国家利益或者其他经营者的合法权益。如果因特殊原因而低于成本价格销售商品，则不构成低价倾销行为。对此，《反不正当竞争法》第11条列举了四种除外情况：① 销售鲜活商品；② 处理有效期限即将到期的商品或者其他积压的商品；③ 季节性降价；④ 因清偿债务、转产、歇业降价销售商品。

低价倾销的行为要点如下：① 行为的主体是经营者，而且在绝大多数情况下，是大型企业或在特定市场上具有经营优势地位的企业。② 经营者客观上实施了低价倾销行为。这里的低价倾销，如上所述，是指以低于成本价格销售商品。在国际贸易中，构成倾销并非以低于成本价为条件，这一点不同于我国的反不正当竞争法的规定。③ 经营者低价倾销行为的目的是排挤竞争对手，以便独占市场。因此，并非一时就某一种商品低于成本价格销售，而是较长时间以较大的市场投放量低价倾销。有些国家在其制止不正当竞争的法律中，明确规定连续一段时间大量低价倾销，才构成不正当竞争行为。我国反不正当竞争法尚无此类定量的技术性规定。

(六) 不正当有奖销售行为

不正当有奖销售是指经营者在销售商品或提供服务时，以提供奖励（包括金钱、实物、附加服务等）为名，实际上采取欺骗或者其他不当手段损害用户、消费者的利益，或者损害其他经营者合法权益的行为。

有奖销售是一种有效的促销手段，其方式大致可分为两种：一种是奖励给所有购买者的附赠式有奖销售，另一种是奖励部分购买者的抽奖式有奖销售。法律并不禁止所有的有奖销售行为，而仅仅对可能造成不良后果、破坏竞争规则的有奖销售加以禁止。

《反不正当竞争法》第13条以列举方式禁止经营者从事三类有奖销售行为。国家工商行政管理局《关于禁止有奖销售活动中不正当竞争行为的若干规定》，对第13条加以细化，禁止以下列方式进行有奖销售：① 谎称有奖销售或对所设奖的种类，中奖概率，最高奖金额，总金额，奖品种类、数量、质量、提供方法等作虚假不实的表示；② 采取不正当手段故意让内定人员中奖；③ 故意将设有中奖标志的商品、奖券不投放市场或不与商品、奖券同时投放，或者故意将带有不同奖金金额或奖品标志的商品、奖券按不同时间投放市场；④ 抽奖式的有奖销售，最高奖的金额超过5 000元（以非现金的物品或者其他经济利益作为奖励的，按照同期市场同类商品或者服务的正常价格折算其金额）；⑤ 利用有奖销售手段推销质次价高的商品；⑥ 其他欺骗性有奖销售行为。

不正当有奖销售的行为要点如下：① 不正当有奖销售的主体是经营者。② 经营者实施了法律禁止的不正当有奖销售行为。如欺骗性有奖销售或巨奖销售。③ 经营者实施不正当有奖销售，目的在于争夺顾客，扩大市场份额，排挤竞争对手。

（七）诋毁商誉行为

诋毁商誉行为是指经营者捏造、散布虚假事实，损害竞争对手的商业信誉、商品声誉，从而削弱其竞争力的行为。

商誉是社会公众对市场经营主体名誉的综合性积极评价。它是经营者长期努力追求，刻意创造，并投入一定的金钱、时间及精力才取得的。良好的商誉本身就是一笔巨大的无形财富。在经济活动中，最终又通过有形的形式（如销售额、利润）回报它的主人。法律对通过积极劳动获得的商誉给予尊重和保护，对以不正当手段侵犯竞争者商誉的行为予以严厉制裁。《反不正当竞争法》第14条规定，经营者不得捏造、散布虚伪事实，损害竞争对手的商业信誉、商品声誉。

诋毁商誉的行为要点如下：① 行为的主体是市场经营活动中的经营者，其他经营者如果受其指使从事诋毁商誉行为的，可构成共同侵权人。新闻单位被利用和被唆使的，仅构成一般的侵害他人名誉权行为，而非不正当竞争行为。② 经营者实施了诋毁商誉行为，如通过广告、新闻发布会等形式捏造、散布虚假事实，使用户、消费者不明真相产生怀疑心理，不敢或不再与受诋毁的经营者进行交易活动。若发布的消息是真实的，则不构成诋毁行为。③ 诋毁行为是针对一个或多个特定竞争对手的。如果捏造、散布的虚假事实不能与特定的经营者相联系，商誉主体的权利便不会受到侵害。应注意的是，对比性广告通常以同行业所有其他经营者为竞争对手而进行贬低宣传，此时应认定为商业诋毁行为。④ 经营者对其他竞争者进行诋毁，其目的是败坏对方的商誉，其主观心态出于故意是显而易见的。

课堂实训任务

任务9-1 "同仁验光配镜公司"是一个著名眼科医院开办的企业，已经营验光配镜业务十多年，其公司名称经当地工商行政管理局批准，其配镜业务在消费者中享有盛誉。春雷电讯公司转产经营验光配镜业务，在公司门前设置广告标明其为"同仁眼镜配镜公司"。不少消费者误认为该公司是同仁眼镜公司的分店，使同仁眼镜公司的营业额受到影响。同仁验光眼镜公司向法院起诉要求春雷电讯公司承担民事责任。本案应如何处理？

任务三　监督检查

一、监督检查部门

我国《反不正当竞争法》在总则中确定县级以上人民政府工商行政管理部门是不正当竞争行为的监督检查部门。法律、行政法规规定由其他部门监督检查的，依照其规定。所谓其他部门，主要指与市场管理有关的其他行政职能部门，如质量技术监督部门、物价部门、食品卫生行政管理部门等。

二、监督检查部门的职权

根据《反不正当竞争法》第17条的规定，监督检查部门的职权有以下三项：① 按照规定程序询问被检查的经营者、利害关系人、证明人,并要求提供证明材料或者与不正当竞争行为有关的其他资料;② 查询、复制与不正当竞争行为有关的协议、账册、单据、文件、记录、业务函电和其他资料;③ 检查与不正当竞争行为有关的财物,必要时可责令被检查的经营者说明该商品的来源和数量,暂停销售,听候检查,不得转移、隐匿、销毁该财物。

监督检查部门在行使上述职权时,被检查的经营者、利害关系人和证明人应当如实提供有关资料或者情况,这是反不正当竞争法规定的、经营者必须履行的义务。同时,监督检查部门的工作人员在行使职权时,应出示检查证件,否则当事人可拒绝接受检查。

任务四 法律责任

一、违反反不正当竞争法的行为种类

《反不正当竞争法》是规范各种竞争行为的,它除了调整经营者之间的竞争关系外,还涉及监督检查部门在行使维护竞争权、市场管理权时与经营者之间的关系调整。因此,下列行为均属违反该法的行为:

(1)限制竞争行为,即本项目论述的四种限制竞争行为。

(2)各种不正当竞争行为,即本项目论述的七种行为。

(3)监督检查不正当竞争行为的国家工作人员违反该法规定的行为,即反不正当竞争法第31条规定的滥用职权、玩忽职守行为,以及第32条规定的徇私舞弊行为。

二、反不正当竞争法规定的法律责任

《反不正当竞争法》第四章专章规定了违反该法的法律责任,包括民事责任、行政责任、刑事责任三种。

(一)民事责任

《反不正当竞争法》第20条第1款规定:"经营者违反本法规定,给被侵害的经营者造成损害的,应当承担损害赔偿责任,被侵害的经营者的损失难以计算的,赔偿额为侵权人在侵权期间因侵权所获得的利润;并应当承担被侵害的经营者因调查该经营者损害其合法权益的不正当竞争行为所支付的合理费用。"不正当竞争行为是一种侵权行为,造成损害的,侵权人应承担民事责任。承担侵权责任很多,但最重要的是赔偿损失。

《反不正当竞争法》第20条第2款规定:"被侵害的经营者的合法权益受到不正当竞争行为损害的,可以向人民法院提起诉讼。"本着谁主持,谁举证的诉讼原则,被侵害的经营者应当特别注意收集不正当行为的证据。对于误导行为,应注意收集市场信息。其他不正当行为,应当根据其特点收集相应的证据。打官司,靠证据。收取不正当竞争行为的证据,是取得胜诉的基础。

(二)行政责任

各级工商行政管理部门是《反不正当竞争法》规定的监督检查部门,具有行政执法职能。反不正当竞争法几乎对每一种不正当竞争行为都规定了制裁措施。这些行政制裁措施归纳起来有:① 责令停止违法行为,消除影响;② 没收违法所得;③ 罚款;④ 吊销营业执照;

⑤ 责令改正；⑥ 给予行政处分。

具体来说，《反不正当竞争法》针对不同的不正当竞争行为分别作了明确的规定：

（1）经营者假冒他人注册商标的，依照《中华人民共和国商标法》的规定处罚。工商行政管理机关有权责令侵权人停止侵权行为，并可以处以罚款。

（2）经营者擅自使用他人的企业名称，假冒产地，伪造或冒用认证标志，名优标志等质量标志，对商品质量做引入误释的虚假表示的，依照《中华人民共和国产品质量法》的规定处罚。经营者伪造产品的产地的，伪造或者冒用他人的厂名、厂址的，伪造或者冒用认证标志、名优标志等质量标志的，工商行政管理机关或者产品质量监督机关有权责令其公开更正，没收非法所得，并可以处以罚款。经营者对于限期使用的产品，不标明生产日期和安全使用期或者失效日期；对于使用不当，容易造成产品本身损坏或者可能危及人身财产安全的产品，没有警示标志或者中文警示说明，情节严重的，工商行政管理机关或者产品质量监督机关可以责令其停止生产、销售，并可以处以违法所得15%至20%的罚款。

（3）经营者擅自使用知名商品特有的名称、包装、装潢或者使用知名商品近似的名称、包装、装潢，造成和他人的知名商品相混淆，使购买者误认为是该知名商品的，监督检查机关应当责令停止违法行为，没收非法所得，可以根据情节处以违法所得一倍以上三倍以下的罚款；情节严重的，可以吊销营业执照。

（4）经营者以贿赂手段销售或者购买商品，未构成犯罪的，监督检查机关可以根据情节处以一万元以上十万元以下的罚款；有违法所得的，没收非法所得。

（5）公用企业或者其他依法具有独占地位的经营者，限定他人购买其指定企业的商品，以排挤其他经营者的公平竞争的，省级或者设区的市的监督检查机关应当责令停止违法行为，可以根据情节处以五万元以上二十万元以下的罚款。

被指定的经营者借此销售质次价高商品或者滥收费用的，监督检查机关应当没收违法所得。可以根据情节处以违法所得一倍以上三倍以下的罚款。

（6）经营者利用广告或者其他方法，对商品做虚假宣传的，监督检查机关应当责令停止违法行为，消除影响，可以根据情节处以一万元以上二十万元以下的罚款。

广告的经营者，代理、设计、制作、发布虚假广告的，监督检查机关应当责令停止违法行为，没收非法所得，并依法处以罚款。

（7）经营者侵犯商业秘密的，监督检查机关应当责令停止违法行为，可以根据情节处以一万元以上二十万元以下的罚款。

（8）经营者违反不正当竞争法的规定进行有奖销售，监督检查机关应当责令停止违法行为，可以根据情节处以一万元以上十万元以下的罚款。

（9）投标者串通投标，抬高标价或者压低标价；投标者和招标者相互勾结，以排挤竞争对手的公平竞争，其中标无效。监督检查机关可以根据情节处以一万元以上二十万元以下的罚款。

（10）经营者有违反被责令暂停销售，不得转移、隐匿、销毁与不正当竞争行为有关的财物的行为的，监督检查机关可以根据情节处以被销售、转移、隐匿、销毁财物的价款的一倍以上三倍以下的罚款。

当事人对监督检查机关做出的处罚决定不服的，可以自收到处罚决定之日起十五日内向上一级主管机关申请复议，对复议决定不服的，可以自收到复议决定书之日起十五日内向人民法院提起诉讼，也可以直接向人民法院提出诉讼。

政府及其所属部门滥用行政权力，限定他人购买其指定的经营者的商品，限制经营者的正当经营活动；或者限制商品在地区之间正常流通的，由上级机关责令其改正；情节严重的，由同级或者上级机关对直接责任人员给予行政处罚。

被指定的经营者借此销售质次价高商品或者滥收费用的，监督检查机关应当没收非法所得，可以根据情节处以违法所得一倍以上三倍以下的罚款。

监督检查不正当竞争行为的国家机关工作人员滥用职权，玩忽职守，未构成犯罪的给予行政处分。

（三）刑事责任

对情节严重的不正当竞争行为给予刑事处罚，是各国竞争法的通行做法。我国反不正当竞争法对下列三种行为，即商标侵权行为，销售伪劣商品的行为，商业贿赂行为可以追究刑事责任。此外，广告法、价格法、招标投标法中也有刑事制裁的规定。刑法也将侵犯商业秘密犯罪作为罪行之一予以制裁。在学习中应注意各种法律之间的衔接。

（四）追究违法者的主要途径

（1）受害人通过司法途径追究违法者的民事责任，包括向法院提起民事诉讼、刑事附带民事诉讼；

（2）受害当事人向监督检察机关投诉，要求制止违法行为，并追究有关单位或个人的行政责任；

（3）监督检查部门根据任何人的举报和指控，或依职权主动查处不正当竞争行为，制止违法行为，追究有关单位或个人的行政责任；

（4）司法机关依据刑事诉讼的程序，追究违法者的刑事责任。

复习思考题

1. 请举实例说明身边发生的不正当有奖销售行为。
2. 请举实例说明商业贿赂行为构成要点。
3. 请举实例说明诋毁商誉行为。
4. 举出侵犯商业秘密行为和串通招投标行为的实例。

专项实训项目

一、寻找自己身边及社会现实中的不正当竞争行为，并加以分析研究。

◆ 活动一　到当地的具有影响的超市调查是否存在搭售的不正当竞争行为。

◆ 活动二　注意当地报纸杂志及城市户外广告，分析是否存在虚假宣传行为。

◆ 活动三　通过父母了解，自来水公司、天然气公司等公用企业是否存在限制竞争的行为。

二、了解对不正当竞争行为的监管部门及其职权，及时寻求相关行政保护。

◆ 活动一　到当地工商行政管理部门了解本地不正当竞争的实际查处情况，注意对企业商业秘密的保护。
- ◆ 活动二　从行政公开的各项不正当竞争案件中对比本地不正当竞争案件的案发率。
- ◆ 活动三　针对调研情况展开讨论，探讨我国现行监管制度的得失。

三、掌握针对社会现实中的不正当竞争行为的法律救济手段，维护市场主体的合法权益。
- ◆ 活动一　根据上节活动中搜集的实例，分析并试指明监管部门处罚措施的法律依据
- ◆ 活动二　从法律的经济分析角度分析各个从事不正当行为的市场主体利益得失
- ◆ 活动三　围绕以上讨论市场主体防范及应对不正当竞争的法律对策

四、综合实训。

活动一　在老师的指导下，根据有关不正当竞争案例材料，指出其具体属于哪一种不正当竞争行为，并说明其危害。

活动二　组织学生到法院参加反不正当竞争案件的旁听。

案例分析

1. 案情描述：

2006年1月甲厂在国家商标局注册了圆形商标"喜凰"牌，用于白酒产品。2006年3月，乙厂注册了圆形图案"天福山"，其中有"喜凤"字样，整个商标图形图案和文字除"天福山"和"凤"字外，所有的文字、图案都与"喜凰"商标一样，并且都用隶书书写，字形相仿。从2006年3月到2008年5月，乙厂用"天福山"的商标共生产白酒470万瓶，销售了340多万瓶。销售额达244万多元。正因为甲、乙两厂的商标相似，又加之乙厂采用了与甲厂白酒相似的装潢，致使广大消费者误认为"喜凰"就是"喜凤"，也既"喜凰"，造成了消费者误购。同时也因此造成了甲厂产品滞销，给甲厂造成了巨大的经济损失。因此，2009年1月，甲厂状告了乙厂。

分析：

（1）何谓假冒或仿冒行为，如何认定？

（2）乙厂的行为违背了我国哪些法律法规的规定？

2. 案情描述：

某市某贸易公司在2015年夏购进了1万套男式衬衫，由于质量差、款式旧、销量少，影响了公司资金周转。贸易公司经理在业务会上宣布：不论是公司的内部职员，还是外部人员，只要能帮助公司推销100套以上的，都可以给予20%的回扣，回扣可一律不记账。消息传出，一些小商贩竞相来批发购买，很快该公司积压的近1万套衬衫销售一空。该市的工商行政局注意到了这个情况，就前来查账，告诉该公司管理人员，账外回扣是违法的。但该贸易公司经理辩称，搞市场经济，有经营自主权，入账与不入账是企业的自由。

分析：

（1）回扣、折扣、佣金有什么区别？

（2）该贸易公司的账外回扣行为是商业贿赂行为吗？

项目十

产品质量法

本章导入案例

【案情简介】

2006年2月4日,王某在某百货公司买到一台冰箱,冰箱附有产品合格证。王某买回冰箱后6天,发现冰箱噪音太大,就去找百货公司交涉,百货公司说冰箱一开始使用时有些噪音是正常的,过一段时间就会好。没过多长时间,冰箱的制冷器又出了问题,到后来完全丧失了冷冻食品的功能,成了一个食品储藏柜。王某再去找百货公司,百货公司说冰箱不是他们生产的,冰箱不制冷属冰箱的技术问题,此事只有生产厂家才能解决,因此让王某去找生产厂家。王某觉得生产厂家离本市有上千公里,况且冰箱又不像小件物品,可以来回搬运,只有先找百货公司,让百货公司找生产厂家。王某遭到百货公司拒绝,于是王某于6月15日向人民法院起诉,要求百货公司对冰箱进行维修,如修理不好,应负责退货。

【问题】

1. 什么是产品的瑕疵担保责任?
2. 某百货公司对售出的有瑕疵的产品是否负责任?

教学目标

- 了解产品与产品质量的概念、产品质量立法概况
- 理解掌握生产者、销售者的法律义务、产品质量监督管理制度和产品质量责任制度

实训目标

- 能处理实践中与产品质量责任有关的实际行为

任务一 产品质量法概述

一、产品与产品质量

中国《产品质量法》的规定:产品是经过加工、制作,用于销售的产品。根据这一规定,

《产品质量法》调整的产品包括以下几个方面：

（1）以销售为目的，通过工业加工、手工制作等生产方式获得的具有特定使用性能的物品。所谓加工、制作是指改变原材料、毛坯或半成品的形状、性质或表面状态，使之达到规定要求的各种工作的统称。

（2）初级农产品（指种植业、畜牧业、渔业产品等，例如小麦、鱼等）及未经加工的天然形成的产品（如石油、原煤、天然气等）不适用该法的规定。但不包括经过加工的这类产品。

（3）虽然经过加工、制作，但不用于销售的产品，纯为科学研究或为自己使用而加工、制作的产品，不属于该法调整的范围。

（4）建设工程不适用该法规定。但建设工程使用的建筑材料、建筑构配件和设备，适用该法的规定。

（5）军工产品不适用该法的规定。

产品质量是指产品在正常的使用条件下，为满足合理的使用要求所必须具备的物质、技术、心理和社会特征的总和。产品质量一般应包括以下性能：功能性、安全性、可靠性，经济性、可维修性。

二、产品质量法概述

产品质量法是调整因产品质量而产生的社会关系的法律规范的总称。主要调整两大类社会关系：

（1）在国家对企业的产品质量进行监督管理过程中产生的产品质量管理关系；

（2）产品的生产者、销售者与产品的用户和消费者之间因产品缺陷而产生的产品质量责任关系。

中国产品质量法体系由《中华人民共和国产品质量法》和有关产品质量的其他法律规范组成。

（1）《中华人民共和国产品质量法》是基本法；

（2）其他法律规范，如《计量法》《标准化法》《食品卫生法》《药品管理法》《工业产品质量责任条例》《产品质量认证管理条例》等专门法；

（3）其他法中的相关规定，如《民法通则》《合同法》《消费者权益保护法》中的相关规定。

知识链接

本节所讲的产品质量法是指狭义上的产品质量法，即1993年2月22日第七届全国人民代表大会常务委员会第三十次会议通过，施行的《中华人民共和国产品质量法》根据2000年7月8日第九届全国人民代表大会常务委员会第十六次会议《关于修改〈中华人民共和国产品质量法〉的决定》第一次修正根据2009年8月27日第十一届全国人民代表大会常务委员会第十次会议《关于修改部分法律的决定》第二次修正。

课堂实训任务

任务 10-1 A 建筑公司承建 B 公司的一幢办公楼,在验收时发现工程质量有问题,后查明工程质量问题是由于 C 水泥厂提供不合格的水泥所致。

请问,B 公司是否可依据产品质量法向 A 建筑公司主张权利?A 建筑公司是否可依据产品质量法向 C 水泥厂主张权利?

任务二 产品质量的监督管理

一、产品质量监督管理

产品质量监督管理是指各级人民政府质量监督部门依据法定权限对产品质量进行监督管理的活动。

二、我国产品质量监督体制

——国家产品质量监督体制:国家质量技术监督局、国务院各有关部门

——地方产品质量监督:县级以上质量技术监督部门、县级以上政府各有关部门、省级以下质量技术监督系统垂直领导

(一)国家对产品质量的监督

(1)国家产品质量监督主管部门对产品质量的监督

(2)国务院有关部门对产品质量的监督

(二)地方产品质量监督

(1)县级以上地方产品质量监督部门主管本行政区域内的产品质量监督工作;

(2)县级以上地方政府有关部门在各自职责范围内负责产品质量监督工作;

(3)全国省级以下质量技术监督系统实行垂直领导。

三、产品质量监督管理制度

根据我国产品质量法的规定,我国实行产品质量标准制度。其主要内容是:① 产品质量应符合一定的标准;② 产品均应检验合格,不得以不合格产品冒充合格产品;③ 可能危及人体健康和人身、财产安全的工业产品,必须符合保障人体健康和人身财产安全的国家标准、行业标准。未制定国家标准或行业标准的,必须符合保障人体健康和人身、财产安全的要求。

知识链接

《产品质量法》第 14 条规定:"国家根据国际通用的质量管理标准,推行企业质量体系认证制度。企业根据自愿原则可以向国务院产品质量监督部门认可的或者国务院产品质量监督部门授权的部门认可的认证机构申请企业质量体系认证。经认证合格的,由认证机构颁发企业质量体系认证证书。

国家参照国际先进的产品标准和技术要求,推行产品质量认证制度。企业根据自愿原则

可以向国务院产品质量监督部门认可的或者国务院产品质量监督部门授权的部门认可的认证机构申请产品质量认证。经认证合格的，由认证机构颁发产品质量认证证书，准许企业在产品或者其包装上使用产品质量认证标志。"

国家对产品质量实行以抽查为主要方式的监督检查制度。

任务三　生产者、销售者的产品质量责任和义务

一、生产者的产品质量责任和义务

知识链接

《产品质量法》第二十六条规定，生产者应当对其生产的产品质量负责。

产品质量应当符合下列要求：

（1）不存在危及人身、财产安全的不合理的危险，有保障人体健康和人身、财产安全的国家标准、行业标准的，应当符合该标准；

（2）具备产品应当具备的使用性能，但是，对产品存在使用性能的瑕疵做出说明的除外；

（3）符合在产品或者其包装上注明采用的产品标准，符合以产品说明、实物样品等方式表明的质量状况。

（一）产品质量符合法定要求

这里所规定的生产者对其生产的产品质量负责，包括两方面的含义：一是指生产者必须严格履行其保证产品质量的法定义务，二是指生产者不履行或不完全履行其法定义务时，必须依法承担相应的产品质量责任。所谓生产者的法定产品质量义务，是指生产者必须依照法律的规定，为保证其生产的产品的质量必须做出一定行为或者不得做出一定行为。生产者的产品质量责任，是指生产者违反国家有关产品质量的法律、法规的规定，不履行或者不完全履行法定的产品质量义务时所应依法承担的法律后果。产品质量责任是一种综合责任。包括承担相应的行政责任、民事责任和刑事责任。

生产者作为市场经济活动的主体，通过从事产品的生产活动以获取利润，谋求发展。生产者生产的产品最终总要进入消费领域，为消费者使用。生产者只有努力使自己生产的产品在适用性、安全性、可靠性、维修性、经济性等质量指标上，都符合相应的标准和要求，才能满足消费者的需要，实现产品的价值，生产者也才能取得相应的经济效益，在激烈的市场竞争中求得生存和发展。鉴于生产者是产品的直接创造者，其产品的开发、设计和制造决定了产品质量的全部特征和特性，产品的生产环节对其质量好坏具有根本的作用。因此，法律规定，生产者必须对其生产的产品质量负责。生产者应当将保证产品质量作为其首要义务，通过强化质量管理，增加技术投入，增加产品的花色、品种、性能，改进产品售后服务等措施，不断提高其产品质量水平。

生产者应当保证其生产的产品符合下列要求：

（1）不存在危及人身、财产安全的不合理的危险，有保障人体健康和人身、财产安全的国家标准、行业标准的，应当符合该标准。这是法律对生产者保证产品质量义务的强制性规

定,生产者不得以合同约定或者其他方式免除或减轻自己的此项法定义务。产品不得存在危及人身、财产安全的不合理的危险,是法律对产品质量最基本的要求,直接关系到产品使用者的人体健康和人身、财产安全。生产者违反这一质量保证义务的,将要受到严厉的法律制裁。生产者要保证其产品不存在危及人身、财产安全的不合理的危险,首先应当在产品设计上保证安全、可靠。产品设计是保证产品不存在危及人身、财产安全的不合理危险的基本环节。其次,在产品制造方面保证符合规定的要求。制造是实现设计的过程,在实际经济生活中,制造上的缺陷往往是导致产品存在危及人身、财产安全的不合理的危险的主要原因。另外,在产品标识方面还要保证清晰、完整。对涉及产品使用安全的事项,应当有完整的中文警示说明、警示标志,并且标注清晰、准确,以提醒人们注意。

生产者要保证其生产的产品不存在危及人身、财产安全的不合理危险,必须使其产品符合保障人体健康、人身财产安全的国家标准、行业标准。对尚未制定有关的国家标准、行业标准的新产品,生产者必须按照保证其产品不存在危及人身、财产安全的不合理的危险的法定要求,通过制定企业标准等措施,保证其产品具备应有的安全性能。

(2)具备产品应当具有的使用性能。所谓产品具有应当具有的使用性能,是指某一特定产品应当具有其基本的使用功能,比如电冰箱应当具备制冷性能,保温瓶应当具有保温性能等,并在正常使用条件下应有合理的使用寿命。产品应当具有使用性能主要体现在两方面:一方面是在产品标准、合同、规范、图样和技术要求以及其他文件中明确规定的使用性能。另一方面是隐含需要的使用性能。这里所讲的隐含需要是指消费者对产品使用性能的合理期望,通常是被人们公认的、不言而喻的、不必做出规定的使用性能方面的要求。具备产品应当具备的使用性能是本法对生产者保证产品质量所规定的又一法定义务。但是,当生产者对产品使用性能的瑕疵做出说明时,可以免除生产者的此项义务。这里所谓瑕疵,是指产品质量不符合应有的使用性能,或者不符合采取的产品标准、产品说明、实物样品等明示担保条件,但是产品不存在危及人身、财产安全的不合理的危险,未丧失产品原有的使用价值。依照本法规定,对产品使用性能的瑕疵,生产者应当予以说明后方可出厂销售,并可免除生产者对已经明示的产品使用性能的瑕疵承担责任。如果生产者不对产品的瑕疵做出说明而予以销售的,生产者应当承担相应的产品质量责任。当然,如果除说明的产品的瑕疵之外,产品还存在未明示的瑕疵的,生产者仍应对未明示部分的产品瑕疵承担相应的担保责任。

(3)产品质量应当符合明示的质量状况。即产品质量应当"符合在产品或者其包装上注明采用的产品标准,符合以产品说明、实物样品等方式表明的质量状况。"这是法律对生产者保证产品质量所规定的明示担保义务。所谓产品质量的明示担保,是指产品的生产者对产品质量性能的一种明示的自我声明或者陈述,由生产者根据事实自愿做出,多见于生产者证明产品符合某一标准、某些状态要求的产品说明、实物样品、广告宣传中。在产品或者包装上注明采用的产品标准,是表明产品质量符合自身标注的产品标准中规定的质量指标,判定产品是否合格,则以该项明示的产品标准作为依据。当然,生产者明示采用的产品标准不得与强制性的国家标准、行业标准相抵触。产品说明是生产者向消费者提供的文字说明性资料。告知消费者关于产品的有关性能指标、使用方法、安装、保养方法、注意事项,以及有着三包的事项等。所以,产品说明也是生产者向社会明确表示的保证和承诺。实物样品实际上是一种实物标准,实物样品清楚地表明了产品的质量状况。消费者根据实物样品购买的产品应当同样品的质量保证相符。

（二）产品标识符合法定要求

产品标识是指用于识别产品或其特征、特性所做的各种表示的统称。产品标识可以用文字、符号、标记、数字、图案等表示。根据不同的产品的特点和使用要求，产品标识可以标注在产品上，也可以标注在产品包装上。

所谓产品包装，是指为在产品运输、储存、销售等流通过程中保护产品，促进销售，按照一定技术方法采用的容器、材料和附着物并在包装物上附加有关标识而进行的操作活动的总称。所谓产品标识，是指用于识别产品或其特征、特性所做的各种表示的统称。产品标识可以用文字、符号、标志、标记、数字、图案等表示。产品标识由生产者提供，其主要作用是表明产品的有关信息，帮助消费者了解产品的质量状况，说明产品的正确使用、保养方法，指导消费。随着市场经济的发展和扩大产品出口的需要，产品标识日益为人们所看重，认为其是产品的组成部分。如果产品标识指示不当或者存有欺骗性，则易引起消费者的误解，产生产品质量纠纷。这次修改本法，特别强调产品或者其包装上的标识必须真实。本条规定的生产者对产品标识应当标明的内容，这是生产者应当履行的义务。

产品质量法对产品或其包装上的标识的规定：

（1）应有产品质量检验合格证明。

所谓产品质量检验合格证明，是指生产者出具的用于证明产品质量符合相应要求的证件。合格证明包括合格证、合格印章等各种形式。合格证的项目内容，由企业自行决定。合格证一般注明检验人员或者其代号，检验、出厂日期等事项。一些不便于附带合格证的产品，可用合格章。产品质量检验合格证明只能用于经过检验合格的产品上，未经检验的产品或者检验不合格的产品，不得使用产品质量检验合格证明。出厂产品的检验，一般由生产自身设置的检验部门进行检验。对不具备检测能力和条件的企业，可以委托社会产品质量检验机构进行检验。

（2）应有中文标明的产品名称、生产厂家和厂址。

所谓用中文标明，是指用汉字标明。根据需要，也可以附以中国民族文字。产品名称是区别于此产品与他产品的文字语言标记。产品名称一般能反映出产品的用途、特色、所含主要成分等最突出的特点。生产厂厂名和厂址是生产产品的企业名称、称谓和企业的主要生产经营场所所在地的实际地址，是一个企业区别于其他企业的语言文字符号。企业的厂名和厂址在企业办理营业执照时便已经确定，标注产品的生产厂厂名和厂址时应当与企业营业执照上载明的厂名和厂址一致。企业这样做也是遵守了市场经济活动中诚实信用原则，有助于消费者选择和识别产品及来源，维护其合法权益。

（3）根据产品的特点和使用要求，需要标明产品规格、等级、所含主要成分的名称和含量的，应用中文相应予以标明；需要事先让消费者知晓的，应当在外包装上标明，或者预先向消费者提供有关资料。

该规定是一项概括性的规定，是生产者应当履行的义务。产品的规格、等级、成分、含量等标识的标注，应当按照不同产品的不同特点以及不同的使用要求进行标注。法律、法规、规章或者其他规范性文件要求标明上述内容的，生产者就应当予以标明。需要事先让消费者知晓的，应当在外包装上标明，或者预先向消费者提供有关资料。对法律的上述规定必须遵守。例如食品，国家制定了食品标签强制性标准，生产者应当履行法律规定的产品标识义务。对于一些可以分类规范的产品的标识，国家可以制定相应的法规，分别明确规定每类产品的标识要求。如对于彩电、空调机、电冰箱等耐用消费品，一般价格高，使用、操作复杂，这些产品应标明产品的维修保养方法，并附有中文使用说明书。

(4) 限期使用的产品，应当在显著位置清晰地标明生产日期和安全使用期或失效日期。

即限期使用的产品，应当在显著位置清晰地标明生产日期和安全使用期或者失效日期。所谓限期使用的产品，是指具备一定使用期限，并且能够在此期限内能够保证产品质量的产品。例如食品、药品、农药、化肥、水泥、化妆品、饮料等产品，都应当具有一定的使用期限。所谓安全使用期，一般是泛指保证产品质量的期限。安全使用期包括保质期、保存期、有效期、保鲜期等。保质期是每时保持产品质量符合规定要求的有效期限。保存期是指产品最长的存放期限，在此期限内，保证产品不失效、不变质。需要说明的是，产品的保存期不同于保质期。在保存期的期末，产品的内在质量不一定能够保持原来的质量。产品超过保存期，一般不宜再使用了。有效期是指产品保持原有效力、作用的期限。一般超过有效期限的产品，其效力、作用均有明显下降或者失去原有的效力、作用。保鲜期是指保持产品的期限。超过保鲜期的产品，一般仍然可以使用，但不如保鲜期内那么新鲜。对限期使用的产品，可以由两种标注方法：一种方法是标注生产日期和安全使用期，两者都不可缺少。另一种方法是可以仅标注失效日期，而可以不再标注生产日期、保存期、保质期等标识。需要强调的是，限期使用的产品，其生产日期和安全使用期或者失效日期应当在显著位置清晰地标明。所谓显著位置，是指易使人发现的明显位置。所谓清晰，是指达到一般人能够清楚地辨识的程度。在现实中，有的生产者故意将上述日期标在不容易使人发现的位置上，或者故意标得十分模糊，意图使过了期限的产品继续销售。为了维护消费者的利益，这次本法修改特别强调这一要求。

(5) 涉及使用安全的标识要求。即使用不当，容易造成产品本身损坏或者可能危及人身、财产安全的产品，要有警示标志或者中文警示说明。所谓警示标志，是指用以表示特定的含义，告诫、提示人们应当对于某些不安全因素引起高度注意和警惕的图形。例如，表示剧毒、危险、易燃、易爆等意思，均有专用的对应的图形标志。所谓中文警示说明，是指用来告诫、提示人们应当对不安全因素引起高度重视和警惕的中文文字说明。中文警示说明也可以理解为用中文标注的注意事项。一般标注在产品或者产品说明书、产品外包装上。例如在燃气热水器上注明"注意室内通风"字样。总之，对上述产品标注中文警示说明和警示标志是为了保护被使用的产品免遭损坏，保护使用者的安全、健康。

(三) 生产者对某些特殊产品的包装应当履行的义务

易碎、易燃、易爆、有毒、有腐蚀性、有放射性等危险物品以及储运中不能倒置和其他有特殊要求的产品，其包装质量必须符合相应要求，依照国家有关规定作出警示标志或者中文警示说明，标明储运注意事项。

危险物品、储运中不能倒置和其他有特殊要求的产品属于特殊产品。包括易碎品，如玻璃及玻璃制品、陶瓷等；易燃、易爆品，如酒精、汽油、炸药、雷管、鞭炮等；剧毒品，如农药等；储运中不能倒置的产品，如电冰箱、装有液体的包装容器等；有其他特殊要求的产品，如古董、古玩、艺术品、工艺品等产品。众所周知，产品包装的好坏既直接关系到对被包装产品的保护，又能通过产品包装上的标识明确地告知仓储者、运输者、销售者以及用户和消费者许多有关该产品的信息。对特殊产品的包装需要有明确的要求。

所谓产品的"包装质量必须符合相应要求"，是指产品的包装必须符合国家法律、法规、规章、合同、标准以及规范性文件规定的包装要求，保证人身、财产安全，防止产品损坏并且应当在产品包装上标注相应的产品标识。依照本条规定，上述特殊产品包装质量必须符合相应要求，依照国家有关规定做出警示标志或者中文警示说明，标明储运注意事项。例如，毒品、限剧药物必须在产品包装的显著部位，用黑色标注"毒"或者用红色标注"限剧"字样，并附有剧毒品的相应警示标志。对于危险品，应当在显著部位用红色标注"爆炸品"或者"易爆品"等字样，并附有相应警示标志。对于有毒或者腐蚀性物品，必须用黑色加注"切勿入口"等字样。对于装卸、搬运操作或者存放保管条件有相应要求或者应提出注意事项的产品，应当醒目标明"向上""防潮""防雨""小心轻放""防晒""冷藏""怕压"等字样。对于农药等含有害、有毒物质的产品，包装容器必须密闭，不得有外溢、渗漏、脱盖、破损等问题，防止污染或者损害人体健康与安全。食品包装必须使用无毒、清洁、卫生的物料。直接接触食品的纸张、塑料、橡胶等制品和涂料，必须符合国家卫生标准。对于放射性物质、电磁波辐射等，其包装容器必须符合国家有关环境保护的规定，在储存、运输过程中严加防护和管理。

（四）法律禁止生产者从事的行为

生产者不得生产国家明令淘汰的产品。

所谓国家明令淘汰的产品，是指国家行政机关按照一定的程序，采用行政的措施，对涉及耗能高、技术落后、污染环境、危及人体健康等方面的因素，宣布不得继续生产、销售、使用的产品。如国务院办公厅1991年的67号文件宣布淘汰了六种农药；卫生部先后宣布淘汰了一百多种药品；等等。这是国家采取的宏观调控的行政手段，对社会具有普遍的约束力。生产者不得生产国家明令淘汰的产品。因为国家淘汰的产品多是产品性能落后，耗能高，效能小，环境污染较大，毒副反应大，对人体健康或者人身、财产安全和动植物安全危害较大，必须禁止生产者生产国家明令淘汰的产品。生产者违反这一规定的，将依法追究其法律责任。

生产者不得伪造产地，不得伪造或者冒用他人的厂名、厂址。

生产者不得伪造产地。产地是指产品生产的所在地。一些产品因产地不同，其性能和质量指标可能会有较大的差异。特别是一些土特产品，与产地的气候、地质条件、环境状况有着密切的联系。如我国的名酒"茅台"，其质量就是与茅台酒厂所在地茅台镇的水质、气候条件密切相关，在其他地方，用同样的原料、同样的技术制造出来的酒与在茅台镇制造的茅台酒，口感、质量就有很大的差别。同时，有的产地在某一方面有独到的生产、制造与加工手段，拥有较好的技术优势。总之，产地这种标志，在一定程度上也表示产品的质量与信誉，对消费者起到了诱购的作用。生产者在甲地生产产品，却在产品标识上标注乙地的地名，以利用消费者对乙地产品的信赖，造成消费者的误解，是一种典型的欺骗行为，也是法律所不允许的。

生产者不得伪造或者冒用他人的厂名、厂址。伪造，是指生产者捏造、编造不真实的生产厂的厂名和厂址；冒用，是指生产者非法使用他人的厂名、厂址。厂名是指企业的名称，是一个企业区别于其他企业的重要标志；厂址是指企业进行生产、经营活动的固定场所。厂名、厂址被明确具体地标注在企业的营业执照上，自企业宣告成立时就已确定。伪造厂名、厂址，使得消费者在产品质量出现问题时，无法找到生产者，是一种对消费者的欺骗行为，应为法律所禁止。同时，我国民法通则第九十九条规定"法人、个体工商户、个人合伙享有名称权。"企业对其厂名享有名称权,任何人未经其允许,使用其厂名,都是侵犯企业名称权的行为,应承担侵权责任。而企业的厂址往往是与厂名联系在一起的,特定厂名的企业有特定的厂址,冒用他人的厂址在实践中与冒用他人厂名的效果一样,都是利用消费者对被冒用企业的信赖,欺骗消费者,因此也是不允许的。

生产者不得伪造或者冒用认证标志等质量标志。

质量标志是指有关主管部门或者组织,按照规定的程序颁发给生产者,用以表明该企业生产的产品的质量达到相应水平的证明标志。质量标志具有以下特征:①质量标志的作用是表明产品质量的水平,是产品的质量信誉标志,为消费者选购产品起到了信誉指南的作用。它与厂名、厂址、商标等有着显著的区别,后者具有专用性和专有性,必须依法注册登记。质量标志无此特征。企业获得质量标志后,可以标注使用,也可以不使用,由企业自己决定。②质量标志必须由发证机关或组织颁发,并须经过一定的评审、考核程序,获准后方可使用。目前我国比较常见的质量标志是产品质量认证标志。主要有:由国务院产品质量监督部门认可的专门机构颁发的方圆认证标志、长城认证标志、PRC认证标志和由国际羊毛局颁发的纯羊毛认证标志等。

质量认证标志等产品质量标志表明的是产品质量所达到的水平和质量状态,只有经具备认证资格的机构经过一定的程序对达到一定条件的企业授权后,企业才能使用质量标志。因此,任何以非法手段使用、冒充这些质量标志的行为,都是对产品质量事实真相的隐瞒,是对消费者的欺骗,应为法律所禁止。本条所禁止的行为包括两种,即伪造认证标志等质量标志和冒用认证标志等质量标志。伪造,是指非法制作、编造实际上并不存在的质量标志;冒用,是指未取得认证标志等质量标志,而谎称取得,并擅自使用相应质量标志。根据本条规定,这两种行为都是法律所禁止的。

生产者生产产品,不得掺杂、掺假,不得以假充真、以次充好,不得以不合格产品冒充合格产品。

生产者生产产品,不得掺杂、掺假。"掺杂、掺假"是指生产者在产品中掺入杂质或者造假,致使产品中有关物质的成分或者含量不符合国家有关法律、法规、标准规定的欺骗行为。这类行为有以下特征:行为人以牟取非法利润为目的,行为动机一般是故意的;该行为的结果是使产品的成分和含量不符合法律、法规、标准的要求,致使产品质量降低甚至失去应有的使用性能;该行为造成了对消费者的欺骗,严重扰乱了正常的社会经济秩序,造成消费者的财产损失,甚至会危及消费者的人身安全。

生产者生产产品,不得以假充真、以次充好。"以假充真"是指生产者以牟取非法利润为目的,用一种产品冒充另一种与其特征、特性不同的产品的欺骗行为;"以次充好"是指生产者以低等级、低档次的产品,冒充高等级、高档次的产品的欺骗行为,也包括用废、旧、弃产品冒充新产品的行为。这类行为的行为人的目的是为了牟取非法利润,一般为故意,结果是造成了对消费者的欺骗,损害消费者的合法权益。

生产者生产产品,不得以不合格产品冒充合格产品。所谓合格产品,对于有国家强制性标准的产品来说,是指符合国家的强制性标准;对于没有国家强制性标准的产品来说,是指符合生产者在产品上明确标注所采用的标准。以不合格产品冒充合格产品,是对消费者的欺骗行为,会造成消费者的财产损失,对于可能危及人体健康和人身财产安全的产品,甚至会造成消费者的人身伤害。

二、销售者的产品质量责任和义务

（一）销售者应当建立并执行进货检查验收制度，验明产品合格证明和其他标识

验明产品合格证明。按照本法第二十七条的规定，产品或者其包装上应当有产品质量检验合格证明。这里讲的"产品合格证明"，是产品合格证、合格印章等的统称。是生产者出具的用于证明出厂产品的质量经过检验，符合相应要求的标志。销售者在对进货产品进行检验时，首先应当检验产品的合格证明，如果产品没有合格证明，销售者可以拒收。

验明其他标识。产品标识，是指用于识别产品或者其特征、特性所做的各种表示的统称。验明标识，是指检查进货产品的标识，包括有中文说明的产品名称、生产厂名、厂址；根据产品的特点和使用要求，需要标明产品规格、等级、所含主要成分的名称和含量，需要事先让消费者知晓的，应当在外包装上予以标明，或者预先向消费者提供有关资料；限期使用的产品，在显著位置上应当清晰地标明生产日期和安全使用期或者失效日期；使用不当，容易造成产品本身损坏或者可能危及人身、财产安全的产品，要有警示标志或者中文警示说明。这些标识都必须符合本法第二十七条规定的要求。对于标识不符合法律规定的要求的产品，销售者可以要求供货者退货或者更换。

我国的其他有关法律也对进货检查验收作了规定，如食品卫生法第二十五条规定，食品生产经营者采购食品及其原料，应当按照国家有关规定索取检验合格证或者化验单，销售者应当保证提供。需要索证的范围和种类，由省、自治区、直辖市人民政府卫生行政部门规定。药品管理法第十二条规定，收购药品，必须进行质量验收；不合格的，不得收购。对进货产品的检查验收，一般是通过对产品的感观检查来实现的。所谓感观检查，是指销售者对进货产品通过运用看、摸、捻、品等方法，对进货产品的质量进行感观上的判定。这是产品内在质量检查的一种常用的方法。比如，对毛纺织品类产品，可以用摸一摸的方法，通过手感来判定是否为纯毛产品。感观检查的方法，对于销售者来说，是简便易行的方法，非常实用。

销售者除了验明产品合格证明和其他标识以外，如果对进货产品的内在质量发生怀疑或者为了确保大宗货物的质量可靠，也可以对内在质量进行检验，或者委托依法设立的产品质量检验机构进行检验。但是，对原装、原封的产品，不必对其内在质量进行检验。根据有关行政法规的规定，原装、原封、原标记无异状的产品内在质量，由生产者负责。

根据合同法的规定，买受人收到标的物时应当在约定的检验期间内检验。没有约定检验期间的，应当及时检验。当事人约定检验期间的，买受人应当在检验期间内将标的物的数量或者质量不符合约定的情形通知出卖人。买受人怠于通知的，视为标的物的数量或者质量符合约定。当事人没有约定检验期间的，买受人应当在发现或者应当发现标的物的数量或者质量不符合约定的合理期间内通知出卖人。买受人在合理期间内未通知或者自标的物收到之日起两年内未通知出卖人的，视为标的物的数量或者质量符合约定，但对标的物有质量保证期的，适用质量保证期，不适用该两年的规定。出卖人知道或者应当知道提供的标的物不符合约定的，买受人不受上述规定的通知时间的限制。

（二）销售者应当采取措施，保持销售产品的质量

销售者应当采取措施。是指销售者应当根据产品的不同特点，采取不同的措施，如采取必要的防雨、通风、防晒、防霉变、分类等方式，对某些特殊产品的保管，应采取控制温度等措施，保持进货时的产品质量状况，尤其是药品和食品等。采取措施，还应包括配置必要的设备和设施。按照药品管理法第十四条的规定，药品仓库必须制定和执行药品保管制度，采取必要的冷藏、防潮、防虫、防鼠等措施。

本法关于销售者应当保持产品质量的义务规定，是为了促使销售者增强对产品质量负责的责任感，加强企业内部质量管理，增加对保证产品质量的技术投入，保证消费者购买产品的质量。

保持销售产品的质量。是指销售者通过采取一系列保管措施，使销售产品的质量基本保持着进货时的质量状况。当然，销售的产品由于其质量的特征和特点，经过一段时间，可能会发生一定的变化，但这种变化应限制在合理的范围内，比如，有些食品刚出厂时味道鲜美，存放一段时间后，由于食品内部的一些变化，使得该食品的味道不如刚出厂时的味道，但是并没有变质，这应当认为是一种合理的变化。

（三）销售者不得销售国家明令淘汰并停止销售的产品和失效、变质的产品

国家明令淘汰的产品，是指国务院及其有关部门通过颁发决定、命令的形式，公开淘汰某项产品或者产品的某个型号。国家明令淘汰的产品包括：① 产品性能落后、耗能高、污染环境严重的产品，如自1982年以来，机电部会同有关部委共淘汰了15批共601种机电产品。② 危及人体健康和人身、财产安全的产品，如1982年卫生部发文共淘汰了27种药品，1991年国务院办公厅发文淘汰了6种农药。③ 违反法律规定的产品，如非法定计量单位的计量器具。对于国家明令淘汰的产品，国家都要颁布具体的淘汰时间，在这个时间以后，禁止销售该淘汰产品。

国家明令淘汰并停止销售的产品，销售者不得继续销售，这是销售者必须履行的产品质量义务。销售者应当经常关注国家有关这方面的决定和命令，对自己的进货产品及时加以调整。对于国家明令淘汰的产品，销售者已经进货的，应当停止销售，并对淘汰的产品加以退货或销毁处理。如果销售者在国家规定的时间以后仍然继续销售淘汰产品的，有关执法部门则要对所销售的产品加以没收，并处违法销售产品货值金额等值以下的罚款，有违法所得的，还要没收违法所得。

销售者不得销售失效、变质的产品。这里讲的"失效"，是指产品失去了本来应当具有的效力、作用。这里讲的"变质"，是指产品内在质量发生了本质性的物理、化学变化，失去了产品应当具备的使用价值。这里需要注意的是失效、变质与超过安全使用期和失效日期的关系。即已经超过安全使用期和失效日期的产品，虽多数是失效、变质的产品，但并不一定全是失效、变质的产品；而尚未超过安全使用期和失效日期的产品，也可能会发生产品变质，应以实际检测结果为依据。

失效、变质的产品，由于其功能、效力、作用等皆已丧失或大部分已丧失，已经不具备应有的安全性、适用性等必要的性能，很容易对人体健康造成危害，因此，法律规定禁止销售失效、变质的产品。销售者违反了这一法定义务，要承担相应的法律责任；造成人身、财产损害的，要承担赔偿责任；构成犯罪的，要依法追究刑事责任。

（四）销售者销售的产品的标识应当符合法律对生产产品或其包装上的标识的规定

按照本法第二十七条的规定，产品或者其包装上的标识应当有产品质量检验合格证明，有中文标明的产品名称、生产厂厂名和厂址，根据产品的特点和使用要求，需要标明产品规

格、等级、所含成分的名称和含量的,用中文相应予以标明;需要事先让消费者知晓的,应当在外包装上标明,或者预先向消费者提供有关资料;限期使用的产品,应当在显著位置清晰地标明生产日期和安全使用期或者失效日期,使用不当,容易造成产品本身损坏或者可能危及人身、财产安全的产品,有警示标志或者中文警示说明。

产品标识,是用于识别产品或者其特征的重要标志,本法已对生产者规定了生产的产品应当符合本法规定的要求这一义务。销售者在进货时,应认真执行进货检查验收制度,特别是要检查产品的标识是否符合法律的规定,对于标识符合法律规定的要求的产品可以验收进货,对于标识不符合法律规定的要求的产品,则应拒收。销售者在把好进货关头的同时,也应采取措施保持产品的标识能够符合法律规定的要求,不得擅自将产品的标识加以涂改,特别是限期使用的产品,不能为了经济利益而改变产品的安全使用期或者失效日期。销售者由于对于所进的产品不能做到逐一检验,因而,在销售过程中,应当对所销售产品的标识经常进行检查,发现不符合法律规定的,要及时撤下柜台,以保证销售产品的标识符合法律的规定。

(五)销售者不得伪造产地,不得伪造或冒用他人的厂名、厂址

销售者不得伪造产地。产地是产品生产的所在地。由于各地地理条件不同,因而不同地方生产的产品都有其不同的特点,有些地方由于地理条件非常好,产出的产品已为大家所认可,产品有了一定的知名度。比如,贵州的茅台酒、杭州的龙井茶叶、上海产的服装等等,产地已经与产品紧密结合在一起了。因而产地对于知名品牌产品来讲是很重要的。这里讲的伪造产地,是指销售者对产品原有的标识进行篡改或者变造,即在产品或者包装上标注假的产地。如销售者所进的皮鞋是某城市生产的,销售者为了便于销售,将该皮鞋产地改标为上海。这就是一种伪造产地的行为。伪造产品产地的行为,是一种欺骗消费者的行为,违反了诚实信用这一法律的基本原则,是法律禁止的行为之一。

销售者不得伪造厂名、厂址。伪造厂名、厂址,是指使用非法制作的,或者是编造的标有其他生产者厂名、厂址的标识。即在产品或其包装上标注虚假的厂名、厂址,即根本不存在的厂名、厂址。

销售者不得冒用他人的厂名、厂址。这里讲的冒用他人的厂名、厂址,是指未经他人许可而擅自使用他人的厂名和厂址的标识。

伪造或者冒用他人厂名、厂址的行为,都是一种欺骗消费者的行为。但是伪造或者冒用他人厂名、厂址的产品中可能会存在两种情况:一种是产品本身质量没有问题,只是销售者受经济利益的驱动,为了销出更多的产品而伪造了他人的厂名、厂址;另一种情况则是产品本身有质量问题,而伪造或者冒用他人的厂名、厂址,两种情况都是为法律所禁止的。这种伪造或者冒用行为既坑害了消费者,同时又侵害了他人的名誉权、名称权,构成侵权行为。因此,法律对销售者规定了严格的义务,销售者必须认真履行,违反了这一义务性规定,就要承担相应的法律责任。

(六)销售者不得伪造或冒用认证标志等质量标志

质量标志是指有关主管部门或者组织,按照规定的程序颁发给企业,用以表明该企业的产品的质量达到相应水平的证明标志。

本条所禁止的行为包括两种,即伪造认证标志等质量标志和冒用认证标志等质量标志。

伪造,是指非法制作、编造实际上并不存在的质量标志;冒用,是指未取得认证标志等质量标志,而谎称取得,并擅自使用相应质量标志。根据本条规定,这两种行为都是法律所禁止的。

(七)销售者销售产品不得掺杂、掺假,不得以假充真,以次充好,不得以不合格产品冒充合格产品

销售者销售产品,不得掺杂、掺假。"掺杂、掺假"是指销售者在产品中掺入杂质或者造假,致使产品中有关物质的成分或者含量不符合国家有关法律、法规、标准规定的欺骗行为。

销售者销售产品,不得以假充真、以次充好。"以假充真"是指销售者以牟取非法利润为目的,用一种产品冒充另一种与其特征、特性不同的产品的欺骗行为;"以次充好"是指销售者以低等级、低档次的产品,冒充高等级、高档次的产品的欺骗行为,也包括用废、旧、弃产品冒充新产品的行为。

销售者销售产品,不得以不合格产品冒充合格产品。所谓合格产品,对于有国家强制性标准的产品来说,是指符合国家的强制性标准;对于没有国家强制性标准的产品来说,是指符合产品或其包装上明确标注所采用的标准。以不合格产品冒充合格产品,是对消费者的欺骗行为,掺杂、掺假、以假充真、以次充好、以不合格产品冒充合格产品,这几种违法行为,是销售假冒伪劣产品违法行为的重要表现形式。其行为的目的,都是为了牟取非法利润,客观上造成对消费者的欺骗,严重扰乱了正常的市场经济秩序,造成了消费者的财产损失,甚至会危及消费者的人身安全。因此,这三种行为是法律所严格禁止的,违反者要承担相应的法律责任。

任务四 产品损害赔偿责任

一、产品损害赔偿责任概念

产品损害赔偿责任是指生产者和销售者因生产或销售的产品有缺陷,造成用户、消费者或第三者人身和财产损害而应承担的民事赔偿责任。

二、归责原则

1. 归责原则是指确定行为人承担民事责任的理由和依据

2. 我国实行的归责原则

(1)对生产者实行严格责任原则,即无论生产者有无过错,只要因产品存在缺陷知识他人人身、财产发生损害,生产者就应当承担赔偿责任。

(2)对销售者实行过错责任原则,即销售者由于过错使产品存在缺陷,造成他人人身、财产损害的,才承担赔偿责任。销售者不能指明缺陷产品的生产者,也不能指明缺陷产品的供货者的,销售者应当承担赔偿责任。

三、损害赔偿责任的构成

(一)损害赔偿责任构成的法律依据

(1)民法通则规定:因产品质量不合格,造成他人财产、人身损害的,产品制造者、销

售者应当依法承担民事责任;

(2) 产品质量法规定,因缺陷造成人身、财产损害的,受害人可以向产品的生产者要求赔偿,也可以向产品的销售者要求赔偿。

(二) 损害赔偿责任的构成要件

1. 产品存在缺陷。产品缺陷包括产品存在危及人身、财产安全的不合理危险及不符合保障人体健康和人身、财产安全的国家标准、行业标准。

2. 存在人身伤害、财产损害的事实。即"无损害,无责任"。

3. 产品缺陷与损害事实之间有因果关系。第一,损害事实是由产品缺陷造成的,而不是由其他原因造成的,例如:外力的破坏、受害人的故意等;第二,损害赔偿责任不以生产者、销售者主观上是否有过错作为前提条件,只要生产、销售的产品有缺陷,并且因此造成了人身、财产损害的,就应承担损害赔偿责任。

四、损害赔偿范围及责任形式

(一) 生产者、销售者的损害赔偿责任

1. 生产者损害赔偿的法定情形

因产品存在缺陷,造成人身、缺陷产品以外的其他财产损害的,生产者应承担赔偿责任。生产者能够证明有下列情形之一的,不承担赔偿责任:① 未将产品投入流通的; ② 产品投入流通时,引起损害的缺陷尚不存在;③ 生产者将产品投入流通时的科学技术水平尚不能发现缺陷存在的。

课堂实训任务

任务 10-2 某厂 2003 年生产了一种治疗腰肌劳损的频谱治疗仪投放市场,消费者甲购买了一部,用后腰肌劳损大大减轻,但却患上了偏头疼症,甲询问了这种治疗仪的其他用户,很多人都有类似反应。甲向某厂要求索赔。某厂对此十分重视,专门找专家作了鉴定,结论是:目前科学技术无法断定治疗仪与偏头疼之间的关系。该厂对用户 A 的偏头疼症是否承担赔偿责任?

由于治疗仪投入流通时的科学技术水平不能发现缺陷的存在,某厂不能承担赔偿责任。

2. 销售者的损害赔偿责任

销售者承担损害赔偿的法定情形

(1) 售出的产品不具备产品应当具备的使用性能而事先未作说明的;不符合在产品或其包装上注明采用的产品标准的;不符合以产品说明书、实物样品等方式表明的质量状况的。

(2) 销售者依法负责修理、更换、退货,赔偿损失后,属于生产者的责任或者属于向销售者提供产品的其他销售者的责任的,销售者有权向生产者、供货者追偿。

(3) 销售者未按规定给予修理、更换、退货,或赔偿损失的,由产品质量监督部门或工商部门责令改正。

(4) 生产者之间,销售者之间,生产者与销售者之间订立的买卖合同、承揽合同有不同约定的,合同当事人按照合同约定执行。

(5) 因产品存在缺陷造成人身、缺陷产品以外的其他财产（以下简称他人财产）损害的，生产者应当承担赔偿责任。

由于销售者的过错使产品存在缺陷，造成人身、他人财产损害的，销售者应当承担赔偿责任。销售者不能指明缺陷产品的生产者也不能指明缺陷产品的供货者的，销售者应当承担赔偿责任。

3. 受害人的求偿权与先行赔偿人的追偿权

因产品存在缺陷造成人身、他人财产损害的，受害人可以向产品的生产者要求赔偿，也可以向产品的销售者要求赔偿。属于产品的生产者的责任，产品的销售者赔偿的，产品的销售者有权向产品的生产者追偿。属于产品的销售者的责任，产品的生产者赔偿的，产品的生产者有权向产品的销售者追偿。

（二）损害赔偿范围

1. 人身伤害赔偿范围

因产品存在缺陷造成受害人人身伤害的，侵害人应当赔偿医疗费、治疗期间的护理费、因误工减少的收入等费用；造成残疾的，还应当支付残疾者生活自助用具费、生活补助费、残疾赔偿金以及由其扶养的人所必需的生活费等费用；造成受害人死亡的，并应当支付丧葬费、死亡赔偿金以及由死者生前扶养的人所必需的生活费等费用。

因产品存在缺陷造成受害人财产损失的，侵害人应当恢复原状或者折价赔偿。受害人因此遭受其他重大损失的，侵害人应当赔偿损失。

2. 财产损害赔偿范围

恢复原状或折价赔偿；受害人遭受其他重大损失的，侵害人应当赔偿损失。

3. 时效和争议的解决

因产品存在缺陷造成损害要求赔偿的诉讼时效期间为二年，自当事人知道或者应当知道其权益受到损害时起计算。

因产品存在缺陷造成损害要求赔偿的请求权，在造成损害的缺陷产品交付最初消费者满十年丧失；但是，尚未超过明示的安全使用期的除外。

争议的解决，① 通过协商解决；② 调解解决；③ 当事人不愿通过协商、调解解决或者协商、调解不成的，可以根据当事人的协议向仲裁机构申请仲裁；④ 当事人没有仲裁协议或者仲裁协议无效的，可以直接向法院起诉。

任务五　行政和刑事责任

一、生产者、销售者的行政和刑事责任

（一）生产不合格产品的行政和刑事责任

(1) 责令停止生产、销售，没收违法生产、销售的产品，并处违法生产、销售产品（包括已售或未售的产品）货值金额等值以上3倍以下的罚款；

(2) 有违法所得的，并处没收违法所得；

(3) 情节严重的，吊销营业执照；

（4）构成犯罪的，依法追究刑事责任。

（二）生产销售掺杂、掺假、以次充好或者以不合格产品冒充合格产品的行政和刑事责任

（1）责令停止生产、销售，没收违法生产、销售的产品，并处违法生产、销售产品（包括已售或未售的产品）货值金额50%以上3倍以下的罚款；

（2）有违法所得的，并处没收违法所得；

（3）情节严重的，吊销营业执照；

（4）构成犯罪的，依法追究刑事责任。

（三）生产国家明令淘汰的产品的或者销售国家明令淘汰并停止销售的产品的行政责任和刑事责任

（1）责令停止生产、销售，没收违法生产、销售的产品，并处违法生产、销售产品（包括已售或未售的产品）货值金额等值以下的罚款；

（2）有违法所得的，并处没收违法所得；

（3）情节严重的，吊销营业执照。

（四）销售失效、变质产品的行政责任和刑事责任

（1）责令停止生产、销售，没收违法生产、销售的产品，并处违法生产、销售产品（包括已售或未售的产品）货值金额等值2倍以下的罚款；

（2）有违法所得的，并处没收违法所得；

（3）情节严重的，吊销营业执照；

（4）构成犯罪的，依法追究刑事责任。

伪造产品产地的，伪造或者冒用他人厂名、厂址的，伪造或者冒用认证标志等质量标志的，责令改正，没收违法生产、销售的产品，并处违法生产、销售产品货值金额等值以下的罚款；有违法所得的，并处没收违法所得；情节严重的，吊销营业执照。

产品标识不符合对产品或其包装上的标识的要求的，应依法责令改正；有包装的产品标识，不符合有关警示标志或者中文警示说明规定的，情节严重的，责令停止生产、销售，并处以违法生产、销售产品货值金额30%以下的罚款；有违法所得的，并处没收违法所得。

二、国家机关及其工作人员违反质量法的行政和刑事法律责任

（一）政府及其他国家机关工作人员承担法律责任的法定情形及法律责任

各级人民政府工作人员和其他国家机关工作人员，违反产品质量法第9条的规定，有下列行为之一的，给予行政处分；构成犯罪的，依法追究刑事责任：（1）包庇、放纵行为；（2）通风报信、帮助违法当事人逃避查处的行为；（3）阻挠、干预查处行为。

（二）质量监督部门和其他有关部门违反质量法的法律责任

1. 产品质量监督部门有下列行为的，应承担相应的法律责任

① 监督抽查中超量索取样品或者向被检查人收取检验费用的，由其上级产品质量监督部门或者监察机关责令退还，情节严重的，对直接主管人员和责任人员依法给予行政处分。
② 产品质量监督部门或者其他国家机关违反产品质量法第25条的规定，向社会推荐产品或者以

某种方式参与产品经营活动的,由上级机关或者监察机关责令改正,消除影响,没收违法收入;情节严重的,对直接主管人员和责任人员依法给予行政处分;产品质量检验机构有此行为的,产品质量监督部门可责令改正,消除影响,没收违法收入及罚款;情节严重的,可撤销其质量检验资格。③ 产品质量监督部门或者工商行政管理部门的工作人员渎职构成犯罪的,依法追究刑事责任;尚未构成犯罪的,依法给予行政处分。

2. 检验机构及认证机构的法律责任

(1) 产品质量检验机构、认证机构伪造检验结果或者出具虚假证明的,应责令改正,对单位和直接主管人员及责任人员处以罚款,没收违法所得;情节严重的,取消其检验资格、认证资格。

(2) 产品质量检验机构、认证机构出具的检验结果或者证明不实,造成损失的,应当承担相应的赔偿责任;造成重大损失的,撤销其检验资格、认证资格。

(3) 产品质量认证机构违反产品质量法第 21 条的规定,不履行质量跟踪检验义务的,对因其产品不符合认证标准给消费者造成的损失,与产品的生产者、销售者承担连带责任;情节严重的,撤销其认证资格。

3. 社会团体、社会中介机构的承诺、保证责任

社会团体、社会中介机构对产品质量的承诺和保证,对消费者而言,通常比生产者、销售者自己的保证更加有效,如果不实,欺骗性、危害性也更大。为了约束他们的行为,产品质量法第 58 条规定,社会团体、社会中介机构对产品质量做出承诺和保证,而该产品又不符合其承诺、保证的质量要求,给消费者造成损失的,与生产者、销售者承担连带责任。

复习思考题

1. 简述产品质量法中产品的概念。
2. 简述生产者、销售者的产品质量责任和义务。
3. 简述产品损害赔偿责任。

专项实训项目

↘ 活动目标和要求

《产品质量法》授课完毕,利用一个课时组织学生对案例进行分析。使学生能够掌握理解掌握生产者、销售者的法律义务、产品质量监督管理制度和产品质量责任制度,能处理实践中与产品质量责任有关的实际行为。

↘ 实训组织

将教室课桌椅摆放成"U"形,检查学生的准备情况。

↘ 实训内容及成果

由学生分组进行讨论并最终形成意见。教师参照学生表现情况评分。

↘ 实训材料

● 2004 年,一户赵姓人家在为家中老人祝寿时,高压锅突然爆炸,儿媳妇被锅盖击中头部,抢救无效死亡。据负责高压锅质量检测的专家鉴定,高压锅爆炸的直接原因是高压锅的

设计有问题，导致锅盖上的排气孔堵塞。由于高压锅的生产厂家距离遥远，赵家要求出售此高压锅的商场承担损害民事赔偿责任。但商场声称缺陷不是由自己造成的，而且商场在出售这种高压锅（尚处于试销期）的时候已与买方签订有一份合同，约定如果产品存在质量问题，商场负责退货，并双倍返还货款，因而商场只承担双倍返还货款的违约责任。

➘ 庭审辩论和组织讨论的焦点问题
- 赵家可否向该商场请求承担责任？为什么？
- 赵家可以请求违约责任还是侵权赔偿责任？

项目十一

消费者权益保护法

本章导入案例

【案情简介】

两个月前,李先生在某商场以 1 500 元的价格买了一部品牌手机。使用过程中,李先生发现该手机待机时间短,而且经常无信号,于是将手机拿到指定的售后保修处进行维修。维修人员告诉他,该手机为水货。李先生遂以商场销售水货手机系欺诈行为为由向法院起诉,要求商场退货,并三倍赔偿货款。

【问题】

1. 请问李先生可以向商场要求赔偿吗?
2. 请问李先生可以要求商场退货,并三倍赔偿货款吗?

教学目标

- 理解消费者权益保护法的概念及调整对象
- 理解消费者权益保护法的基本原则
- 掌握消费者争议纠纷的解决途径
- 掌握违反消费者权益保护法应承担的法律责任
- 理解消费者的权利和经营者的义务

实训目标

- 能够准确判定消费者权益保护法的适用范围
- 能够对实际案例中的消费争议进行分析,并提出适当的解决办法
- 能够对生活中实际发生的侵害消费者权益的行为进行辨析
- 能够正确判定消费者所享有的权利和经营者所应承担的义务

任务一　消费者权益保护法概述

一、消费者权益保护法的概念和立法宗旨

（一）消费者权益保护法的概念

消费者权益保护法是调整国家机关、经营者、消费者相互之间因保护消费者利益而产生的社会关系的法律规范的总称。

（二）消费者权益保护法的立法宗旨

根据《消费者权益保护法》第一条的规定，该法的立法宗旨是：

（1）保护消费者的合法权益。这是消费者权益保护法立法的首要目的。近年来由于损害消费者权益的问题越来越严重，因此，加强对消费者权益的保护也是当务之急。

（2）维护社会经济秩序。消费者与经营者之间的关系从经济上讲是一种商品交换关系，它直接关系到市场经济秩序。因此，通过消费者权益立法，可以调节消费者与经营者之间的利益关系，规范经营者的市场经营行为，维护社会经济秩序。

（3）促进社会主义市场经济的健康发展。生产的目的就是消费，消费既是生产关系中的一个重要环节，又是构成市场的核心要素，最终制约着市场经济的发展状况与规模。消费政策和法律与一个国家的产业政策和经济规划又是密切相连的，所以消费者权益立法还具有保障和促进社会经济秩序健康发展的功能。

二、消费者权益保护法的调整对象和调整范围

（一）消费者权益保护法的调整对象

消费者权益保护法的调整对象是消费过程中所发生的社会关系，包括：

（1）国家机关与经营者之间的关系，主要是指国家有关管理部门在对经营者的生产、销售、服务活动进行监督管理、维护消费者合法利益中发生的关系。

（2）国家机关与消费者之间的关系，主要是指国家有关管理部门在为消费者提供指导、服务与保护过程中发生的关系。

（3）经营者和消费者之间的关系，主要是指经营者因进行违法经营给消费者造成损害，消费者为实现和保护自己权益所发生的关系。

（4）消费者组织及其他个人或组织与经营者之间的关系，主要是指消费者组织及其他个人或组织为维护消费者权益而对经营者进行监督过程中所发生的关系。

（二）消费者权益保护法的调整范围

消费者权益保护法的调整范围是指该法效力所及的时间、空间和主体范围。《消费者权益保护法》的调整范围为：

（1）消费者为生活需要购买、使用商品和接受服务，其权益受该法保护，即被保护的主体限定为生活消费者。《消费者权益保护法》第二条规定："消费者为生活消费需要购买、使用商品或者接受服务。其权益受本法保护；本法未作规定的，受其他有关法律、法规保护。"

（2）经营者为消费者提供其生产、销售的商品或提供服务，应当遵守该法。《消费者权益保护法》规定："经营者为消费者提供其生产、销售的商品或者提供服务，应当遵守本法；本法未做出限定的，应当遵守其他有关法律、法规。"消费者与经营者是两个相对的主体，消费者的权利就是经营者的义务，因此，对消费者权益保护就要同时规范与约束经营者的经营行为。《消费者权益保护法》以保护消费者利益为核心，在处理经营者为消费者提供其生产、销售的商品或提供服务过程中所发生的关系时，也适用《消费者权益保护法》的有关规定；《消费者权益保护法》未做规定的，适用其他有关法律和行政法规的规定。

（3）农民购买、使用直接用于农业生产的生产资料也参照该法执行。

知识链接

农民购买直接用于农业生产的生产资料，虽然不是为了个人生活消费，但我国《消费者权益保护法》将农民购买、使用直接用于农业生产的生产资料纳入了调整范围，其原因是：一方面，我国农业生产力不发达，农民的经济能力处于弱势；另一方面，伪劣农用生产资料如假农药、假化肥、假种子等严重侵害了农民的经济利益，且农民受侵害后缺乏适当的法律途径寻求保护，因而将该类社会关系也纳入我国消费者权益保护法的调整范围。

三、消费者的概念和特征

（一）消费者的概念

《消费者权益保护法》第二条的规定，消费者是指为满足生活消费的需要而购买、使用商品或者接受服务的个人。

（二）消费者的特征

1. 消费者是指购买商品或者接受服务的个人

消费者既可能是亲自购买商品的个人，也可能是使用和消费他人购买的商品的人；既可能是有关服务合同中接受服务的一方当事人，也可能是接受服务的非合同当事人。

2. 消费者购买商品或者接受服务时不得以营利为目的

消费者购买商品或接受服务，并不是为了将这些商品转让给他人从而营利，消费者购买、使用商品或接受服务的目的主要是用于个人与家庭的消费。这就是说，购买商品和接受服务的消费者是为了满足个人的消费。个人消费包括两部分：一部分是物质资料的消费，另一部分是劳务消费，即接受各种形式的服务。

3. 消费者是指购买商品或者接受服务的个人

消费者作为一个特定的法律用语，它是指个人而不是指单位（包括企事业单位和其他社会组织），也不包括政府。所谓消费行为，不是指单位的消费，而是指个人的消费。消费者权益保护法始终是与对消费者个人权益的保护联系在一起的。

任务二　消费者的权利和经营者的义务

消费者权利是指消费者根据《消费者权益保护法》的规定，在消费领域中所享有的各项权利，即消费者有权做出一定的行为或要求他人做出或不做出一定的行为。它是消费者利益在法律上的表现。

我国《消费者权益保护法》共规定了 9 项消费者权利，即安全保障权、知情权、自主选择权、公平交易权、求偿权、结社权、知识获取权、维护尊严权、监督批评权。

一、消费者的权利

（一）安全保障权

安全保障权是指消费者在购买、使用商品和接受服务时享有的人身、财产安全不受损害的权利。消费者有权要求经营者提供的商品和服务符合保障人身、财产安全的要求，人身和财产安全权是消费者最基本的权利，因此被列为保护消费者合法权益中的一项最重要的内容。

课堂实训任务

任务 11-1　2014 年 3 月 17 日，屏南县蔡女士拿着医生开的处方，到某医药连锁店购买"利君沙"药（用于消炎），但被药店员工错拿成了"利可君"药（用于去血小板）。吃了两次，病情不见好转，反而住进医院。请解析本案中该医药连锁店应否承担责任？

任务 11-2　2014 年 5 月 12 日，消费者李先生携带 15 个月大的孩子到福鼎市人本超市购物，在电梯口，小孩的手不慎被电梯夹到，导致左手小指前半截粉碎性骨折，共花去医疗费 9 800 元。请解析本案中该超市应否承担责任？

（二）知情权

知情权是指消费者在购买、使用商品和接受服务时享有的了解和熟悉真实情况的权利。消费者有权根据商品或者服务的不同情况，要求经营者提供商品的价格、产地、生产者、用途、性能、规格、等级、主要成分、生产日期、有效期限、检验合格证明、使用方法说明书、售后服务，或者服务的内容、规格、费用等有关情况。知情权既是消费者据以做出自由选择并实现公平交易的前提，又是其购买商品后正确和安全使用的必要保证。经营者应当向消费者提供真实的信息，不得做引人误解的虚假宣传。

课堂实训任务

任务 11-3　福安市民林先生在福安市一药房花 2 240 元买了 8 克冬虫夏草。次日，林先生准备吃时却发现包装内有一根牙签。林先生认为，冬虫夏草按克售卖，价格昂贵，插入牙签无疑是增加了虫草的重量。经福安市消委会调查，冬虫夏草中插牙签一般是发生在虫草断裂时，为保证外观而采取的一种传统补救措施，因增加了牙签，所以价格上也有所优惠。请解析该药房是否侵害了林先生的知情权？

（三）自主选择权

自主选择权是指消费者享有自主选择商品和服务的权利。消费者有权自主选择提供商品或者服务的经营者，自主选择商品品种或者服务方式，自主决定购买或者不购买任何一种商品、接受或者不接受任何一项服务。消费者在自主选择商品或者服务时,有权进行比较、鉴别和挑选。自主选择权是自愿原则在《消费者权益保护法》中的具体体现。消费者为生活消费购买商品、接受服务时,与经营者是一种平等主体之间的民事法律关系。任何强行搭售等经营方式都是违反民事法律关系中平等、自愿原则的,也必然损害消费者的合法权益。

(四)公平交易权

公平交易权是指消费者享有公平交易的权利。消费者在购买商品或者接受服务时,有权获得质量保障、价格合理、计量正确等公平交易条件,有权拒绝经营者的强制交易行为。公平交易权是法律赋予消费者的一项基本权利,是传统商业道德的要求,也是维护社会主义市场经济秩序的重要内容。

(五)求偿权

求偿权是指消费者对因消费所受到损害享有依法获得赔偿的权利。求偿权是与安全保障权密切联系的权利,是安全保障权的自然、合理延伸,是民事法律规定的请求赔偿民事权利在消费者权益保护法中的具体体现。人身损害赔偿包括生命健康权、姓名权、名誉权、荣誉权等方面的损害赔偿。财产损害赔偿包括财物灭失、破损等,以及伤、残、死亡所支付的费用等赔偿。

(六)结社权

结社权是指消费者享有的依法成立社会团体的权利。我国宪法明确规定:公民享有结社的权利。消费者依法成立维护自身合法权益的社会团体,是公民结社权在消费者权益保护法中的具体化。赋予消费者这一权利旨在使处于弱者地位的个体消费者形成一个合法存在的代表消费者群体利益的强有力的组织,并将消费者组织起来,开展对商品和服务的广泛的社会监督,向消费者提供消费信息和咨询服务,受理消费者的投诉,充当政府和消费者之间沟通的桥梁,支持受损害的消费者提起诉讼等。

(七)知识获取权

消费者有获得有关消费和消费者权益保护方面的知识的权利。有关消费方面的知识主要有:有关消费观的基本知识;有关商品和服务的基本知识;有关市场的基本知识;有关消费者权益保护的法律、法规及保护机构和争议解决途径等方面的知识。

(八)维护尊严权

消费者在购买、使用商品和接受服务时其人格尊严、民族风俗习惯有得到尊重的权利。人格尊严是消费者人身权的重要组成部分,包括姓名权、名誉权、荣誉权等。尊重少数民族风俗习惯,保护少数民族消费者的合法权益。

课堂实训任务

任务 11-4 某天方小姐到北京某大型超市购物,出来后被超市保安以偷窃为名强行拖回。保安用语言侮辱方小姐,并要强行搜身,后经民警核实,方小姐并未偷东西。然而,方小姐的精神受到严重伤害,除了母亲梅女士外不敢接触任何人,被家人送到精神病院住院治疗,花费巨大。请问方小姐能获得赔偿吗?

（九）监督批评权

消费者有对商品和服务以及保护消费者权益的工作进行监督的权利。就是说，消费者对商品和服务质量、价格、计量侵权行为等问题以及保护消费者权益工作，有向有关经营者或机构提出批评、建议或进行检举、控告的权利。

二、经营者的义务

经营者，是向消费者提供其生产、销售的商品或者提供服务的单位和个人，它是以营利为目的从事生产经营活动并与消费者相对应的另一方当事人。

在消费法律关系中，经营者是与消费者相对应的主体。消费者所享有的权利，从某种意义上讲就是经营者的义务，因此，消费者享有的权利一般就是经营者应当承担的义务。

（一）依法定或约定履行义务

经营者首先要履行法定义务。经营者向消费者提供商品和服务时，应当依照《中华人民共和国产品质量法》和其他有关法律、法规规定履行义务；经营者和消费者有约定的，还要求经营者严格履行经营者和消费者的约定，但双方的约定不得违背法律、法规的规定。

（二）接受消费者监督的义务

经营者应当听取消费者对其提供的商品或服务的意见，接受消费者的监督。接受消费者监督，要求经营者应当允许消费者对其商品和服务提出不同的看法。经营者应当为消费者反映自己的要求提供便利的渠道，以便消费者的要求能够顺利达到经营者的决策阶层，对经营者的行为发生影响，如设立消费者投诉机构，处理消费者投诉；设置消费者投诉箱，搜集消费者意见；设立市场机构或消费者服务机构，主动征询消费者意见。经营者应当正确对待消费者的意见和建议，对消费者对产品、服务质量等方面的合理意见亦应认真听取并采取措施整改。

（三）对商品、服务的安全保证义务

消费者的人身与财产安全是消费者最基本的权利。经营者应当保证其提供的商品或者服务符合保障人身、财产安全的要求。对可能危及人身、财产安全的商品和服务，应当向消费者做出真实的说明和明确的警示，并说明和标明正确使用商品或接受服务的方法，以及防止危害发生的方法。经营者发现其提供的商品或服务存在严重的缺陷，即使正确使用商品或者接受服务仍然可能对人身、财产安全造成危害的，应当立即向有关行政部门报告和告知消费者，并采取防止危害发生的措施。

由此可见，经营者应当做到以下几点：
(1) 确保提供的商品和服务符合安全要求；
(2) 对危险商品和服务进行警示和说明；
(3) 在发现商品或服务存在严重缺陷时采取必要措施。

（四）提供必要信息义务

经营者应当向消费者提供有关商品或者服务的真实信息，不得作引人误解的虚假宣传。

经营者对消费者就其提供的商品或服务的质量和使用方法等问题提出的询问，应当做出真实明确的答复。商店提供商品应当明码标价。采用网络、电视、电话、邮购等方式提供商品或者服务的经营者，以及提供证券、保险、银行等金融服务的经营者，应当向消费者提供经营地址、联系方式、商品或者服务的数量和质量、价款或者费用、履行期限和方式、安全注意事项和风险警示、售后服务、民事责任等信息。

（五）标明真实名称和标记的义务

经营者应当标明真实名称和标记；租赁他人柜台或者场地的经营者应当标明其真实名称和标记。名称和标记是区别商品和服务的重要特征，它代表着经营者一定的商业信誉，要求经营者标明真实名称和标记也是为了保护消费者的知情权和选择权，制止不正当竞争行为。要求租赁者标明自己的真实名称和标记，旨在避免消费者产生误解和误认，使消费者能够正确地进行消费决策和确定求偿主体。即使在租赁期满后，在法律规定情况下，消费者仍有权要求租赁的经营者承担责任。

（六）出具凭证、单据的义务

经营者提供商品或者服务，应当按照国家有关规定或者商业惯例向消费者出具购买凭证或者服务单据；消费者索要购货凭证或者服务单据的，经营者必须出具。购货凭证、服务单据是证明经营者和消费者之间存在合同关系的书面凭证，一般是指发票、保修单等。规定经营者必须履行该义务是保障消费者依法行使求偿权的一个重要条件，便于消费者日后维护自己的合法权益。

（七）品质担保的义务

商品或者服务的质量是否符合法律、法规的要求或者约定的要求直接关系到消费者的利益。经营者应当保证在正常使用商品或者接受服务的情况下，其提供的商品或者服务应当具有的质量、性能、用途和有效期限；但消费者在购买该商品或者接受服务前已经知道其存在瑕疵的除外。这里正常使用是指一般消费者合理使用的情况。同时还规定，经营者以广告、说明、实物样品或者其他方式表明商品或服务质量状况的，应当保证其提供的商品或者服务的实际质量与表明的质量相符。

经营者提供的机动车、计算机、电视机、电冰箱、空调器、洗衣机等耐用商品或者装饰装修等服务，消费者自接受商品或服务之日起 6 个月内发现有瑕疵，发生争议的，由经营者承担有关瑕疵的举证责任。

知识链接

值得关注的是，耐用商品和装饰装修等服务都是在消费投诉中很难取证的典型案例，现行《消法》实行 20 年，这一类产品投诉一个共同的问题就是消费者维权难，维权成本高，难和高就体现在举证方面。

比如，消费者购买了一部汽车，只能说发动机有异响，但汽车作为高科技的产品，消费者投诉的时候，非要让消费者说出响声来源是哪儿，消费者很难拿出真正的理由。如果消费者去找国家权威机构去鉴定，时间长、成本高，有些消费者真是时间上耗不起，财力上花不起。所以在现实生活中,很多消费者都放弃了投诉。

因此,《新消法》的此项规定将举证责任转嫁给了经营方,从而降低了消费者的负担,提升其维权成功率。

> **课堂实训任务**

任务 11-5　2014 年 4 月初,龚先生在宁德市某电器商城购买一台价值 3 000 多元的洗衣机,使用不到两个月便出现嗡嗡作响,却不见洗衣机转动。找到该商场指定维修点进行维修,工作人员以人为损坏为由拒绝维修。在本案中请问谁应该承担瑕疵的举证责任?

经营者提供的商品或者服务不符合质量要求的,消费者可以依照国家规定、当事人约定退货,或者要求经营者履行更换、修理等义务。没有国家规定和当事人约定的,消费者可以自收到商品之日起 7 日内退货;7 日后符合法定解除条件的,消费者可以及时退货,不符合法定解除合同条件的,可以要求经营者履行更换、修理等义务。依照前述规定进行退货、更换、修理的,经营者应当承担运输等必要费用。

(八)提供无理由退货服务

经营者采用网络、电视、电话、邮购等方式销售商品,消费者有权自收到商品之日起七日内退货,且无须说明理由,但下列商品除外:

(1)消费者定做的;
(2)鲜活易腐的;
(3)在线下载或者消费者拆封的音像制品、计算机软件等数字化商品;
(4)交付的报纸、期刊。

除前款所列商品外,其他根据商品性质并经消费者在购买时确认不宜退货的商品,不适用无理由退货。

消费者退货的商品应当完好。经营者应当自收到退回商品之日起七日内返还消费者支付的商品价款。退回商品的运费由消费者承担;经营者和消费者另有约定的,按照约定。

> **知识链接**

早在"新消法"颁布此条例前,国内许多电商均有"7 日无理由退货"服务,如天猫、京东,苏宁易购还在此基础上提出"15 日无理由退货"服务。该条例出台,主要针对商家"若非质量问题不予退货"的行为,让消费者拥有"网购后悔权"。

除了商品范畴的划定外,消费者最为关注的就是无理由退换的时间,"7 天"如何计算在新消法中并未明确说明。按照现在法律上解释,7 日是指从消费者收到购买的商品的第 2 天开始,作为 7 天的第 1 天,最后一天为第 7 天,如果赶上国家法定节假日和双休日则顺延,国家法定节假日和双休日结束的第 1 天为最后的第 7 天。

> **课堂实训任务**

任务 11-6　古田县林女士诉称,家中老人花了 3 800 元订购一款北京的某治疗糖尿病的药品,货到付款。3 月 21 日收到货,发现只是一包保健品,要求索回购货款,但无法联系到卖家。经查，货款仍在古田邮政快递，便与邮政部门交涉，要求其退货处理，请问林女士的要求能得到法律的支持吗？

任务 11-7　消费者徐先生在某网站上看到一款正在促销的名牌羽绒服，优惠幅度很大且数量有限，于是一时兴起抢了一件。羽绒服送到后，他发现衣服的款式和颜色与原有的一件差不多，顿觉后悔，遂向网店要求退货，网店以羽绒服不存在质量问题为由，拒绝了徐先生的请求。请问徐先生的要求能得到法律的支持吗？

（九）不得从事不公平、不合理交易的义务

《消费者权益保护法》第二十四条规定，经营者不得以格式合同、通知、声明、店堂告示等方式做出对消费者不公平、不合理的规定或者减轻、免除其损害消费者合法权益应当承担的民事责任。格式合同、通知、声明、店堂告示等含有前款所列内容的，其内容无效。由于格式合同、通知、声明、店堂告示等通常可能是经营者单方拟订的意思表示，尽管法律并未禁止经营者在其经营过程中使用这种形式，但法律规定只要这些意思表示中含有对消费者不公平、不合理或者减轻、免除其侵犯消费者合法权益应当承担民事责任的内容，该内容将视为无效。

课堂实训任务

任务 11-8　2015 年 11 月 6 日，市区东湖的陈小姐到市区庄府巷一女装店购物。当时，该店正举行"买一送一"的促销活动。陈小姐购买了一件标价为 298 元的羊毛上衣，该女装店赠送了一件标价为 200 元的皮裤。11 月 8 日，陈小姐发现该皮裤穿过后会褪色，要求该女装店退货，该女装店以"赠品概不退换"为由拒绝退货，陈小姐遂于 11 月 13 日向当地 12 315 台投诉。请问陈小姐的投诉有法律依据吗？

任务 11-9　消费者许先生在烟台市某托运部取托运来的茶几时发现，茶几的玻璃面板有明显裂纹，要求托运部赔偿。而托运部却拿出自定的规定给许先生看，规定中有包丢不包损条款，双方由此发生争执。请问许先生可以得到赔偿吗？

（十）不得侵犯消费者人格权的义务

《消费者权益保护法》第二十五条规定，经营者不得对消费者进行侮辱、诽谤，不得搜查消费者的身体及其携带的物品，不得侵犯消费者的人身自由。人格权是人身权的重要内容，是公民人格尊严的法律体现，经营者应当尊重消费者的人格权，不得侵犯。

（十一）保护消费者个人信息的义务

经营者收集、使用消费者个人信息，应当遵循合法、正当、必要的原则，明示收集、使用信息的目的、方式和范围，并经消费者同意。经营者收集、使用消费者个人信息，应当公开其收集、使用规则，不得违反法律、法规的规定和双方的约定收集、使用信息。

经营者及其工作人员对收集的消费者个人信息必须严格保密，不得泄露、出售或者非法向他人提供。经营者应当采取技术措施和其他必要措施，确保信息安全，防止消费者个人信息泄露、丢失。在发生或者可能发生信息泄露、丢失的情况时，应当立即采取补救措施。

经营者未经消费者同意或者请求，或者消费者明确表示拒绝的，不得向其发送商业性信息。

课堂实训任务

任务 11-10　秦女士刚从某月子会所坐完月子后回家不久，便遇到某儿童摄影机构的上门推销。该摄影机构称与月子会所有合作。出于对月子会所服务的信任，再加上推销员的劝说，秦女士便支付了 500 元试拍费。推销员称，回去后将试拍的照片寄给秦女士，若满意可拍摄整套相册，并留下一张某某摄影工作室的手写收据。时隔一个多月，秦女士并未收到任何宝宝照片，拨打推销员的联系电话，对方已停机。秦女士遂找到月子会所交涉，对方称摄影机构的行为与他们无关，他们毫不知情。但为秦女士服务过的月嫂私下告诉她，经常有其他公司的销售人员到会所来寻求合作，比如奶粉、婴儿用品厂商等，均表示只要提供完整的产妇信息，就能给会所数额不等的提成，其中就有该摄影工作室。秦女士认为，其个人信息是月子会所泄露的，会所应承担责任。请问，该会所应该承担责任吗？

任务三　国家与社会对消费者合法权益的保护

一、国家对消费者合法权益的保护

国家保护消费者的合法权益不受侵犯，国家采取各项措施保障消费者依法行使权利，维护消费者的合法权益。

（一）立法保护

国家立法机关通过制定法律，法规。行政规章，确定消费者的权益，规定保护消费者权益的措施，使对消费者权益的保护形成法律制度，从而做到有法可依。在现代文明社会中，立法保护是基本的保护。

（二）行政机关对消费者权益的保护

各级行政机关通过运用组织、管理、协调、监督手段贯彻执行消费者权益保护法，保护消费者的合法权益。依照《消费者权益保护法》的规定，各级人民政府应当做好以下几个方面的工作。

（1）各级人民政府应当加强领导，组织、协调、督促有关行政部门做好保护消费者合法权益的工作。

（2）各级人民政府应当加强监督，预防危害消费者人身、财产安全行为的发生，及时制止危害消费者人身、财产安全的行为。

（3）各级人民政府工商行政管理部门和其他有关行政部门应当依照法律、法规的规定，在各自的职责范围内，采取措施，保护消费者的合法权益。

（4）有关行政部门应当听取消费者及其社会团体对经营者交易行为、商品和服务质量问题的意见，及时调查处理。

（三）公、检、法等机关对消费者权益的保护

公、检、法等机关对消费者权益的保护主要体现在打击侵犯消费者权益的犯罪和及时处理消费纠纷两个方面。

（1）有关国家机关应当依照法律、法规的规定，惩处经营者在提供商品和服务中侵害消

费者合法权益的违法犯罪行为。

（2）人民法院应当采取措施，方便消费者提起诉讼。对符合《中华人民共和国民事诉讼法》起诉条件的消费者权益争议，必须受理，及时审理。

二、社会对消费者权益的保护

消费者协会和其他消费者组织是依法成立对商品和服务进行社会监督的保护消费者合法权益的社会团体。消费者协会和其他消费者组织在各级人民政府的指导下，协助政府有关部门对经营活动进行社会监督。消费者组织不得从事商品经营和营利性服务，不得以牟利为目的向社会推荐商品和服务。

知识小结

消费者协会的基本特征：
（1）消费者协会是依法成立的；
（2）消费者协会的任务是对商品和服务进行社会监督；
（3）消费者协会的宗旨是保护消费者的合法权益；
（4）消费者协会的法定性质是属于社会团体组织。

为切实维护消费者的合法权益，法律规定：保护消费者权益是全社会的共同责任。国家鼓励、支持一切组织和个人对损害消费者合法权益的行为进行监督。

任务四　争议的解决和法律责任

一、争议的解决

保护消费者的利益需要国家的力量和社会各方面的力量，也需要消费者正确地依法行使自己的权利，按照合法的途径及时地解决纠纷。

消费者和经营者发生消费者权益争议时，可以通过下列途径解决。

（一）与经营者协商和解

这是消费者与经营者通过相互协商达成一致意见、处理纠纷的方法。消费者和经营者发生的消费者权益纠纷所涉及的是一种民事权利义务关系，当事人协商解决，是对自己权利义务的处分，只要不损害国家利益和社会其他人的利益，协商和解是一种合法、快捷、有效的方法。

（二）请求消费者协会调解

这是在消费者协会的支持和指导下，使争议双方达成和解的方法。消费者协会应依法查明事实，指导争议双方认清自己的权利和义务，以达成和解协议。应明确的是，消费者协会的调解是民间调解，不具有法律强制力，不能强迫当事人达成和解协议，当事人一旦反悔，则可以通过其他方式解决。

（三）向有关行政部门申诉

争议发生后，消费者可根据争议标的性质，向工商行政管理机关、质量监督机关或其他行政机关提出申诉,有关行政机关根据自己的职权对争议事项做出处理。

(四)根据与经营者达成的仲裁协议提请仲裁机构仲裁

争议发生后,如果有仲裁协议或能够达成仲裁协议,可将消费者争议交仲裁机关仲裁。使用这种方式的条件是争议双方之间有仲裁协议或能够达成仲裁协议。

(五)向人民法院提起诉讼

向人民法院提起诉讼,由人民法院依照法律程序解决争议是最具有权威的解决方法,也是具有强制力的解决方法。发生争议后,当事人不愿通过其他方式解决或其他方式无法解决时,可以直接向人民法院提起诉讼。

二、赔偿责任主体的确定

(一)生产者、销售者或服务者承担

(1)消费者在购买、使用商品时,其合法权益受到损害的,可以向销售者要求赔偿。销售者赔偿后,属于生产者的责任或者属于向销售者提供商品的其他销售者的责任的,销售者有权向生产者或者其他销售者追偿。

(2)消费者或者其他受害人因商品缺陷造成人身、财产损害的,可以向销售者要求赔偿,也可以向生产者要求赔偿。属于生产者责任的,销售者赔偿后,有权向生产者追偿。属于销售者责任的,生产者赔偿后,有权向销售者追偿。消费者在接受服务时,其合法权益受到损害的,可以向服务者要求赔偿。

知识小结

上述正文中1和2两种情形的区别:第一,前者规定的是消费者购买,使用商品时受损害的情形下的责任问题,此时消费者只能起诉销售者,不能径直向生产者或其他销售者追偿。若实属生产者或其他销售者的责任,则由赔偿后的销售者向其追偿。第二,后者规定的是产品责任即"因产品缺陷造成人身、财产损害的"责任问题,应注意以下问题:① 保护范围不仅局限于消费者,还包括受害人;② 此时生产者与销售者承担连带赔偿责任;③ 生产者与销售者其中一方或双方共同承担责任后,查明是谁的责任,最终就是由谁承担责任。

(二)消费者在展销会、租赁柜台购买商品或者接受服务,其合法权益受到损害的,可以向销售者或者服务者要求赔偿

展销会结束或者柜台租赁期满后,也可以向展销会的举办者、柜台的出租者要求赔偿。展销会的举办者、柜台的出租者赔偿后,有权向销售者或者服务者追偿。

(三)由变更后的企业承担

消费者在购买、使用商品或者接受服务时,其合法权益受到损害,因原企业分立、合并的,可以向变更后承受其权利义务的企业要求赔偿。

（四）由营业执照的使用人或持有人承担

使用他人营业执照的违法经营者提供商品或者服务，损害消费者合法权益的，消费者可以向其要求赔偿，也可以向营业执照的持有人要求赔偿。

（五）由从事虚假广告行为的经营者或广告经营者或发布者承担

消费者因经营者利用虚假广告或者其他虚假宣传方式提供商品或者服务，其合法权益受到损害的，可以向经营者要求赔偿。广告经营者、发布者发布虚假广告的，消费者可以请求行政主管部门予以惩处。广告经营者、发布者不能提供经营者的真实名称、地址和有效联系方式的，应当承担赔偿责任。

广告经营者、发布者设计、制作、发布关系消费者生命健康商品或者服务的虚假广告，造成消费者损害的，应当与提供该商品或者服务的经营者承担连带责任。

（六）由参与虚假广告或者虚假宣传的社会团体、其他组织或个人承担

社会团体或者其他组织、个人在关系消费者生命健康商品或者服务的虚假广告或者其他虚假宣传中向消费者推荐商品或者服务，造成消费者损害的，应当与提供该商品或者服务的经营者承担连带责任。

知识链接

此前，消费者投诉很多是针对公众人物和明星代言广告和商品造成的虚假宣传和虚假广告，但由于尚无明确的惩罚制度，而无法对其追究责任。根据《新消法》，广告发布者和代言人代言虚假广告，涉及损害消费者生命健康的行为都要负责连带责任。生命健康通常理解主要包括三类，一类是食品，一类是药品，还有医疗美容方面。

（七）消费者通过网络交易平台购买商品或者接受服务，其合法权益受到损害的，可以向销售者或者服务者要求赔偿

网络交易平台提供者不能提供销售者或者服务者的真实名称、地址和有效联系方式的，消费者也可以向网络交易平台提供者要求赔偿；网络交易平台提供者做出更有利于消费者的承诺的，应当履行承诺。网络交易平台提供者赔偿后，有权向销售者或者服务者追偿。

网络交易平台提供者明知或者应知销售者或者服务者利用其平台侵害消费者合法权益，未采取必要措施的，依法与该销售者或者服务者承担连带责任。

课堂实训任务

任务 11-11 刘先生在某大型网络交易平台的一个小家电入驻商家购买了一款电动剃须刀，使用后发现该剃须刀存在明显质量问题，刀片松动无法正常使用，想和商家沟通退货，但商家却杳无音讯。于是，刘先生找到了网络交易平台，要求网站提供销售商家的真实名称、地址等基本信息，但网站表示该商家已撤离，他们也没有联系方式。请问刘先生可以向此网络交易平台要求获得赔偿吗？

三、法律责任

侵犯消费者合法权益的行为人应承担什么法律责任，这不仅关系到消费者的合法权益是否能够得到充分的保护，而且关系到是否能够有效地制裁这些违法行为。

对侵害消费者合法权益的行为，应采取民事的、行政的、刑事的三种法律手段来保护消费者的合法权益，具体表现在由经营者根据其违法行为的性质、情节、社会危害等因素分别承担民事责任、行政责任和民事责任。

（一）民事责任

（1）经营者违反《产品质量法》和其他法律、法规应承担的民事责任，主要以修理、重作、更换、赔偿损失等方式承担民事责任。

（2）致人伤害的民事责任。经营者提供商品或服务造成消费者或其他受害人人身伤害的，应承担医药费、治疗期间的护理费、因误工减少的收入等费用，造成残疾的，还应当支付残疾者生活自助用具费、生活补助费、残疾赔偿金以及由其扶养的人所必需的生活费等费用。

（3）致人死亡的民事责任。经营者应支付丧葬费、死亡赔偿金以及由死者生前扶养的人所必需的生活费等。

（4）经营者明知商品或者服务存在缺陷，仍然向消费者提供，造成消费者或者其他受害人死亡或者健康严重损害的，受害人有权要求经营者赔偿损失，并有权要求所受损失两倍以下的惩罚性赔偿。

（5）侵犯其他人身权的民事责任，经营者侵害消费者的人格尊严或者侵犯消费者人身自由的或者侵害消费者个人信息依法得到保护的权利的，应当停止侵害、恢复名誉、消除影响、赔礼道歉，并赔偿损失。造成严重精神损害的，受害人可以要求精神损害赔偿。

（6）造成财产损坏的民事责任。在《消费者权益保护法》中，对经营者在财产损害方面的民事责任作了具体规定，除了消费者与经营者另有约定的以外，这些责任形成主要有：① 修理；② 重作；③ 退换；④ 退货；⑤ 补足商品数量；⑥ 退还货款和服务费用；⑦ 赔偿损失。

（7）欺诈行为的民事责任，经营者提供商品或者服务有欺诈行为的，应当按照消费者的要求增加赔偿其受到的损失，增加赔偿的金额为消费者购买商品的价款或者接受服务的费用的三倍；增加赔偿的金额不足500元的，为500元。法律另有规定的，依照其规定。

课堂实训任务

任务11-12　寿宁县鳌阳镇王女士在一家超市购买了一包标价为"特惠价7.9元"的洗衣粉，事后却发现收银小票上变成了8.9元，被多收了1元。王女士觉得这是欺诈消费，要求获得500元的赔偿，请问王女士要求赔偿500元的请求是否合法？

任务11-13　刘先生2015年2月初在禾祥西路某百货商业广场购买了一盒干贝，价格为500元。回到家拆开包装后，他发现干贝竟然已经发霉变质。他检查了生产日期，为2014年9月4日，保质期一年，并未过期。请问刘先生按照消法的规定是否可以得到1500元的赔偿？

（8）几种特殊情况下的民事责任。

① 对于国家规定或者经营者与消费者约定包修、包换、包退的商品，经营者应当负责修

理、更换或者退货。在保修期内两次修理仍不能正常使用的,经营者应当负责更换或者退货;对包修、包换、包退的大件商品,消费者要求经营者修理、更换、退货的,经营者应当承担运输等合理费用。

② 以预收款方式提供商品或服务中的民事责任。经营者以预收款方式提供商品或者服务的,应当按照约定提供。未按照约定提供的,应当按照消费者的要求履行约定或者退还预付款,并应当承担预付款的利息、必须支付消费者的合理费用。

③ 以邮购方式销售商品中的民事责任。《消费者权益保护法》规定,经营者以邮购方式提供商品的,应当按照约定提供。未按照约定提供的,应当按照消费者的要求履行约定或者退回货款,并应当承担消费者必须支付的合理费用。

④ 提请行政机关认定不合格商品的民事责任。依法经有关行政部门认定为不合格的商品,消费者要求退货的,经营者应当负责退货。

（二）行政责任

经营者有下列情形之一,《产品质量法》和其他有关法律、法规对处罚机关和处罚方式有规定的,依照法律、法规的规定执行;法律、法规未作规定的,由工商行政管理部门责令改正,可以根据情节单处或者并处警告、没收违法所得、处以违法所得1倍以上10倍以下的罚款,没有违法所得的,处以50万元以下的罚款;情节严重的,责令停业整顿、吊销营业执照:

（1）生产、销售的商品不符合保障人身、财产安全要求的;

（2）在商品中掺杂、掺假,以假充真,以次充好,或者以不合格商品冒充合格商品的;

（3）生产国家明令淘汰的商品或者销售失效、变质的商品的;

（4）伪造商品的产地,伪造或者冒用他人的厂名、厂址,伪造或者冒用认证标志、名优标志等质量标志的;

（5）销售的商品应当检验、检疫而未检验、检疫或者伪造检验、检疫结果的;

（6）对商品或者服务作引人误解的虚假宣传的;

（7）对消费者提出的修理、重作、更换、退货、补足商品数量、退还货款和服务费用或者赔偿损失的要求,故意拖延或者无理拒绝的;

（8）侵害消费者人格尊严或者侵犯消费者人身自由的;

（9）法律、法规规定的对损害消费者权益应当予以处罚的其他情形。

经营者对行政处罚决定不服的,可以自收到处罚决定之日起 15 日内向上一级机关申请复议,对复议决定不服的,可以自收到复议决定书之日起15日内向人民法院提起诉讼,也可以直接向人民法院提起诉讼。

（三）刑事责任

（1）经营者提供商品或者服务,造成消费者或者其他受害人人身伤害,构成犯罪的,依法追究刑事责任。

（2）以暴力威胁等方法阻碍有关行政部门工作人员依法执行职务的,依法追究刑事责任;拒绝、阻碍有关行政部门工作人员依法执行职务,未使用暴力、威胁方法的,由公安机关依照《治安管理处罚条例》的规定处罚。

（3）国家机关工作人员玩忽职守或者包庇经营者侵害消费者合法权益的行为的,由其所在单位或者上级机关给予行政处分;情节严重,构成犯罪的,依法追究刑事责任。

复习思考题

1. 《消费者权益保护法》中的消费者应如何界定？
2. 消费者的保障人身和财产安全的权利包括哪几层含义？
3. 消费者的公平求偿权包括哪几层含义？
4. 消费者的受尊重权包括哪几层含义？
5. 消费者在商场租赁柜台购买商品或接受服务，其合法权益受到损害的，应向谁要求赔偿？

专项实训项目

活动目标和要求

《消费者权益保护法》授课完毕，利用两个课时组织模拟法庭，介绍简易法庭程序，提前分组并分配扮演角色。使学生能够界定消费者，能够正确判定消费者所享有的权利和经营者所应承担的义务，能够对生活中实际发生的侵害消费者权益的行为进行辨析，并提出适当的解决办法。

实训组织

将教室课桌椅摆放成法庭的形式，利用多媒体的资源投射国徽的标志。检查学生的准备情况。

实训内容及成果

由学生扮演法官、书记员、当事人、鉴定人和代理人等。当堂进行法庭辩论，由学生分组进行讨论并最终形成判决书。教师参照学生表现情况评分。

实训材料一

1995年10月初，某市宏兴燃料厂（以下简称宏兴厂）为乔某家换气，容器内还留有一些残余气，可烧两三天。乔某说："既然你们来了，还是给我换算了。"厂家让乔某将残余气往厕所倒，乔某怕阻塞厕所通道，于是宏兴厂换气员李某便把残余气拿到楼梯过道垃圾通道口往下倒。碳五燃料在下落过程中发生自燃，从一楼垃圾道口冲出，大火把过路的王某脸部和手严重烧伤。王某找到宏兴厂，厂家认为他不是直接消费者，是他运气不好碰上了，不予赔偿，并且建议王某向李某要求赔偿。双方协商不成，诉至法院。

庭审辩论和组织讨论的焦点问题

- 该案是否受《消费者权益保护法》调整？
- 宏兴厂对王某的身体伤害是否需要承担赔偿责任？
- 李某是否有责任？如果有，应当怎样承担责任？

实训材料二

张女士在某百货商店购买一件纯羊毛大衣，售价1 280元。商店标明"换季商品，概不退换"，穿了几天后衣服起满毛球。于是到市质量监督检验机构检验，鉴定结果证明羊毛大衣所用原料为100%腈纶。张女士到购买衣服的百货店要求退货并赔偿损失。商店营业员回答，当时标明"换季商品，概不退换"，再说店内该柜是出租给个体户的，现在他已破产，租借柜台的费用尚未付清，人也找不到，只好自认倒霉。张女士认为发票是商店开的，怎可以不管?

↘ **庭审辩论和组织讨论的焦点问题**
- 商店违反了我国消费者权益保护法的哪些内容?
- 商店应对张女士负哪些责任?
- 如果商店拒不负责,张女士都有哪些救济途径?

项目十二

经济纠纷的解决

本章导入案例

【案情简介】

中日合资的甲公司与设在日本的日本乙公司（其在中国没有住所）在中国 A 县订立一份购销合同，合同约定乙公司向甲公司出售 5 台电子设备，并由乙公司负责将该电子设备运到甲公司所在地的 B 县。此外，还约定一旦发生争议无论向哪国法院起诉，均适用日本民事诉讼法。在合同履行过程中，甲公司发现乙公司提供的产品中有两台电子设备存在严重质量瑕疵，经交涉未能解决，于是向我国法院起诉，要求乙公司承担违约责任。

【问题】

本案应当适用哪国的诉讼法解决？

教学目标

- 掌握经济仲裁和经济审判的基本概念和适用范围
- 了解经济仲裁与经济审判的基本原则
- 掌握基本的仲裁与审判的相关法律规定

实训目标

- 学会仲裁与诉讼程序的申请与选择
- 学会区分仲裁程序与诉讼程序
- 掌握基本的仲裁与审判的法律程序

任务一　经济纠纷解决概述

一、经济纠纷的概念

经济纠纷，本书所涉及的纠纷主要指民事纠纷，是指平等主体之间发生的，以经济权利义务为内容的社会纠纷。

二、解决经济纠纷的途径

（一）双方协商

在发生经济纠纷后，双方当事人坐下来协商。必要时，双方各自做出一定让步，最后达成和解，消除分歧。这种解决争议的办法可简便灵活、费用低，有利于缓和双方的矛盾。

（二）他人调解处理解决经济纠纷

经济纠纷发生后，双方各执一词不能达成谅解，需要由双方选择都非常信任的第三方居中调解。第三方斡旋调停，最后由双方当事人协商一致同意才能成立。

（三）指定机构仲裁解决经济纠纷

仲裁是指买卖双方在订立合同时，明确表示如有经济纠纷，自愿把他们之间的经济纠纷交给仲裁机构进行裁决；或在经济纠纷发生之后，买卖双方相互订立协议指定仲裁机构进行裁决。仲裁是解决经济纠纷的一种主要方式。

（四）诉讼解决

买卖双方当事人协商不成，调解未果，也没有达成仲裁协议，双方当事人只能向有管辖权的人民法院提起诉讼，最终达成调解协议或由人民法院依法做出判决。

三、仲裁与诉讼

知识小结

	民事仲裁	民事诉讼
性质	民间性	司法属性
管辖权的基础	仲裁协议	法律的明确规定
程序	一裁终局	两审终审

仲裁与民事诉讼都是适用于平等主体之间纠纷的解决方式。作为平等民事主体的当事人之间发生的经济纠纷，只能在仲裁或者民事诉讼两种方式中选择一种解决争议。

当公民、法人或者其他组织认为行政机关的具体行政行为侵犯其合法权益时，可采取申请行政复议或者提起行政诉讼的方式解决。

> **课堂实训任务**

任务 12-1　讨论在仲裁、民事诉讼、行政复议和行政诉讼解决争议的方式中，适用于解决平等民事主体当事人之间发生的经济纠纷的有那些？

任务 12-2　对于平等民事主体当事人之间发生的经济纠纷而言，有效的仲裁协议能否排除法院的管辖权？

任务二　经 济 仲 裁

一、仲裁与仲裁概述

（一）仲裁的概念

仲裁，是指发生争议的双方当事人，根据其在争议发生前或争议发生后所达成的协议，自愿将该争议提交给仲裁机构进行争议解决的制度和方式。仲裁可分为国内仲裁和涉外仲裁。仲裁的决定书和法院的判决书具有同等的法律效力。

国内仲裁，是指本国仲裁机构对不具有涉外因素的国内民商事纠纷的仲裁。涉外仲裁，是指当事人根据合同约定或书面协议，将涉外经济贸易、运输和海事中发生的纠纷，提交中国涉外仲裁机构进行裁决的制度。

仲裁法，是国家制定或认可的、规范仲裁法律关系主体的行为和调整仲裁法律关系的法律规范的总称。

（二）仲裁的适用范围

（1）平等主体的公民、法人和其他组织之间发生的合同纠纷和其他财产权利纠纷。我国的《仲裁法》不仅适用中国公民、法人和其他组织，也适用于中华人民共和国领域内的外国人、无国籍人，以及外国的企业和组织。

（2）以下三类事项不得仲裁：

① 婚姻、收养、监护、抚养、继承纠纷。

② 依法应当由行政机关处理到行政争议。

③ 劳动争议和农业承包合同纠纷。

> **知识链接**

属于我国人民法院专属管辖的案件，当事人不得协议选择外国法院管辖。但协议选择仲裁的除外。《民诉解释》第 531 条。

二、仲裁协议

（一）仲裁协议的形式

仲裁协议，是指双方当事人自愿将他们之间已经发生或者可能发生的争议提交仲裁解决的书面协议,是双方当事人所表达的采用仲裁方式解决纠纷意愿的法律文书。仲裁协议是书面形式,有三种类型:仲裁条款、仲裁协议书和其他文件中包含的仲裁协议。

仲裁协议应当具有下列内容:
(1) 请求仲裁的双方共同意思表示。
(2) 仲裁事项。
(3) 选定的仲裁委员会。

(二) 仲裁协议的效力

1. 仲裁协议独立存在

合同未成立、合同成立后未生效或被撤销的,不影响仲裁协议的效力。

2. 仲裁机构独立

(1) 仲裁机构独立于行政机关,与行政机关没有隶属关系,依法独立仲裁,不受行政机关、社会团体和个人的干涉。
(2) 仲裁协会、仲裁委员会和仲裁庭三者之间相对独立,没有隶属关系。
(3) 仲裁独立于审判。

课堂实训任务

任务 12-3 甲、乙在合同中约定因合同所发生的争议,提交某仲裁委员会仲裁。后双方发生争议,甲向约定的仲裁委员会申请仲裁,但乙对仲裁协议的效力提出异议。对此,乙就仲裁协议的效力有权向谁申请认定?

答:该仲裁委员会所在地中级人民法院或该仲裁委员会。

任务 12-4 A 市水天公司与 B 市龙江公司签订一份运输合同,并约定如发生争议提交 A 市的 C 仲裁委员会仲裁。后因水天公司未按约支付运费,龙江公司向 C 仲裁委员会申请仲裁。在第一次开庭时,水天公司未出庭参加仲裁审理,而是在开庭审理后的第二天向 A 市中级人民法院申请确认仲裁协议无效。C 仲裁委员会应当如何处理本案?

答:应当继续审理。当事人在仲裁庭首次开庭前对没有仲裁协议的效力提出异议,而后向人民法院申请确认仲裁协议无效的,人民法院不予受理。

三、仲裁的基本原则

(一) 意思自治原则

仲裁以双方当事人的自愿为前提,即当事人之间的纠纷是否提交仲裁,交与谁仲裁,仲裁庭如何组成,由谁组成,以及仲裁的审理方式、开庭形式等都是在当事人自愿的基础上,由双方当事人协商确定的。因此,仲裁是最能充分体现当事人意思自治原则的争议解决方式。

(二) 仲裁独立原则

仲裁机构独立于审判。行政机构与仲裁机构之间也无隶属关系。在仲裁过程中,仲裁庭独立进行仲裁,不受任何机关、社会团体和个人的干涉,亦不受仲裁机构的干涉,不实行级别管辖和地域管辖。

知识链接

仲裁的特征：1. 专业性；2. 灵活性；3. 保密性；4. 快捷性；5. 经济性；6. 国际性。

四、仲裁的基本法律制度

确立什么样的仲裁制度，直接关系仲裁的生存和发展，也直接关系到能否公正，及时，有效地解决当事人之间的争议，仲裁法在总结中国仲裁的经验，借鉴国外经验的基础上，提出了三项基本制度，即协议仲裁制度，或裁或审制度，一裁终局制度。

（一）协议仲裁

这是仲裁中当事人自愿原则的最根本体现，也是自愿原则在仲裁过程中得以实现的最基本的保证，仲裁法规定仲裁必须要有书面的仲裁协议，仲裁协议可以是合同中写明的仲裁条款，也可以是单独书写的仲裁协议书（包括可以确认的其他书面方式）。仲裁协议的内容应当包括请求仲裁的意思表示，约定的仲裁事项，以及选定的仲裁委员会。

（二）或裁或审

或裁或审是尊重当事人选择解决争议途径的制度。其含义是，当事人达成书面仲裁协议的，应当向仲裁机构申请仲裁，不能向法院起诉。人民法院不受理有仲裁协议的起诉（仲裁协议无效的除外）。如果一方当事人出于自身的利益或者其他原因，没有信守仲裁协议或者有意回避仲裁而将争议起诉到法院，那么被诉方当事人可以依据仲裁协议向法院提出管辖权异议，要求法院驳回起诉，法院按照仲裁法的规定，将对具有有效仲裁协议的起诉予以驳回并让当事人将争议交付仲裁。

（三）一裁终局

《仲裁法》第9条规定"仲裁实行一裁终局的制度，裁决做出后，当事人就同一纠纷再申请仲裁或者向人民法院起诉的，仲裁委员会不予受理。一裁终局的基本含义在于，裁决做出后，即产生法律效力，即使当事人对裁决不服，也不能就同一案件向法院提出起诉。

五、仲裁程序

（一）申请和受理

仲裁程序是以当事人向仲裁机构申请仲裁为起始。仲裁委员会收到当事人提交的仲裁申请书后，认为符合受理条件的，在收到仲裁申请书之日起五日内向申请人发出受理通知书，同时向被申请人发出仲裁通知书及附件。双方当事人在收到受理通知书或仲裁通知书后，应当做好以下几项工作：

申请人须在规定的期限内预交仲裁费用，否则将视为申请人撤回仲裁申请；被申请人可在仲裁通知书规定的期限内向仲裁委员会提交书面答辩书；及时提交仲裁员选定书、法定代表人证明书、详细写明委托权限的授权委托书等有关材料；仲裁委员会收到仲裁申请书之日起5日内，认为符合条件的，应当受理，并通知当事人；不符合受理条件的，应当书面通知当事人不予受理，并说明理由。此外，双方当事人均有权向仲裁委员会申请财产保全和证据保全，有权委托律师和其他代理人进行仲裁活动。

（二）仲裁庭的组成

1. 仲裁委员会

仲裁委员会由主任1人，副主任2~4人和委员7~11人组成。仲裁委员会的主任、副主任和委员由法律、经济贸易专家和有实际工作经验的人员担任。

仲裁委员会的组成人员中法律、经济贸易专家不得少于2/3。仲裁委员会每届任期3年。任届期满，更换1/3的组成人员。仲裁员应当符合下列条件：

（1）从事仲裁工作满8年的；
（2）从事律师工作满8年的；
（3）曾任审判员满8年的；
（4）从事法律研究、教学工作并具有高级职称的；
（5）具有法律知识，从事经济贸易等专业工作并具有高级职称或具有同等专业水平的。

2. 仲裁庭的组成

仲裁庭可分为：独任仲裁庭。即仲裁庭由一人组成，独任审理；独任仲裁员的产生，可由双方共同协商指定，也可由共同委托仲裁机构代为指定。合议仲裁庭。一般由两名仲裁员和一名首席仲裁员组成。其产生办法为由双方当事人各选一名仲裁员，第三名仲裁员由当事人共同选定或共同委托仲裁委员会主任指定，首席仲裁员是合议仲裁庭的主持者，与仲裁员享有同等的权利。双方当事人应当在规定的期限内约定仲裁庭的组成方式和选定仲裁员。若当事人在规定的期限内未能约定仲裁庭的组成方式或者选定仲裁员的，由仲裁委员会主任指定。仲裁庭组成后，仲裁委员会向双方当事人发出组庭通知书。

（三）开庭审理

仲裁应当开庭进行，但当事人协议不开庭的，仲裁庭可以根据仲裁申请书、答辩书及其他材料做出裁决。仲裁不公开进行，但当事人协议公开的，可以公开进行，涉及国家秘密的除外。

仲裁委员会应当在仲裁规则规定的期限内将开庭日期通知双方当事人。当事人在收到开庭通知书后，应当注意以下几个问题：

（1）当事人若确有困难，不能在所定的开庭日期到庭，则可以在仲裁规则规定的期限内向仲裁庭提出延期开庭请求，是否准许：由仲裁庭决定。申请人经书面通知，无正当理由不到庭或未经仲裁庭许可中途退庭的，视为撤回仲裁申请。被申请人经书面通知，无正当理由不到庭或者未经仲裁庭许可中途退庭的，仲裁庭可以缺席裁决。

（2）在庭审过程中，当事人享有进行辩论和表述最后意见的权利。

（3）双方当事人应当严格遵守开庭纪律。

当事人申请仲裁后，有自行和解的权利。达成和解协议的，可以请求仲裁庭根据和解协议做出裁决书，也可撤回仲裁申请。在庭审过程中，若双方当事人自愿调解的，可在仲裁庭主持下先行调解。调解成功的，仲裁庭依据已达成的调解协议书制作调解书，当事人可以要求仲裁庭根据调解协议制作裁决书。调解不成的，则由仲裁庭及时做出裁决。仲裁庭对专门性问题认为需要鉴定的，可以交由当事人共同约定的鉴定部门鉴定，也可以由仲裁庭指定的鉴定部门鉴定，鉴定费用由当事人预交。

（四）裁决

仲裁庭在将争议事实调查清楚、宣布闭庭后，应进行仲裁庭评议，并按照评议中的多数仲裁员的意见做出裁决。若仲裁庭不能形成多数意见时，则按照首席仲裁员的意见做出裁决。在裁决阶段，双方当事人享有以下几项权利：

（1）有权根据实际情况，要求仲裁庭就事实已经清楚的部分先行裁决。

（2）在收到裁决书后的三十日内，当事人有权对裁决书中的文字、计算错误或者遗漏的事项申请仲裁庭补正。

双方当事人在收到裁决书后，应当自觉履行仲裁裁决。

课堂实训任务

● 任务 12-5　2015 年 2 月，甲公司与乙公司因购销合同发生纠纷，双方按照仲裁协议向约定好的仲裁委员会提起仲裁。在仲裁过程中，双方达成和解，该仲裁委员会根据双方当事人的请求达成的和解协议做出裁决书。后来，乙公司表示不服，问乙公司应当怎么办？

六、申请撤销裁决

仲裁庭做出仲裁裁决后，任何一方当事人均可以依据特定的事由，向法院提出仲裁裁决撤销的申请。所谓申请撤销仲裁裁决是指对符合法定应予撤销情形的仲裁裁决，经由当事人提出申请，人民法院组成合议庭审查核实，裁定撤销仲裁裁决的行为。撤销仲裁裁决的申请理由，根据《仲裁法》的规定，有下列情形之一的，当事人可以申请撤销仲裁裁决。

（一）没有仲裁协议

仲裁协议是当事人自愿将他们之间的争议提交仲裁解决的书面文件，是当事人申请仲裁和仲裁机构受理当事人的仲裁申请的前提和基础。对于没有仲裁协议而申请仲裁的，仲裁委员会不予受理，更不能对案件做出裁决。如果仲裁机构对没有仲裁协议的纠纷案件予以受理并做出了裁决，则违反了当事人自愿的原则，该仲裁裁决也就是违法裁决，当事人有权向人民法院申请撤销此裁决。

（二）仲裁的事项不属于仲裁协议的范围或者仲裁委员会无权仲裁

当事人申请仲裁的事项，必须是仲裁协议确定的事项，仲裁机构也只能就仲裁协议范围内的争议事项做出裁决。如果当事人申请仲裁的事项超出仲裁协议约定的范围，而仲裁机构仍予受理并做出裁决，或者虽然当事人确定了申请仲裁的范围，但仲裁机构所做出的仲裁裁决超出了当事人的请求范围，则此仲裁裁决也应予撤销。

（三）仲裁庭的组成或者仲裁的程序违反法定程序

根据《仲裁法》的规定，仲裁庭是由 3 名仲裁员组成，还是由 1 名仲裁员组成，由双方当事人约定；仲裁员应当由当事人选定或委托仲裁委员会主任指定。只有当事人没有在规定的期限内约定仲裁庭组成方式或者选定仲裁员时，才由仲裁委员会依照职权指定。当仲裁庭的组成违反了仲裁法的规定，该仲裁庭所做出的仲裁裁决应予撤销。

仲裁必须按照法定的程序进行。如果仲裁机构没有按照仲裁程序规则所规定的期限将全部文件或材料送达双方当事人，或者当事人未能在仲裁程序中获得充分的陈述或辩论的机会，或者有关仲裁员有法定回避情形而未予回避等，均是违反仲裁程序的做法。在违背法定仲裁程序基础上所做出的仲裁裁决，属于法定被撤销的理由。

（四）仲裁裁决所依据的证据是伪造的

证据是仲裁庭查明案件真实情况，分清是非，确定双方当事人的责任界限并做出仲裁裁决的根据。当事人必须向仲裁庭提供真实的证据。如果当事人提供了伪造的证据，必定会影响仲裁庭对案件事实做出正确判断，从而会影响仲裁裁决的客观性和公正性。因此，以伪造的证据为基础做出的仲裁裁决应予撤销。

一方当事人为了自身的利益，如果隐瞒了可能对自己不利的且不为他人所掌握的证据，那么仲裁庭对事实的判断，对是非的认定和对责任的划分等，就会与实际情况不相符，那么由此所做出的仲裁裁决必定会给另一方当事人造成不公正的结果。所谓"足以影响公正裁决的证据"，是指直接关系到仲裁裁决的最后结论的证据，这些证据通常与仲裁案件所涉及的纠纷或争议的焦点或重要情节有着直接的联系，同时这些证据也直接影响着仲裁庭对案件事实的正确判断。因此，在当事人隐瞒了足以影响公正裁决的证据的情况下所做出的仲裁裁决应当被撤销。

（五）仲裁员在仲裁该案时有索贿受贿、徇私舞弊、枉法裁决的行为

仲裁员在仲裁案件的过程中非法索要或非法接受当事人财物或其他不正当利益，仲裁员为了谋取私利或为了报答一方当事人已经或承诺给予自己的某种利益而弄虚作假，仲裁员在仲裁案件时，颠倒是非甚至故意错误适用法律，都是仲裁过程中的严重违法行为。这些行为必然影响案件的公正审理和裁决，损害一方当事人的合法权益。在此基础上做出的仲裁裁决应当予以撤销。

根据《仲裁法》的规定，除上述几项外，如果仲裁裁决违背社会公共利益，人民法院也应当裁定撤销该仲裁裁决。保护公共利益，是现代各国的通例，也是我国的仲裁准则之一。

课堂实训任务

任务 12-6 甲地的 A 公司与 B 公司之间签订一买卖合同，后发生纠纷向该地的仲裁委员会申请仲裁。仲裁委员会受理后，裁决 A 公司赔偿 B 公司 100 万元，A 公司对此裁决不服。A 公司在取证过程中，获得了能够证明 B 公司提供的证据是伪造的相关证明。请问 A 公司应如何保护自己的合法权益？

任务三 经济审判

我国民事诉讼法于 2012 年 8 月 31 日通过，自 2013 年 1 月 1 日起施行。《最高人民法院关于适用〈中华人民共和国民事诉讼法〉的解释》自 2015 年 2 月 4 日起施行。

一、经济纠纷诉讼的概念和特征

（一）概念

经济纠纷诉讼也称为经济审判，是指司法机关和当事人在其他诉讼参加人的配合下，依

照法定程序解决争议的活动。

（二）经济审判具有以下特征

（1）强制性。当事人一方依法向有管辖权的人民法院起诉，另一方必须应诉，否则法院有权采取强制措施。人民法院的判决、裁定和调解协议一旦生效，就具有强制执行的效力。

（2）最终性。一方当事人依法向人民法院起诉后，另一方当事人无权再向其他部门要求解决。法院做出的判决、裁定或调解协议一旦生效，经济纠纷的解决便告终结。

（3）规范性。诉讼程序具有严格的规范性，必须依照法定程序进行。

二、适用范围和基本原则

（一）适用范围

人民法院受理公民之间、法人之间、其他组织之间以及他们相互之间因财产关系和人身关系提起的民事诉讼，适用本法的规定。凡在中华人民共和国领域内进行民事诉讼，必须遵守本法。

外国人、无国籍人、外国企业和组织在人民法院起诉、应诉，同中华人民共和国公民、法人和其他组织有同等的诉讼权利义务。

（二）审判原则

（1）独立审判原则，人民法院依照法律规定对民事案件独立进行审判，不受行政机关、社会团体和个人的干涉。

（2）人民法院审理民事案件，必须以事实为根据，以法律为准绳。

（3）民事诉讼当事人有平等的诉讼权利。人民法院审理民事案件，应当保障和方便当事人行使诉讼权利，对当事人在适用法律上一律平等。

（4）自愿调解，人民法院审理民事案件，应当根据自愿和合法的原则进行调解；调解不成的，应当及时判决。

（5）坚持合议、回避、公开审判和两审终审制度。人民法院审理经济纠纷案件，除案情简单可以由审判员独任审判外，都应依法组成合议庭进行审理。凡是本案的审判人员、书记员、鉴定人员、翻译人员是本案当事人或当事人的近亲属，或与本案有利害关系的人，可能影响对案件公正审理的，当事人可以以口头或者书面方式申请回避。审理过程中，除涉及国家机密和法律已有规定外，都应公开审理、公开审判，允许公民旁听。人民法院实行两审终审制。当事人对一审判决或裁定不服，可以在法定期限内向上一级人民法院上诉，进行二审。二审的判决或裁定发生法律效力，当事人不得进行上诉。

民事诉讼法在总则部分增加了民事诉讼应当遵循诚实信用原则的规定，在分则部分增加了禁止虚假诉讼、规避执行的规定，并修改提高了对妨害民事诉讼行为的罚款上限，加大了制裁力度。

知识链接

为促进诉讼诚信，《民诉法司法解释》规定，负有举证责任的当事人拒不签署保证书，待证事实又欠缺其他证据证明的，人民法院对其主张的事实，不予认定。证人拒绝签署保证书的,不得作证,并自行承担相关费用。对被执行人不履行法律文书确定的义务的,人民法院除对被执行人予以处罚外,还可以根据情节将其纳入失信被执行人名单,将被执行人不履行或者不完全履行义务的信息向其所在单位、征信机构以及其他相关机构通报。

各民族公民都有用本民族语言、文字进行民事诉讼的权利。在少数民族聚居或者多民族共同居住的地区,人民法院应当用当地民族通用的语言、文字进行审理和发布法律文书。人民法院应当对不通晓当地民族通用的语言、文字的诉讼参与人提供翻译。

三、管辖

（一）级别管辖

（1）基层人民法院管辖第一审民事案件,但本法另有规定的除外。

（2）中级人民法院管辖下列第一审民事案件:重大涉外案件;在本辖区有重大影响的案件;最高人民法院确定由中级人民法院管辖的案件。

（3）高级人民法院管辖在本辖区有重大影响的第一审民事案件。

（4）最高人民法院管辖下列第一审民事案件:在全国有重大影响的案件;认为应当由本院审理的案件。

（二）地域管辖

1. 一般地域管辖

对公民提起的民事诉讼,由被告住所地人民法院管辖;被告住所地与经常居住地不一致的,由经常居住地人民法院管辖。对法人或者其他组织提起的民事诉讼,由被告住所地人民法院管辖。同一诉讼的几个被告住所地、经常居住地在两个以上人民法院辖区的,各该人民法院都有管辖权。

下列民事诉讼,由原告住所地人民法院管辖;原告住所地与经常居住地不一致的,由原告经常居住地人民法院管辖:

（1）对不在中华人民共和国领域内居住的人提起的有关身份关系的诉讼;

（2）对下落不明或者宣告失踪的人提起的有关身份关系的诉讼;

（3）对被采取强制性教育措施的人提起的诉讼;

（4）对被监禁的人提起的诉讼。

2. 特殊地域管辖

（1）因合同纠纷提起的诉讼,由被告住所地或者合同履行地人民法院管辖。

（2）因保险合同纠纷提起的诉讼,由被告住所地或者保险标的物所在地人民法院管辖。

（3）因票据纠纷提起的诉讼,由票据支付地或者被告住所地人民法院管辖。

（4）因公司设立、确认股东资格、分配利润、解散等纠纷提起的诉讼,由公司住所地人民法院管辖。

（5）因铁路、公路、水上、航空运输和联合运输合同纠纷提起的诉讼,由运输始发地、目的地或者被告住所地人民法院管辖。

（6）因侵权行为提起的诉讼,由侵权行为地或者被告住所地人民法院管辖。

（7）因铁路、公路、水上和航空事故请求损害赔偿提起的诉讼,由事故发生地或者车辆、船舶最先到达地、航空器最先降落地或者被告住所地人民法院管辖。

（8）因船舶碰撞或者其他海事损害事故请求损害赔偿提起的诉讼，由碰撞发生地、碰撞船舶最先到达地、加害船舶被扣留地或者被告住所地人民法院管辖。

（9）因海难救助费用提起的诉讼，由救助地或者被救助船舶最先到达地人民法院管辖。

（10）因共同海损提起的诉讼，由船舶最先到达地、共同海损理算地或者航程终止地的人民法院管辖。

3. 专属管辖

下列案件，由本条规定的人民法院专属管辖：

（1）因不动产纠纷提起的诉讼，由不动产所在地人民法院管辖；

（2）因港口作业中发生纠纷提起的诉讼，由港口所在地人民法院管辖；

（3）因继承遗产纠纷提起的诉讼，由被继承人死亡时住所地或者主要遗产所在地人民法院管辖。

合同或者其他财产权益纠纷的当事人可以书面协议选择被告住所地、合同履行地、合同签订地、原告住所地、标的物所在地等与争议有实际联系的地点的人民法院管辖，但不得违反本法对级别管辖和专属管辖的规定。两个以上人民法院都有管辖权的诉讼，原告可以向其中一个人民法院起诉；原告向两个以上有管辖权的人民法院起诉的，由最先立案的人民法院管辖。

> **课堂实训任务**
>
> **任务 12-7** 谢某住所地在 A 区，欲将其一位与 C 区的房屋转让出去。王某住所地在 B 区。2004 年 5 月，谢某和王某签订了一房屋买卖合同，合同中约定：若双方发生争议，应当将争议提交到 A 区中级人民法院。后来双方因房价达不成一致意见而产生纠纷，谢某欲提起诉讼，确定该买卖合同无效。问：哪个区的人民法院有管辖权？

（三）移送管辖和指定管辖

人民法院发现受理的案件不属于本院管辖的，应当移送有管辖权的人民法院，受移送的人民法院应当受理。受移送的人民法院认为受移送的案件依照规定不属于本院管辖的，应当报请上级人民法院指定管辖，不得再自行移送。

有管辖权的人民法院由于特殊原因，不能行使管辖权的，由上级人民法院指定管辖。人民法院之间因管辖权发生争议，由争议双方协商解决；协商解决不了的，报请它们的共同上级人民法院指定管辖。上级人民法院有权审理下级人民法院管辖的第一审民事案件；确有必要将本院管辖的第一审民事案件交下级人民法院审理的，应当报请其上级人民法院批准。下级人民法院对它所管辖的第一审民事案件，认为需要由上级人民法院审理的，可以报请上级人民法院审理。

四、经济纠纷诉讼的程序

（一）一审普通程序

1. 起诉与受理

民事诉讼中的起诉，是指自然人、法人或其他主体的民事权益受到侵害，以自己的名义请求人民法院通过审判予以保护的诉讼行为。起诉的条件：第一，原告是与本案有直接利害关系的自然人，法人和其他组织。第二，有明确的被告。第三，有具体的诉讼请求和事实、理由。第四,属于人民法院受理的民事诉讼的范围和受诉人民法院管辖。以书面起诉为原则,以口头起诉为例外。

受理是指人民法院对起诉进行审查,将符合起诉条件的案件予以立案的审判行为。案件受理后利害关系人取得了当事人地位,人民法院取得了对该案件的审判权;同时也排斥了其他人民法院对该案的审判权,诉讼时效中断。

2. 审理前准备

人民法院应当在立案之日起 5 日内将起诉状副本发送被告,并告知被告在收到之日起 15 日提出答辩状。人民法院在收到答辩状之日起 5 日内将答辩状副本发送原告。被告不提出答辩的,不影响人民法院的开庭审理。人民法院组成合议庭,决定开庭的日期、时间和地点,并向当事人和诉讼参与人提前发出传票和出庭通知书。

3. 开庭审理

依法规定,除涉及国家机密或法律另有规定的以外,一律进行公开审理。首先进行开庭预备;其次是法庭调查,法庭调查是开庭审理的核心。最后进行法庭辩论。

4. 调解或判决

经济纠纷可以在查清事实、分清责任的基础上进行调解。调解达成协议的,人民法院要制作调解书,并经双方签收后,发生法律效力。达不成调解的,应及时判决,不能久调不决。合议庭评议,做出判决,公开宣判;告知当事人上诉权利、上诉期限和上诉的法院。

5. 缺席判决

是指人民法院在一方当事人无正当理由不参加庭审或未经许可中途退庭的情况下,依法对案件所作出的判决。法定情形有:被告经传票传唤,无正当理由拒不到庭的,或者未经法庭许可中途退庭的,可以缺席判决;被告反诉的,原告经传票传唤,无正当理由拒不到庭的,或者未经法庭许可中途退庭的,可以缺席判决;无民事行为能力的被告的法庭代理人,经传票传唤无正当理由拒不到庭,或者未经法庭许可中途退庭的,可以缺席判决。原告申请撤诉,法院裁定不准撤诉,后经传票传唤无正当理由拒不到庭的,可以缺席判决。

(二)二审诉讼程序

第二审程序是指当事人对一审法院的判决或裁定不服,上诉至上一级人民法院的诉讼程序。

二审人民法院对上诉案件,应当由审判员组成合议庭进行审理。分三种情况:第一,如果原判决认定事实清楚、适用法律正确,驳回上诉,维持原判;第二,原判决适用法律错误,依法改判;第三,原判决认定事实错误或者主要事实不清,证据不足的,裁定撤销原判,发回重审,或查清事实后改判。第四,原判决违反法定程序,影响了正确判决的,裁定撤销原判,发回重审。

复习思考题

1. 简述仲裁的基本原则。
2. 简述仲裁的适用范围。
3. 简述诉讼管辖的种类。
4. 简述仲裁与诉讼的区别。

专项实训项目

活动目标和要求

《经济仲裁和审判》授课完毕,利用一个课时组织一个简易法庭,提前分组并分配扮演角色。使学生能够掌握和熟悉民事诉讼的程序。学会运用法律保障自己的合法权益。

实训组织

将教室课桌椅摆放成法庭的形式,利用多媒体的资源投射国徽的标志。检查学生的准备情况。

实训内容及成果

由学生扮演法官、书记员、当事人等诉讼参与人。模拟开庭的程序。教师参照学生表现情况评分。

实训材料一

共分为三个阶段,开庭预备,法庭调查和法庭辩论。

首先是开庭预备。第一,传唤、通知当事人和其他诉讼参加人;第二,查明当事人和其他诉讼参与人是否到庭;第三,审判长核对当事人;第四,宣布案由,宣布审判人员、书记员名单,告知当事人有关的诉讼权利和义务,询问当事人是否提出回避请求。

其次是法庭调查。第一,原告提出诉讼请求,陈述事实经过及理由,再由被告提出答辩意见;第二,由审判人员就本案关键问题向双方当事人发问;第三,宣布由证人直接出庭作证,或者宣读证人证言,出示证物,由当事人互相质证。

再次,法庭辩论。第一,由原告及其诉讼代理人发言;第二,被告及诉讼代理人答辩;第三,第三人及诉讼代理人发言或者答辩;最后互相辩论。

最后,由合议庭评议,做出判决并公开宣判。

模拟庭审过程中的目标

- 使学生掌握一审普通程序要经历哪几个阶段?
- 使学生了解庭审中的纪律、先后顺序?

参考文献

[1] 仇兆波, 孔庆华. 经济法 [M]. 上海: 上海交通大学出版社, 2015.
[2] 梁瑞, 钟顺东. 经济法基础 [M]. 南京: 江苏大学出版社, 2014.
[3] 武鸣, 仇兆波. 经济法（第二版）[M]. 北京: 北京理工大学出版社, 2013.
[4] 财政部会计资格评价中心. 中级会计资格 经济法 [M]. 北京: 中国经济财政出版社, 2007.
[5] 曲振涛, 李胜泸: 经济法教程 [M]. 北京: 经济科学出版社, 2001.
[6] 法律出版社法规中心. 中华人民共和国民法通则注释全书: 配套解析与应用实例 [M]. 北京: 法律出版社, 2015.
[7] 王泽鉴. 债法原理（第一册）[M]. 北京: 中国政法大学出版社, 2001.
[8] 曲振涛. 王福友. 经济法 [M]. 北京: 高等教育出版社. 2007.
[9] 罗荣, 黄南平. 经济法教程 [M]. 广州: 华南理工大学出版社, 2006.
[10] 财政部注册会计师考试委员会办公室. 经济法 [M]. 北京: 经济科学出版社, 2004.
[11] 杨紫烜. 经济法 [M]. 北京: 北京大学出版社, 2001.
[12] 潘静成. 刘文华. 经济法（第二版）[M]. 北京: 中国人民大学出版社, 2007.
[13] 曾世雄. 票据法论 [M]. 台北: 元照出版公司, 2005.
[14] 郑成思. 知识产权——应用法学与基本理论 [M]. 北京: 人民出版社, 2005.
[15] 法律出版社法规中心. 中华人民共和国民法通则注释本（注释本民法通则）[M]. 北京: 法律出版社, 2014.
[16] 张守文. 经济法学 [M]. 北京: 北京大学出版社, 2006.
[17] 邱本. 经济法通论 [M]. 北京: 高等教育出版社, 2004.
[18] 单飞跃. 经济法教程 [M]. 北京: 法律出版社, 2006.
[19] 崔建远. 合同法 [M]. 北京: 法律出版柱, 2000.
[20] 李建伟. 国有独资公司前沿问题研究 [M]. 北京: 法律出版社, 2002.
[21] 赵旭东. 公司法学 [M]. 北京: 中国政法大学出版社, 2006.
[22] 程合红. 刘智慧. 国有股权研究 [M]. 北京: 中国政法大学出版社, 2000.
[23] 施文森. 票据法论 [M]. 台北: 三民书局, 2005.
[24] 马强. 合伙法律制度研究 [M]. 北京: 人民法院出版社, 2000.
[25] 江平. 法人制度论 [M]. 北京: 中国政法大学出版社, 2002.
[26] 中华人民共和国消费者权益保护法 中华人民共和国产品质量法 [M]. 北京: 法律出版社, 2014.
[27] 罗培新. 公司法的合同解释 [M]. 北京: 北京大学出版社, 2004.
[28] 孔祥俊. 反垄断法原理 [M]. 北京: 中国法制出版社, 2001.